会計記号と企業分析

岡本治雄
Okamoto Haruo

唯学書房

はしがき

　今日，世界の経済は人類の英知と弛まぬイノベーションの積み重ねから成長し続け，モノやサービスを量産してきた。国連食料農業機関（Food and Agriculture Organization）による 2000 年から 2002 年までの統計から，世界の食糧供給はすべての人々が一日当たり 1,800 キロカロリーを目途に賄うことが可能という（John Flower, 2010 *Accounting and Distributive Justice*, Routledge）。だが，実際には多くの人々が貧困に喘いでいる。その原因は生産物の配分と消費の不公平にある。日本は 90 年代初期，バブル経済が崩壊し，その後デフレ経済が 20 年以上も続いた。国家財政が疲弊し，大きな所得格差に人々の不公平感が鬱積し，それが将来の不安定要素になっている。他方，情報の氾濫によって確かなリアリティの所在を喪失したシミュレーション社会を生み出してきた。ボードリヤール（J. Baudrillard）は，こうした記号が創出する現実をハイパーリアリティという（佐伯啓思，1988 年『「シミュレーション社会」の神話』）。こうした世界において，企業は適正な利益を獲得し，働く人々のモチベーションやモラルを高め，福利厚生を充実し，地域社会と自然環境の良好な関係の保持に努め，社会的責任を全うすることが求められている。現実はどうか。

　本書は，企業の経済活動を表現し，社会におけるコミュニケーション機能を果たす会計と，それを使った企業分析に関する入門書である。本書は 2 部構成となっている。第 I 部「会計記号による表示」（第 1 章〜第 6 章）では，ステークホルダーが公表される会計情報から企業のリアリティをどこまで知ることができるのか考える。現行の会計制度に関して詳しくは拙著『会計と財務諸表分析』（唯学書房，2014 年）を参照されたい。第 1 章ではビジネス言語としての会計と企業分析の世界を概説する。第 2 章では会計制度に基づいて作成かつ公表される会計記号の意味を理解する。第 3 章ではストックの会

iii

計記号の表示と意味，第4章では主にフローによる会計記号の表示と意味を説明する。第5章では財務諸表の比率分析を取りあげ，過去の企業活動がどのような経済的効果をもたらしたかを知る分析手法を論じる。第6章では企業の社会的責任と多変量解析の日経ナイセスに触れ，第5章を補完する。

　第Ⅱ部「証券投資と企業価値評価」（第7章～第13章）では，証券投資におけるファンダメンタル分析，企業価値を評価する方法及びグローバル企業の分析問題を中心に取りあげる。第7章では資本市場における債券の価格と株価の決まり方，及び実務において経験則で利用される証券投資の財務指標を概説する。第8章ではファイナンスの基本原理に基づく株式評価と証券ポートフォリオ投資を理解する。第9章では将来の企業価値を知るための主要な評価手法を説明する。第10章では事業投資のM&Aにおける企業価値評価と企業結合会計を説明する。第11章では企業の最適資本構成と配当政策等の財務政策を説明する。第12章では企業の失敗，格付け，信用分析，そして企業倒産を取りあげる。最終の第13章ではグローバル化する企業の国際会計基準に準拠した財務諸表分析を取りあげる。

　2017年11月

著　者

目　次

はしがき　iii

第Ⅰ部　会計記号による表示

第1章　企業分析の入口　003

1　企業分析の世界　003

（1）経営分析という学問　003

（2）分析主体の目的　004

（3）企業分析の歴史　005

2　企業分析と会計記号　007

（1）企業分析のプロセス　007

（2）企業分析の会計アプローチ　008

（3）会計記号の役割　008

3　現代ビジネスとその制度　009

（1）基本的な経済的諸概念　009

（2）株式会社の誕生　012

（3）日本の株式会社と機関　013

（4）企業の経済活動と経営者の機能　017

4　企業の理論　018

（1）コーポレート・ガバナンス　018

（2）会社は誰のものか　020

第2章　現代会計の制度と言語機能　023

1　企業会計の世界　023

v

（1）会計の目的と機能　023

（2）会計理論　024

（3）会計研究方法と財務会計の領域　025

2　日本の企業会計制度の変容　029

（1）会計制度　029

（2）概念フレームワーク　031

（3）会計ディスクロージャーの特徴　034

3　会計基準のグローバル化　035

（1）日本の会計基準のグローバル化　035

（2）国際会計基準の目的と特質　036

（3）米国の会計基準と SOX 法　040

4　会計監査　041

5　会計分析　042

6　現代会計における会計記号　043

（1）会計の写像理論　043

（2）記号機能論とその周縁　045

第3章　ストックの会計記号と意味　053

1　貸借対照表と資産　053

（1）資産の定義　054

（2）資産の認識と測定　054

（3）流動資産　056

（4）有形固定資産　064

（5）無形固定資産　067

（6）投資その他の資産　069

（7）固定資産の減損会計　071

（8）繰延資産　075

2　負債　077

（1）負債の定義　077

（2）負債の認識と測定　077

- (3) 流動負債　078
- (4) 固定負債　079
- 3　純資産　084
  - (1) 純資産の区分表示　084
  - (2) 株主資本　085

第4章　フローの会計記号と意味　091

- 1　損益計算書の本質　091
  - (1) 利益の本質　091
  - (2) 2つの会計利益アプローチ　092
  - (3) 収益の認識と測定　092
  - (4) 費用の認識と測定　095
- 2　損益計算書　095
  - (1) 損益計算書の利益表示　095
  - (2) 売上高と売上原価　097
  - (3) 販売費及び一般管理費　099
  - (4) 営業外収益と営業外費用　102
  - (5) 特別利益と特別損失　103
  - (6) 当期純利益又は当期純損失　104
- 3　クリーン・サープラス関係と包括利益計算書　106
  - (1) クリーン・サープラス関係　106
  - (2) 包括利益計算書　106
- 4　剰余金の処分と株主資本等変動計算書　108
  - (1) 剰余金の処分　108
  - (2) 株主資本等変動計算書の表示　110
- 5　キャッシュ・フロー計算書　110
  - (1) キャッシュ・フロー計算書の役割　110
  - (2) キャッシュ・フロー計算書の表示と意味　111
- 6　注記事項と補足情報の重要性　115

第5章　財務諸表の分析　119

1　国の経済力の測定　119

- (1)　国民総生産　120
- (2)　国内総生産　120
- (3)　国富　122
- (4)　包括的な豊かさの指標　123
- (5)　わが国の産業構造の変化　123

2　財務諸表分析　124

- (1)　実数分析と比率分析　124
- (2)　企業の視点からの資本の効率性　125
- (3)　株主の視点からの資本の効率性　127
- (4)　収益性の分析　130
- (5)　活動性の分析　134
- (6)　財務流動性の分析　136
- (7)　成長性の分析　139

3　生産性の分析と成果配分　141

- (1)　生産性と付加価値分析　141
- (2)　成果配分のキーメトリックス　143

4　キャッシュ・フロー分析　145

- (1)　会計発生高　145
- (2)　フリー・キャッシュ・フロー　145

第6章　多角的企業分析　149

1　企業の社会的責任と環境会計　149

- (1)　企業の社会的責任　149
- (2)　社会的責任投資と ISO　150
- (3)　環境会計　151

2　財務データベースの構築と体系化　152

第Ⅱ部　証券投資と企業価値評価

第7章　証券投資と財務指標　157

1　投資家による証券分析　157

(1) 証券投資と投資家　157

(2) ファンダメンタル分析とテクニカル分析　158

2　資本市場における債券と株式　159

(1) 金融市場と資本市場　159

(2) 金融システムと金利　159

(3) 債券と適正価格の決定　160

(4) 株式の利回りと配当割引モデル　162

(5) 証券取引に関する制度　163

(6) 株価の読み方　167

3　株価と経験則に基づく財務指標との関係　170

(1) EPS と ROE　170

(2) 株価収益率　170

(3) 株価純資産倍率　173

(4) 配当利回り　174

(5) 時価総額　175

第8章　株式評価とポートフォリオ理論　177

1　合理的投資行動とポートフォリオ　177

(1) 株式のリターンとリスク　177

(2) ポートフォリオ理論　180

(3) 平均分散モデル　182

2　資本資産評価モデル　188

(1) CAPM の概要　188

(2) 実際のポートフォリオ効果　191

3　効率的市場仮説　192

ix

第9章　企業価値評価　195

1　企業価値の創造　195

(1) 企業価値　195

(2) 現在価値と割引率　196

2　企業価値の評価方法　197

(1) DCF 法の考え方　198

(2) DCF 法の計算例　204

3　企業価値評価の3つのアプローチ　206

(1) インカム・アプローチ　206

(2) マーケット・アプローチ　213

(3) ネットアセット・アプローチ　215

(4) 無形資産の価値評価　217

第10章　M&A と企業結合会計　221

1　経営戦略による M&A　221

(1) M&A の意義と目的　221

(2) M&A の形態と手法　222

2　M&A における買収価格の決定　227

(1) M&A（買収）のシナリオ　227

(2) M&A における企業価値評価　228

3　企業結合会計　230

(1) 企業結合会計基準　230

(2) パーチェス法　230

(3) 企業結合の会計処理　234

4　買収の防衛策　238

5　M&A のリスク　239

第11章　資本構成と配当政策　241

1　資本構成　241

(1) MM 理論の資本構成無関連説　241

(2) 最適資本構成　243

2　配当政策　246

(1) 企業価値無関連説　246

(2) 不完全市場のケース　248

(3) わが国の配当政策　249

第12章　企業の失敗　251

1　企業の失敗　251

(1) 企業の失敗の意味　251

(2) 危ない会社　252

2　信用分析　253

(1) 不良債権　253

(2) 中小企業への融資と分析　253

(3) ウォールの指数法　254

3　格付け　255

(1) 格付けの意味　255

(2) 格付けの現実　256

4　企業倒産　257

(1) 倒産の原因　257

(2) 倒産に対する法的措置　257

(3) 倒産の予測　259

第13章　グローバル企業の分析　265

1　経済のグローバル化と企業　265

2　外貨建取引の会計　266

(1) 外貨建取引の意義と範囲　267

(2) 取引発生時の会計処理　268

(3) 決済時の会計処理　269

（4）決算時の会計処理　271

（5）為替予約等の会計　273

（6）在外支店の財務諸表項目の換算　280

（7）在外子会社等の財務諸表項目の換算　281

3　移転価格税制と国際課税　284

（1）移転価格税制の意味と目的　284

（2）国際課税とタックスヘイブン　285

4　国際会計基準による財務諸表　286

（1）国際会計基準の特徴　286

（2）連単倍率とセグメント別会計情報　288

（3）IFRS 適用会社の財務諸表分析　289

あとがき　300

第Ⅰ部
会計記号による表示

第1章 | 企業分析の入口

学習目標

　本章では，先ず，企業分析の世界，分析対象である株式会社制度及び日本企業に固有な特質を指摘し，企業の理論を概説する。そして，企業分析の歴史及び会計との関係を理解することを目標とする。

---

1 企業分析の世界

(1) 経営分析という学問

　経営分析は，財務分析を基礎として生成し，会計学，経営学，ファイナンス，統計学など隣接領域の成果を援用しつつ発展してきた。経営分析はこのように広範囲な学問領域からの知見を利用していろいろな経済主体（entity）の経済活動を解明しようとする学問である[1]。ただし，本書は企業を主な分析対象とすることから，経営分析という用語に替えて企業分析を用いるが，双方の意味に基本的な差異はない。

　さて，分析（analysis）とは物事を一つひとつの要素に分けて，その性質または成分の成り立ちを明らかにすることである。企業分析とは，対象要素を把握するためにデータを収集加工し，それを情報という知識に転換し，情報に基づいて意思決定を行うことである。企業分析は企業の社会的・経済的リ

図表1-1　会社とステークホルダー

アリティを知ると同時に，将来を予測するためのプロセスであり，そこでは定量分析だけでなく数値化できない定性分析も行われる[2]。

(2) 分析主体の目的

①内部分析

内部分析は，経営者，管理者，ビジネス・パーソンによる経営管理の一環として行われる。内部分析は，ビジネスに着手するか否かの戦略計画に始まり，資本予算や管理会計の世界へと広がる。

②外部分析

外部分析の特徴は，株主とそれ以外のステークホルダーが公開された会計やその他の情報を利用する点にある。ステークホルダーの各利害は対立し，その分析目的も異なる（図表1-1）。

投資家とは株式を購入して株主，社債を購入して社債権者となる者をいう。株主は残余請求権者として第一次ビジネス・リスクを負担する。株式を長期に保有する者を安定株主，短期に売買を繰り返す者をデイトレーダーという。投資家は個人投資家と機関投資家（保険会社，投資信託，政府金融機関等）に分類される。債権者（lenders）とは主に銀行等の金融機関である。銀行は融資や追加融資の際に綿密な信用分析を行い貸付の社会的責任を負う。競争相手はグローバル化している。従業員はリクルーターを含みサラリーマンと

いう社会的階層を構築する。課税当局（国家や地方自治体）は税に関係し，政策当局は国家戦略の観点から企業に関係する。取引先（vendor）は取引の開始にあたり与信の程度を調査する。労働組合は労使交渉や賃金等のベースアップに関係する。消費者は市場で交渉を行う主権者である。さらに公認会計士やアナリスト等が介在する。

(3) 企業分析の歴史

　現在 GDP 世界一を誇る米国の歴史は，独立戦争，南北戦争，第一次世界大戦，大恐慌，第二次世界大戦の時期に分けられる。時代を分ける戦争は国家債務を急増させた[3]。さて，1776 年に英国から独立した米国は，1840 年代には開拓時代を迎えた。鉄道建設が本格化し，西部農業地帯と東部における工業生産物の市場が拡大し，ヨーロッパからの大量移民は西漸運動を展開した。南部 15 州に広がるプランテーションでは，黒人奴隷が英国の木綿工業に向けた綿花栽培の労働に使役された[4]。1860 年，リンカーン（A. Lincoln 共和党）は奴隷解放の運動を唱えた。それに反発する南部諸州は翌年に合衆国から離脱し，米国連合を結成することになった。新たに連邦に加入する西部諸州を奴隷州とするか自由州とするかを巡る対立から南北戦争（American Civil War）が始まった。独立自営を願う西部農民は，新たな労働力を求めて保護主義，土地の無償配布，大陸横断鉄道敷設を掲げた。その戦いは 4 年間続いたが，北軍が 1865 年 4 月に勝利し，合衆国統一と奴隷制度の廃止がなされた。保護関税法，ホームステッド法（5 年間継続して開拓した土地を所有できる）による農民への公有地無償配布，大陸横断鉄道敷設権の認可による国内市場の統一が推進された。

　1890 年から 1920 年の経済拡大期，既に鉄鋼の U. S. スティール，カーネギー（Andrew Carnegie）によるエドガー・トムソン製鋼会社，ペンシルベニア鉄道会社といった持株大企業（資本金 5,000 万ドル以上）が誕生していた[5]。当時，企業が作成する財務諸表は，経営者が利用する場合が多く，証券市場は単なる株式の交換の場にすぎなかった。商業銀行の増加にともない貨幣市

場が発達し，1900年の通貨法により金本位法が制定された頃から，銀行は融資先の支払能力を判断するために貸借対照表の提出を求め，信用分析が始まった（第6章参照）。1914年6月から1918年11月に至る第一次世界大戦，ドイツ，オーストリア，イタリアの三国同盟と英国，フランス，ロシアの三国協商が対立した。米国はモンロー主義（相互不干渉という外交政策）を貫いたが，末期には参戦した。

　1920年代は産業合理化時代といわれている。第一次世界大戦後，ヨーロッパ経済が復興したにもかかわらず，米国では過剰な投資が続き，市場は投機により過熱していた。1929年10月24日（暗黒の木曜日），ニューヨーク証券取引所の株価が大暴落した。この大恐慌は1929年6月頃から始まり，底が見えたのは1933年3月頃である。F.ルーズベルト大統領（Franklin D. Roosvelt）は，失業者救済として，大規模な公共事業や産業界の統制による経済復興を図った。社会保障制度や労働保護の制度改革を進める一方，連邦政府の権力を強め，政府の金融支援による安定を目指した。このニューディール政策の背景には総需要を創出するケインズ理論がある。

　1933年，預金を受け入れる商業銀行業務と投資業務銀行の兼営を禁止した「銀行法」「証券法」，1934年に「証券取引所法」，1935年に「公益事業持分会社法」が成立した。こうした事態を米国の戦後ともいう。新たに設立された「米国証券取引委員会」（Securities and Exchange Commission, SEC）は，やがてAICPA（米国公認会計士協会）に会計基準の設定権限を委譲し，AICPAが会計基準の構築に着手した。1929年以前の企業会計は，もっぱら歳入法（連邦所得税法）に基づく税務会計の影響を受けていた。米国ではじめて歳入法が導入されたのは1913年である。すでにAICPAの前身（米国公会計士協会）が1887年には発足していたものの，当時の会計士は今日の監査業務ではなく，納税申告書の作成を主たる業務とした。当時の会計実務は，管理会計的な性格を強く有していた。会計情報の公開による自主規制はSECの成立後である。

　その後，経済競争が激化し企業結合が活発化する中，経営分析は従来の効率性や合理性を追う収益性，さらに内部の投資機会を探求する投資分析へと

移行した。70年代以降，情報処理技術が高度化し，年金等の公的資金が証券市場に参入し資本市場が成熟した。経営分析は，不確実性の経済学，定性分析，財務データバンクの確立，ファイナンス理論の成果を取り込んだ財務分析へと発展した。今日，経営分析は会計データのみならず，将来の利益やキャッシュ・フローに関する予測データを利用し，多変量解析による企業価値の総合的評価の時代に突入した[6]。

2　企業分析と会計記号

(1) 企業分析のプロセス

　投資家が行う企業価値評価は予測，企業が行う場合には計画と目標といい，一般に次のプロセスをたどる[7]。

ステップ1　過去を知る

　分析者は，公開された財務データを収集し，事業内容（製品，知識ベース，競争環境等）を知り，事業戦略を理解する（定性分析が中心）。事業を理解したうえで，財務諸表とそれ以外の情報を分析する。また，そこにおける会計分析は企業がどのような会計方針を採用し，会計処理を選択したのかを見極めることにつながる。こうした財務分析は財務諸表の構成要素が相互にどのような関係にあるのかを知ることに目的がある（第5章と第6章参照）。

ステップ2　将来を予測する

　分析者は，将来の事業活動を予測する。見積財務諸表は，企業の経済活動の将来をデッサンするが，各項目の金額を直接に予測するのではなく，財務比率を用いて体系的に予測する。業績予測では見積損益計算書から営業活動を予測し，見積貸借対照表から事業用資産への投資活動と財務活動に関係して資金源や負債返済を予測する。さらにキャッシュ・フロー回収額を予測し，最終的に予測の妥当性をチェックする。

ステップ3 企業価値を評価する

　分析者は，ファンダメンタルズの予測を基礎に企業価値評価モデルを作成し，資金提供者が必要とする資本コストを計算し，企業価値と株価指標を比較検討する。投資家は企業価値と株価とを比較し，買い，売り，保持の総合的判断を行う。このプロセスは常にフィードバックされる[8]。

(2) 企業分析の会計アプローチ

　企業会計は財務会計と管理会計とに分類される。財務会計は，ステークホルダー（利害関係者）に対して財務諸表の信頼性と比較可能性を確保するため，統一された会計基準「一般に公正妥当と認められる会計基準」(Generally Accepted Accounting Principles, GAAP) を構築し，財務報告書（財務諸表を含む）を作成し公表することを目的とする。それに対して，管理会計は，企業自体の経営目的に合わせて，独自の会計ルールに基づいて会計情報を作成し内部利用する。その利用者は経営管理者（トップ，ミドル，ローワー）である。経営管理は Plan（計画）→ Do（実行）→ Check（評価）→ Act（改善）のサイクルをたどる。管理会計は計画（意思決定前）と実績を評価する業績評価（意思決定後）の2面がある（図表1-2）。

図表1-2

分析者の分類	目的	会計情報
内部の経営管理者	経営管理	管理会計情報（企業によるルール）
外部のステークホルダー	意思決定	財務報告情報（統一ルール，比較可能性）

(3) 会計記号の役割

　財務報告は財務諸表（数字と記号）とその他の財務情報からなる。財務諸表は企業の通信簿ともいわれるが，より重要な点は，投資家が将来の企業価値を予測するのに役立つ有用な情報を提供することにある。その場合に，財務

008 ｜ 第 I 部　会計記号による表示

報告はコミュニケーション手段として直接に企業価値そのものを開示すべきか否かが問われる。一般にそれは企業価値そのものを直接に表現するものではないが，その評価に役立つ情報を提供すべきであるというアプローチに立つ。投資家が自己責任の下で企業価値を予測し，ある種の判断をすることから，会計ディスクロージャーが重視される[9]。要するに，財務諸表は過去の事業活動とキャッシュ・フローに関係し，将来の事業活動とキャッシュ・フローを判断するための出発点である[10]。

3　現代ビジネスとその制度

(1) 基本的な経済的諸概念

　企業分析の目的の１つは企業価値（firm's value）を知ることである。企業価値は企業に内在する資源を活用して生み出されるキャッシュ・フローあるいは利益によって決まる（第9章参照）が，同時に外部環境（各国の経済成長率，政治や通貨変動リスク，オイル等のエネルギー価格の変動など）から直接的かつ間接的に影響を受ける。そこで先ず，企業分析の前提となる基本的な経済的諸概念を整理しておこう。

①市場と価格
　人間の欲望を満たす経済資源は有限である。その希少な資源を配分する場を市場（market）という。市場は特定の商品を規則的に取引する場所の意味でも使われる。新古典派経済学のパラダイムは市場を見えざる手（invisible hand）と表現し，市場に関する自由放任（laissez - faire）が経済の効率性を高め，同時に安定性を達成すると考える。非自発的失業や遊休資本が発生するのは，市場が不完全であり，需給の法則の働きが阻害されている場合である[11]。こうした市場中心主義は，組合による賃金の硬直性を問題視し，規制が資本の自由な移動を妨害することから，自由行動を制限する不純物を取り除くことが資本主義の発展になる[12]，と考える。

第1章　企業分析の入口　009

市場は価格を形成する機能を果たす。価格均衡が上下するのはその商品自体の価格ではなく，他の商品との「相対価格」に基づく。相対価格は企業が製品やサービスの生産量を社会全体として調整する機能を果たす。とはいえ，スティグリッツ（Joseph E. Stiglitz）は「市場が一定の目的を果たすための手段であり，それが正常に機能するにはゲームのルールが適切に設定され，ルールを破った者が制裁を受ける公正なレフェリーとルールが必要である[13]」と市場外の営為を指摘する。市場経済の成否は社会的，政治的，経済的諸制度が相互に関係する多元性が確保され，同時に規律が維持されることを条件とする。

②分業

　市場が効率的に機能するには分業が不可欠である。分業には社会における職業の分化と生産の全工程を分割する作業上の分化がある。アダム・スミスの『国富論』は「個人がそれぞれの自己の利益を追求することによって公共の利益に貢献できる」とし，市場さえ円滑に機能していれば，自己の利益の追求が社会全体の利益を増進し，分業が生産力の発展に役立つことを強調した。自由とは個人が思い通りに生きる権利であるが，個人が自己利益を追求する場合，他者に悪影響あるいは犠牲を強いる可能性があれば，その自由の権利は制限される。

③貨幣

　物々交換の世界では「総需要と総供給とは一致する」というセー法則が成立する。セー法則は「供給はみずからの需要を創り出す」と主張する。物々交換において１つのモノを交換相手に供給することは，同じ価値の別のモノを交換相手から需要することである。したがって，経済全体の供給の価値と経済全体の需要の価値とを合計すると，その値は必ず一致する。しかし，交換経済から貨幣経済へ移行すると，その関係は一致しなくなる。貨幣は，物々交換の不便を取り除き，いつでもどこでも誰とでも交換を可能にする自由を人間に与える。貨幣経済では，人は貨幣を使っていつでも自分が欲しい

モノを買う自由をもつ。多くの人が貨幣を保有していたいと思えば，経済全体のモノの総供給は総需要を上回ることになる。逆も真である。貨幣経済はセー法則が成立しない状況を生み出す[14]。

　貨幣にはそれ自体が価値をもつ有体貨幣（宝石，金，銀等）と価値がない無体貨幣がある。無体貨幣は通貨であり価値のシミュレーションである[15]。貨幣の基本は通貨や預金であるが，ほかに補助的な小切手や手形の信用貨幣，電子マネー，地域通貨，ビットコインなどがある。貨幣が機能しなくなる最大危機はインフレーションが高進し，人がお金をお金と思わなくなる事態である。貨幣には「交換手段」に加えて「価値尺度」と「価値保存」の機能がある。通貨の代替として利用される金は必要な量を弾力的に増やせないし，利子がつかない[16]。貨幣の価格が金利である。短期金利は各国の中央銀行が政策的に決定する。それに対して，長期金利は国債の金利で決まる。また，グー（Jean-Joseph Goux, 1984）[17]が指摘するように，一国の貨幣と他国の貨幣との両替は貨幣言語の形相同士の交換であるが，その交換からなぜ為替差損益が生まれるのであろうか（第13章参照）。

　1980年代以降，預金残高のみを貨幣として使う経済から，インターネットバンキングやクレジットカードによる純粋信用経済が情報化において進展し，ピグー効果（Pigou effect）が薄れている。ピグー効果とは，消費者が保有する貨幣残高の大きさに比例して，需要も増加する現象をいう。物価が下落すると，消費者が保有する貨幣の実質的価値が高まり，消費を促す効果をもつ。逆に，物価が上昇し，実質的貨幣価値が下落すると，消費が抑えられる。

④市場の失敗

　市場は万能ではない。例えば，1）企業は独占化し，管理価格を通じて富を集中させ誤った資源を配分する。2）市場における総需要が総供給を上回ると，実現された平均価格が予想された平均価格を上回り，各企業が予想の誤りを是正するために平均価格の予想を引き上げ，累積的インフレーションを招く。反対に総需要が総供給を下回る場合，累積的デフレーションが生ま

れる。労働の総需要が総供給を下回ると，実際の平均賃金が下落し賃金の累積的デフレーション が生じる[18]。3）市場は不平等な所得分配（同質同量の労働に対して異なる対価）を導く。4）市場は国防のような公共財を供給できない。5）市場メカニズムは公的サービスや個人的サービスを次第に高価なものにする。6）市場は非自発的失業を惹起する。完全雇用を維持する政策に向け，小さな政府による規制の緩和と市場の効率性を追求すべきか，大きな政府による介入と公平性を確保すべきかは，依然として解決されない問題である[19]。

⑤所得の分配

　経済の基本目的の1つは，生産物の公平かつ公正な分配（just and fair distribution）にある。分配的公平とは，社会の成員間における経済的活動のコストとベネフィットの分配における公平（justice）をいう[20]。物質的な生活水準の最大化を経済目的とするには，根底に平等（equality）と自由（liberty）という社会的価値観の相克が存在する。時にトリクルダウン理論（trickledown theory）が喧伝されることがある。それは積み上げたワイングラスにワインを上から注ぐと滴が下へと徐々に溢れる現象をいう。経済現象もこれに似て，所得は大企業や富裕層から低所得層に向かって流れ落ち，やがて国民全体が潤うという思想（小さな政府を目指したレーガノミックス）がある。ただし，注ぐワイン（例えばGDP）が増えている必要がある。現実は富裕層と低所得層のグラスの大きさは同じでなく，格差社会が出現している。中国には，先に豊かになる人々の経済活動を認め，先に富を得た人がやがて貧者を救うという「先富論」がある。

（2）株式会社の誕生

　株式会社の始まりは1602年に設立されたオランダの連合東インド株式会社（Verenigde Oostindische Compagnie, VOC）である。VOCは国王から特許状を受けた会社であるが，あくまでも民間の会社であり，現在のインドネシアから胡椒を輸入する貿易を目的として設立された。VOCが英国東インド会

社（1600年設立）と異なる点は，出資金に対する契約として株式が発行され，出資者の出資額を限度とする有限責任を明らかにした。VOCはアジア諸国（日本の平戸）とも交易した[21]。このように各国の東インド会社は15世紀半ばから18世紀半ばまで重商主義（mercantilism）という思想のもと，有利な貿易差額を取得し，国富を増大させた。その多くは貿易の独占権，戦争権，講和権，条約締結権などをもつ国策会社であった。

18世紀後半の産業革命後，製造業が小規模の設備から大規模工場へとシフトし，それを支えた制度が株式会社である。株式会社は巨額な資本調達手段として普及し，競争と信用を基礎にして成立した。株（stock）とは，植物の何本かが一緒になった根本であり，株式という言葉は多くの植物の株分けという意味から派生した。株式会社は市民社会のあり方に対する社会的合意の賜でもあった。株式会社の設立手続きが，それまでの勅命による勅許主義から法律に基づく準拠主義によって認められるようになった。株式会社は投下資金の全損益を1回の配当によって分配する投機でなく，定期的に果実が得られる投資に適した企業形態となっていった。

(3) 日本の株式会社と機関

①日本の会社制度

わが国の近代化の礎となった株式会社は，国立銀行条例に基づく第一国立銀行（1872，明治5年）が最初であるが，商法に基づく最初の会社は日本郵船（1893年）であった。商法の基本法が1896（明治29）年に制定された民法である。株式会社の特徴は，1）法人格の具備，2）出資者（株主）による所有，3）株主の有限責任，4）出資者と経営者との支配の分離，5）出資持分の譲渡自由と証券化にある。

2006年5月1日に施行された会社法による会社は，「株式会社」「合名会社」「合資会社」「合同会社」からなる。合名会社，合資会社，合同会社は持分会社と総称される。会社法では，資本金5億円超（あるいは負債総額200億円以上）を大会社，5億円未満1億円以上を中会社，1億円未満を小会社という。会

社は公開会社と非公開会社に区分できる。また，経済産業省『2016年版中小企業白書概要』（中小企業基本法の定義）によると，日本の大企業は1.1万社，中小企業は380.9万社であり，そのうち法人（株式会社，有限会社，合名会社，合資会社，合同会社及び相互会社）の数は約40％である。上場会社数は3,538社（2017年1月27日現在）である。株式会社の大半は株式を公開しない中小企業である。

②**会社法による会社制度**

会社法は株式会社（以下では単に会社という）の内部構造を自由に設計できるようにした。その構造は19種類の組み合わせを持つ。会社の設立は法の手続きに基づき発起人や株式引受人によって行われる[22]。

(a) もっともシンプルな会社

(b) 取締役会設置会社

(c) 監査役設置会社

これは「株主総会」「取締役会」「監査役」から構成される。代表取締役が業務を執行し，取締役会は代表取締役の業務執行を監督する。取締役会は経営の妥当性について監査し，適法性については監査役が監査する。大会社には会計監査が必要になる。

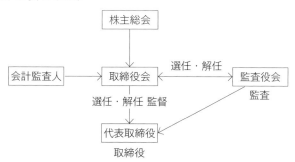

監査役設置会社の監査役は半数以上が社外監査役でなければならない。

(d) 指名委員会等設置会社

2015 年 5 月 1 日，コーポレート・ガバナンスの強化を目的とする「改正会社法」が施行された。従来の「委員会設置会社」は「指名委員会等設置会社」に呼称が変更となった。取締役会と執行役が設置されるが，そこには監査役と代表取締役の制度はない。取締役会の中に指名委員会，監査委員会及び報酬委員会が設置される。取締役会は「社外取締役」と「経営執行取締役」(CEO) からなる。取締役会の役割は経営の基本方針を決定し，取締役候補者を決める指名委員会，役員の報酬を決める報酬委員会，そして職務執行を監査し会計監査人の選任と解任等を決定する監査委員会のメンバー及び執行役の選任と監督機能が中心となる。執行役と代表執行役は取締役会の決議により決定される。取締役は執行役を兼任できる。指名委員会は取締役 3 人以上で組織され，その過半数は社外取締役で構成される。この制度は法的要件が厳しいため 2016 年 4 月段階で約 70 社にとどまる。

(e) 監査等委員会設置会社

同改正会社法で導入された監査等委員会設置会社では，従来の監査役会に代わり 3 人以上の取締役（過半数は社外取締役）によって構成される監査等委員会が，取締役の職務執行の組織的監査を担う。監査役設置会社と指名委員会等設置会社の中間的性格の機関である。監査等委員である取締役とそれ以外の取締役は，選任や報酬決定において区別され，任期も異なる[23]。監査等委員会は，取締役等の職務執行の法令順守を監査し，監査報告を作成し，取締役の選任・解任・辞任及び報酬等についての意見を決定する。監査等委員会及び各監査等委員の権限は，基本的には指名委員会等設置会社の監査委員会及び各監査委員の権限と同じである。代表取締役は取締役（監査等委員を除く）の中から選定される。重要な業務執行の決定権を社長など特定の取締役に委任することができる。その利点としては社外取締役を新たに探す手間を省き，不要になる社外監査役がそのまま社外取締役に横滑りすることができる。だが，専門家からは中途半端な統治改革という批判もある[24]。

③会社の機関

（a）株主総会

株主総会は最高意思決定機関である。その権限は会社の意思決定に限定される。決議は普通決議（定足数の過半数），特別決議（定足数の3分の2以上），特殊決議（特別決議以上に重要な決議）がある。株主は株主代表訴訟を行使することが認められる。

（b）取締役会と取締役

取締役会は通常の業務執行に関する会社の意思決定をするとともに取締役の執行を監督する機関である。代表取締役は常設機関，委員会設置会社では代表執行役という。

（c）監査役及び会計参与

監査役の権限は会計監査を含む会社の業務全般の監査に及ぶ。任期は独立性を保障するために取締役より長い。監査役は不正行為を報告し，取締役会へ出席し，株主総会へ報告する義務がある。指名委員会等設置会社以外の大会社で公開会社は監査役会を置かなければならない。また，会計参与は主に中小企業における計算書類の作成に関与し，公認会計士や税理士が担当する。

（d）社外取締役と社外監査役

指名委員会等設置会社，監査役等委員会設置会社では社外取締役が必要となる。公開会社の大会社の監査役会には3人以上の監査役を置き，半数以上は社外監査役でなければならない。

（e）執行役員

執行役員は取締役会等によって選任される。代表取締役や業務執行取締役の指揮の下で会社の業務執行の一部を担う。

（f）会計監査人

会計監査人は，監査役設置会社では監査役の決定に基づき，取締役が会計監査人選任の議案を株主総会に提出しその決議により選任される。任期1年。

いずれにしろ，会社と委任関係にある役員等は善管注意義務を負い，民法上の債務不履行によって会社に生じた損害を賠償する責任を負うことになる。

(4) 企業の経済活動と経営者の機能

①企業の経済活動

(a) 事業活動

　事業活動とは，顧客が満足できる財（製品・商品）を生産・販売し，サービスを提供して対価を手にする行為である。企業の経済活動は仕入部門による仕入活動，製造部門による生産活動，マーケティング部門による製品やサービスの販売活動，人的資源管理に関係する。経営者は働く人々が高いインセンティブをもつことができる報酬や労働環境を整え，従業員が組織に貢献する意識をもち，納得のいく報酬と労働条件を整える責任がある。

(b) 投資活動

　投資活動には事業投資と金融投資がある。事業投資は，設備投資，研究と開発，M&A等に関係する。経営者は，ビジネスの開始にあたり経営目標と戦略を構築し，企業がエネルギーを傾注する方向性を示し，株主へのリターン，従業員の良好な労働条件を提供し，製品や製品を生産する過程の環境条件を改良すること等に関係する。事業投資は，固定資産（工場や機械，建物，設備等）を購入し，無形資産（特許権，商標権，その他法的権利）への投資あるいは他企業を支配するM&A等として展開される。

(c) 財務活動

　財務活動は，投資活動とは表裏一体の関係にあり，事業活動や投資活動を実施するのに必要な貨幣を，安価で安全に調達する資金調達行為である。また，財務活動は，他人資本の負債か自己資本の資本かの資金調達方法に関係し，新株発行（増資），負債証券，優先株式，ワラントの選択，自己株式，さらに企業の資本構成のあり方にも関係する。また資金の償還活動にも関係する。

②経営者の職能

　企業がなぜ誕生するのか。経済学者コース（Ronald H. Coase, 1937）は，「企業は市場を通じて取引をする費用に比べてコストが少なくすむとき，市場取

引を組織化してうまれる」として「取引費用論」(transaction cost) を展開した[25]。こうした企業の諸活動を総合的に管理する仕事が経営者の職能である。経営者は，事業目標を実現する経営能力を試され，希少資源をいかに有効に運用するかを問われる。そのためには経営者は経営管理（PDCA サイクル）の手法を修得する必要がある。経営管理は，戦略的経営計画，マネジメント・コントロール，そしてオペレーショナル・コントロールの3つのサブシステムからなる。経営者の職能は，ビジネスの不確実性を前提として全社的な視点から経営戦略を策定し，つなぎ止める橋渡しのマネジメント・コントロールをデザインすることである。

(a) 戦略的経営計画とは，企業の買収，新規事業への進出，新製品の開発，新技術の導入，設備の更新や拡張，長期資金調達，新市場の開拓，組織改革，経営の基礎構造の変革などを計画することである。

(b) マネジメント・コントロールは，組織全体の業務活動を管理の対象とする。

(c) オペレーショナル・コントロールとは，日程管理，品質管理，在庫管理など特定の経営機能を合理的に運営するため個々の業務に直接に働きかける管理システムである。

4　企業の理論

(1) コーポレート・ガバナンス

バーリ／ミーンズ（Adolf Berle & Gardiner Means）は，1930 年代の米国会社の「所有と支配の分離」(divergence of interest between ownership and control) 現象を論じた[26]。日本ではその現象が戦時中の国防目的を達成する 1943 年の軍需会社法に見られた[27]。当時の軍需省は指定の軍需会社に対して経営者を指定し，労働者が企業への一体感をもつ帰属意識を育て，ブルーカラーとホワイトカラーとの賃金格差を少なくし，離職率を低下させ，内部昇進を増し，労使一体を強調する産業報告会という官製労働組織活動を強化した。戦後，

この分離システムは日本的経営と高度成長を支えた[28]。

　さて，コーポレート・ガバナンス（corporate governance，企業統治）とは，企業が目的とする制度や組織の働きが損なわれないようにする「会社の意思決定の仕組み」で企業経営の監視体制あるいは機構である[29]。ジェンセン／メックリング（M.C. Jensen and W.H. Meckling, 1976）の論文「企業の理論―経営者の行動，エージェンシー費用，所有構造[30]」以来，多くの論文は会社の株主と経営者との関係をエージェンシー理論で説明した（第2章参照）。しかしながら，岩井克人は，エージェンシー理論を会社統治に当てはめることに理論的誤謬がある[31]，と指摘する。法人化されていない企業は，オーナーと経営者の関係が単純なエージェンシー理論で説明されるが，会社は法人であり単なるモノに過ぎないから，会社の代わりに意思決定する経営者は株主の代理人ではなく，会社と「信任関係」（fiduciary relationship）にある人間である。信任関係という概念は，英米で独自の発展を遂げた信託（trust）という法制度から派生した。契約関係とは原則的に対等な人間同士の関係であるのに対して，信託関係は対等性を欠いた人間関係である。このような一方的な人間関係は，信託受託者が信任預託者に対して忠実義務を負うことによって維持される。忠実義務とは一方の人間が他方の人間の利益や目的のみに忠実に一定の仕事をする義務である。この忠実義務は信託法によって強制される義務である。

　いずれにしろ，コーポレート・ガバナンスは，1）誰が会社を所有あるいは支配し，2）誰が企業活動から利益を得るのか，3）経営者は誰によって任命され，誰に対して会計責任を負うのかという問題に関係する。わが国では90年代にバブル経済が崩壊し，株式相場や企業業績が長期に低迷したことからコーポレート・ガバナンスのあり方が再度問われている。経営者は統治機構を構築し，ステークホルダーの利益を守りつつ，長期的な視点で株主の利益を確保し，持続的な成長を実現することが期待される。米国のコーポレート・ガバナンスは経営者をモニタリングすることを強調するが，ヨーロッパでは経営者の説明責任を果たすという意味で使われる[32]。

図表 1-3　所有の二重構造

貸借対照表

法人が支配，所有する資産	間接的所有の持分

(2) 会社は誰のものか

　経済学は会社を大きさや形のない仮想的なモノの「質点」（質量だけあって大きさのない点状の物体）であると仮定する。しかし，現実の会社は資金の塊というモノに対して，法的には法人格が付与され，上記のような「所有の二重構造」になっている。したがって，会社は誰のものかという問に対して2つの異なる答えがある。

　貸借対照表の借方は，会社が事業として投資した商品や備品等の資産を支配あるいは所有し，貸方は株主が所有する持分と債権者からの負債を示す（図表1-3）。こうした所有の二重構造において株主の視点を強調するのが米国型会社論の「会社契約説」（会社名目説）である。それに対して，法人格を強調する視点が「会社実在論」である。株主を重視するか会社の実在を重視するかは時代や文化，イデオロギーや経済的状況で決まる。

　戦後，わが国の企業は間接金融に依存し，メインバンク制と相まって日本的企業システム（年功序列賃金，終身雇用制，企業別組合）を形成し，労働者の一体化と法人への帰属意識を深めてきた。法人が株式保有を促進し，法人が法人を支配する体制を生み出した。これを法人資本主義（奥村宏，1975年）とか管理資本主義（Glenn Hubbard and Tim Kane, 2013）という。そこでは，コーポレート・ガバナンスが軋み，株主総会は形骸化し「赤信号みんなで渉れば怖くない」という横並び現象を生み出した。集団化あるいは系列化は，①融資，②株式の相互持ち合い，③役員の派遣，④社長会等から形成された。集団化は各企業業績の安定化を図り，業績に関する相互保険システムとして機能する。反面，株主安定工作は資本市場を空洞化し，経営者は株価の動向や配当政策について無関心になり法人の支配証券に拍車をかけた。昭和40年代中頃から増資が額面割当てから時価発行による公募増資に変わり，それが法人

支配を促した。株式の利回り低下が個人投資家の株式市場離れを助長した。この体制下では売上高最大，マーケットシェアの拡大，雇用の充実，そして規模の拡大が経営の目的になった。会計情報は金融機関と大株主に偏在した。資本の論理からすれば，経営者→株主→消費者→従業員の序列が成立する。こうした集団主義はサラリーマンという特殊な階層と同質的社会を形成し，ある意味の平等社会を実現した。だが，バブル崩壊後，金融機関は不良債権を処理するリストラクチュアリングに向けて株式持ち合いを解消し，株式売却を本格化し，自己資本比率の向上を目指し，合併や統合，資産圧縮を加速した。

注

1　青木茂男，2005 年「序文」日本経営分析学会編『経営分析事典　経営分析―その伝統と革新』税務経理協会引用。

2　Giroux, Gary, 2003, *Financial Analysis, A User Approach*, Wiley, P.XV.

3　Hubbard, Glenn and Tim Kane, 2013, *Balance The Economics of Great Powers From Ancient Rome to Modern America*, 久保恵美子訳『なぜ大国は衰退するのか 古代ローマから現代まで』日本経済新聞社，14 頁参考。

4　西川純子・松井和夫，1991 年『アメリカ金融史　建国から 1980 年代まで』有斐閣，7 頁参考。

5　同上書，98 頁参考。

6　パルプ，K. G.／V. L. バーナード／P. M. ヒーリー，斉藤静樹監訳，1999 年『企業分析入門』*Introduction to Business Analysis & Valuation*，東京大学出版会参考。

7　ランドホルム，ラッセル／リチャード・スローン，深井忠・高橋美穂子・山田順平訳，2015 年『企業価値評価　eVal による財務分析と評価』マクグロウヒル・エデュケーション，19〜21 頁参考。

8　ペンマン，S. H.，杉本徳栄・井上達男・梶浦昭友訳，2005 年『財務諸表分析と証券評価』白桃書房，19 頁参考。

9　勝尾裕子，2015 年「IASB 概念フレームワークにおける利益概念」『企業会計』Vol.67，No.9，中央経済社，52 頁参考。

10　ランドホルム，ラッセル／リチャード・スローン，前掲書 19〜20 頁参考。

11　岩井克人・前田裕之，2015 年『経済学の宇宙』日本経済新聞社，138 頁参考。

12　同上書，139〜140 頁参考。

13　スティグリッツ・J. E.，鈴木主税訳，2003 年『人間が幸福になる経済学とは何か』徳間書店，355 頁参考。

14　同上書，98 頁参考。

15　佐伯啓思，1988 年『「シミュレーション社会」の神話　意味喪失の時代を斬る』

日本経済新聞社，140 頁参考。

16 『日本経済新聞』「嵐の晩に輝く金，株と同時保有でヘッジ効果」2015 年 5 月 14 日付参考。

17 青柳文司，2008 年『現代会計の諸相』多賀出版，25 頁参考。

18 岩井克人・前田裕之，前掲書，108 頁参考。

19 金子　勝，2000 年『反グローバリズム』岩波書店，14 頁参考。

20 Flower, John, 2010, *Accounting and Distributive Justice*, Routledge, p.13.

21 羽田　正，2007 年『興亡の世界史　東インド会社とアジアの海』講談社，83〜84 頁参考。

22 柴田和史，2015 年『図でわかる会社法』日本経済新聞社出版社，14 頁参考。

23 阿部泰久・中東正文・緑川正博，2015 年『改正会社法と会計・税務の対応』新日本法規，8〜9 頁参考。

24 『日本経済新聞』2015 年 5 月 12 日付参考。

25 コース，ロナルド，H.，宮沢健一・後藤晃・藤垣芳文訳，1992 年『企業・市場・法』東洋経済新報社，8 頁参考。

26 Berle, Adolf A. and Gardiner Means, 1932, *The Modern Corporation and Private Property*，北島忠夫訳，1986 年『近代株式会社と私有財産』文雅堂銀行研究社参考。

27 柴田武男，1994 年『企業は環境をまもれるか』岩波書店，23 頁参考。

28 岩井克人，2006 年 2 月号「特集　企業はだれのものか」『中央公論』参考。

29 岩井克人・前田裕之，前掲書，350 頁参考。

30 Jensen, Michal C. and William H. Meckling, 1976, 'Theory of the Firm: Managerial Behavior, Agency Costs and Ownership Structure', *Journal of Financial Economics*, Vol.3, No.4, pp.305–360.

31 岩井克人・前田裕之，前掲書，358 頁参考。

32 今福愛志，2009 年『企業統治の会計学　IFRS アドプションに向けて』中央経済社参考。

第2章 現代会計の制度と言語機能

学習目標

　本章では，先ず，会計の目的と機能，会計理論と研究方法論（資本市場研究，エージェンシー理論，会計言語研究）を概説し，次に，日本の企業会計制度の変容と現状，会計のパラダイムとなる写像理論と記号機能論の考え方を論じる。

1　企業会計の世界

(1) 会計の目的と機能

　伝統的な財務会計は，経営者の受託責任あるいは会計責任を明らかにすることを目的とする。この目的に向けた会計基準は認識と測定における客観性を重視した。その会計研究の多くは，会計が企業の真実の姿を測定し，報告できると仮定し，会計理論が会計実務を推進することに関心を示した[1]。しかしながら，経営者に目的に応じて会計処理の裁量権が広く認められた結果，証券市場は会計情報から効率的な企業とそれが劣る企業とを明確に区別することができなかった[2]。

　70年代以降，コンピュータの普及による大量情報処理が可能な時代に入ると，会計理論や会計基準は，それまでの測定システムが伝達システムを制

約する会計観を逆転させ，ステークホルダーの意思決定に有用な情報として多元的評価による会計情報を開示することを促した[3]。この会計観では企業業績を評価・測定すること以上に情報を遍く報告する会計ディスクロージャーに力点が置かれた。こうして現代会計は，経済社会におけるコミュニケーション道具のビジネス言語あるいは記号としていかに機能するかが問われている。

(2) 会計理論

　理論（theory）という言葉は，日常生活ではある事柄の推測あるいは単なる考え方という意味で使われる。それに対して，学問上の理論とは「個々の現象を法則的，統一的に説明できるように筋道を立てて組み立てられた知識の体系」を意味する。また，理論はある活動あるいは行動の指針となる信念あるいは原則，あることを説明する意図をもったアイディア（ダーウィンの進化論），ある事実あるいは事象を説明するアイディアの基礎にある主題を形成する原理（経済理論やアインシュタインの相対性理論）の意味で利用される。

　こうした学問上の理論は①実証理論（positive theories）と②規範理論（normative theories）という2つのカテゴリーに分類される。実証理論とはあるがままの世界を記述あるいは説明し，何が起こるかを予測することである。何が起こるか，あるいは起きることを予測する場合，実証理論はこの予測を1つの仮説とする。そして仮説はテストされる。その意味で実証理論は経験的理論（empirical theories）でもある。実証理論とは世界を直接的あるいは間接的に観察することに関係し，あらゆる予測をテストすることである。実証理論の多くは，観察と帰納的推論（induction）と演繹的推論（deduction）のプロセスから展開される。

　例えば，①ある研究者がスワンの群れを観察したら，すべてのスワンの色は白であったことからすべてのスワンが白であるという結論に到達する。これはスワンに関する1つの理論である。この特定の観察から1つの理論（あるいは結論）を導く過程が帰納的推論である。②この理論はスワンの色に関

する特徴についての予測（仮説）である。理論（スワンは白である）から予測を展開するプロセスを演繹的推論という。観察者は，観察が予測（仮説）に一致するか否かを検証するためにさらに多くのスワンを観察することによって，その理論をテストする。③その中で1羽の黒いスワンが発見されると，すべてのスワンは白である，という理論は反証される。このプロセスが科学的方法の反証（refutation）である[4]。これに対して，規範理論は目標あるいは目的に向けて何が起きるべきか，何がどうあるべきかを示唆あるいは勧告することである。規範理論の規定（prescription）あるいは勧告は，ある目標や目的を達成することに狙いがある。例えば，地球温暖化の進み具合やそれがもたらす環境破壊を防止する目的から温室効果ガス放出（greenhouse gas emissions）を減らすために何がなされるべきかを示唆するのが規範理論である。会計に言及すると，有用な情報が利用者に提供されるべきことを目的に，資産を公正価値で測定すべきであるという勧告が規範理論として展開される。概念フレームワークの目的適合性は会計基準の基礎を提供する規範理論である[5]。

(3) 会計研究方法と財務会計の領域

　会計学は社会の行動，制度，規範等に関係する社会科学の1つである。会計学は，数学や論理学のような純粋科学ではなく，ある目的をもった応用科学である。また，会計学は事実，経験，実践を重視し，社会生活において実際に役立つ学問という意味で実学（practical discipline）ともいわれる。さらに会計理論と研究方法との関係は複雑である。会計の研究方法は，規範理論や実証理論に分類されず，実証理論と規範理論の双方に関連する。例えば，歴史的原価と公正価値による測定の相対的有用性は，実証研究を通じて明らかにされる。経営者は，自らの役員報酬が会計利益と連動しているならば，会計利益を増加させる会計処理方法を選択することが予測される。会計研究は，理論が形成される前に行われることもあり，理論が形成された後に行われることもある[6]。会計研究は実証会計理論と規範会計理論の相互に関連し，

第2章　現代会計の制度と言語機能 ｜ 025

両タイプの理論を考察する必要がある。

マクロレベルの「会計に関する研究」(research of accounting) は，会計自体の役割を考察することである。その研究は，投資決定においてどのような会計情報が有用であるのか，会計責任あるいは意思決定有用性の何れが会計の重要な目標か，企業文化は会計にいかなるインパクトを及ぼすのか，会計は資本主義の勃興時にどのような役割を演じてきたのか，会計は環境の悪化にどのような役割を演じてきたのか[7]，といった諸問題を考察する。それに対して「会計における研究」(research in accounting) はミクロレベルの問題を扱う。会計実務においてどのような測定が利用されているのか，特定の会計方針の変更が株価にどのように影響するのかというような問題を考察する。こうした会計研究方法の違いは医学に類似する。医学研究の総合的アプローチはライフスタイル，文化的背景，個人の嗜好や選択といった事柄を研究対象とするが，他方，特定の病気に対処するアプローチは特定薬品の病理効果を研究することにある[8]。

一口メモ

現代会計の見方においては，①評価パースペクティブ，②情報パースペクティブ，③プラグマティック・パースペクティブが展開される[9]。①評価パースペクティブは，正しい会計利益と企業価値の測定を目的とする。②情報パースペクティブは，会計及びそれに関連する情報が，どこで，どのような方法で生産されるかを明らかにし，会計情報と非会計情報を区分し，ある情報を他の情報で補充し，あるいは統合することに意義を見いだす視点であり，会計ディスクロージャーを問題とする。③プラグマティック・パースペクティブは，意思決定有用性アプローチに関係し，特定の目的と条件（低価法などの保守主義）を付して評価に実用的な意味を持たせ，公正価値評価を重視する。このパースペクティブは情報の有用性を検証する実証会計研究につながる。現実の財務報告はプラグマティック・アプローチに基づいて展開されている。

①資本市場研究

ボール／ブラウン（R. Ball & P. Brown, 1968[10]）やビーバー（W.H. Beaver, 1968[11]）は，会計情報が資本市場でどのように利用されるのかということについて仮説を立て，株価にどのようなインパクトを及ぼしているのかを検証する資本市場研究（capital market research）を展開した。これは会計情報の有用性を経験的にテストする実証研究である。これ以前の財務会計研究は，会計理論が規範的に確認され，会計情報が投資家にとって有用であるという前提が置かれていた。このように，伝統的な財務会計理論が批判された点の1つは，それがテストされないことである。それに対して資本市場研究は，会計情報に対して市場行動や反応を記述し説明を与えた。その焦点が会計情報の利用者のニーズに置かれ，作成者のニーズとは明確に区分される。それは適切な会計実務が存在するという仮定より，むしろ会計情報がいかなるインパクトを及ぼすかを実証することである。

②エージェンシー理論

実証研究には上記の帰納アプローチに基づく資本市場研究と，次に説明するエージェンシー理論（agency theory）のような演繹アプローチによる実証的会計理論（Positive Accounting Theory, PAT）[12]がある。それは会計実務を説明し予測するものである。アカロフ（George A. Akerlof）は，情報が生産されるメカニズムを中古車市場に関する「レモンの原理」（The Market for Lemons, 1970[13]）で論じ，情報の非対称性から『逆選択の問題』が生じることを明らかにした。レモンは低品質車で，高品質車はピーチという。中古車市場ではレモンの品質に関する情報がないと，平均的な品質の中古車（例えば欠陥率30％）が市場にでまわる（図表2-1）。

売り手は自車がレモンではないと確信しても，その情報を買い手に伝達し

図表2-1　情報の非対称性

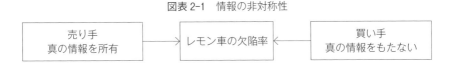

ない限り，買い手はピーチもレモンも同じように評価せざるを得ない。買い手はその市場平均の欠陥率例えば30％を信じる。そこでピーチの売り手は市場から次第に撤退し，レモンが市場を席捲する。新たな情報がなければ，やがてその市場は崩壊する。ピーチの売り手は，この市場の非効率性に関しては自車が良質である「シグナリング」のインセンティブをもつ。買い手もレモンの性能を見分けたいというインセンティブをもつ。かくして，市場取引が円滑に成立するためには双方が同質同量の情報をもつ必要がある。このレモンの原理を株式市場にあてはめると，株価は企業の価値に関する情報を公正かつ正確に投資家に提供することによって形成される。財務報告は情報の非対称性を是正するディスクロージャー制度として重要な機能を果たす。

　現実に情報の非対称性が存在する中，最適なインセンティブを設計する問題を扱う理論がエージェンシー理論あるいは「契約理論」（contract theory）である。そこでは資本の運用を委託する株主がプリンシパル（principal），受託した経営者がエージェント（agent）と呼ばれる。会計情報は市場で取引される１つの商品であり，取引関係を形成する前により良い取引相手を選別するスクリーニングをかける事前決定の意思決定支援機能を果たす。取引関係が持続的な関係にある場合，プリンシパルはエージェントの行動を変更させるため会計数値を利用してコントロールし，モニタリングという監視行動を行う。この会計情報は事後決定の契約関係をモニタリングする装置として機能する。ただし，エージェンシー理論が仮定する企業は法人ではなく，経営者を中心にした契約の束（nexus of contracts）というチームの性質をもつ。

　初期のエージェンシー理論は，双方の効用関数がパレート最適となるエージェントの報酬が存在するか否かという問題を追究した。エージェントは同意された報酬表のもとで期待効用を最大化すると仮定された。報酬表の解はプリンシパルがエージェントの選好に関して完全情報を保有している，と仮定される。完全情報が存在する場合，プリンシパルは，エージェントの行動を観察できる最善解が仮定される。不完全情報では，プリンシパルがエージェントの行動を正しく観察できない情報の非対称性の問題が生まれる[14]。また，経営者の自制行動をボンディング（bonding）という。モニタリングと

ボンディングはエージェンシー関係の効率性を高めるが，そのシステムを創造し維持するための新たなコストが発生する。だがモニタリングもボンディングも完璧ではなく残余のロスが残る。モニタリング・コスト，ボンディング・コスト，残余ロスを総和したものがエージェンシー・コストである。この理論はエージェンシー・コストをいかに削減するかを課題とする。

③会計言語研究

　会計は明確で技術的かつ具体的なコミュニケーション手段としてのビジネス言語である。現代会計は以前に増して重要な言語として機能する。しかし，会計は必ずしも社会的コミュニケーション手段として成功してきたとは言えない。その失敗の要因は会計言語が中立的なものではなく，ロビー活動によって左右される点にある[15]。米国では90年代後半のS&L（住宅貯蓄組合）の倒産，エンロンやワールドコム事件，2008年9月のリーマン・ショックは会計の虚偽や誤導に関係した。こうした事態に対して，会計基準設定者は，財務報告の目的を，意思決定有用性という意味の同意を取り付けることによって，会計が表現するリアリティの問題を巧みに回避してきた[16]。その結果，現代の会計情報の信頼性は揺らぎ，会計研究者や実務家は会社報告書の真実とは何か，会計基準設定者は会計と監査の役割はいかにあるべきか再考する必要がある。会計の言語研究は批判会計研究（critical accounting research）[17]として言及される。

2　日本の企業会計制度の変容

(1) 会計制度

　わが国の会計制度は，商法を中心とする会計トライアングル体制を構築してきたが，1990年代後半から国際的会計標準に対応すべく変容した。こうした一連の改革を会計ビッグバンという。その狙いは企業が開示する財務諸表の有用性問題に焦点を当て，投資家が業績と企業価値を予測することを容

易にすることである。従来の日本基準に準拠して作成された財務諸表は監査報告書に警句（legend）が付されたが，会計ビッグバンにより日本への投資リスクは回避された。

①会計基準

わが国の「一般に公正妥当と認められる企業会計基準」（GAAP）は，企業会計審議会や企業会計基準委員会（Accounting Standards Board of Japan, ASBJ）が公表した「企業会計原則」「企業会計基準」「企業会計基準適用指針」「実務対応報告」日本公認会計士協会（会計制度委員会等）の「実務指針及びQ&A」そして実務慣行によって形成されてきた。GAAPは会社法，金融商品取引法，税法，さらには業界に固有の制度（電力事業法）に内在して機能する（拙著『会計と財務諸表分析』唯学書房参照）。

②会社法と計算書類

会社法はすべての会社が従うべき法律制度であり，配当制限等の利害を調整する目的がある。会社法によると，株式会社と合同会社は，「貸借対照表」「損益計算書」「株主資本等変動計算書」及び「個別注記表」の計算書類，さらに事業報告とこれらの附属明細書を作成する必要がある。ただし，決算公告による連結財務諸表の開示は任意である。また合名会社と合資会社は貸借対照表を作成する義務がある。

③金融商品取引法と財務報告

この法律は有価証券を発行して資金を調達する会社に対して発行時に目論見書と有価証券届出書の作成と開示を求める。目論見書の記載事項は概ね有価証券届出書と同じである。有価証券届出書は総額1億円以上の有価証券を募集し売り出す株式公開（initial public offering, IPO）に際して証券情報や企業情報を記載する。その後，公開会社は，有価証券報告書，四半期報告書あるいは臨時報告書（M&Aなどの事象発生の都度）を財務局に提出する。公認会計士の監査を受けた有価証券報告書は金融庁を通じて「有価証券報告書総覧」

として開示される。有価証券報告書は，経理の状況として「連結財務諸表等」（連結貸借対照表，連結損益計算書，包括利益計算書，連結株主資本等変動計算書，連結キャッシュ・フロー計算書，連結財務諸表注記），「財務諸表等」（貸借対照表，損益計算書，株主資本等変動計算書，注記事項）を報告する。

④証券取引所と決算短信

決算短信は証券取引所が要請する投資家へのファーストアナウンスである。公表される財務諸表には監査義務がない。その情報は1）決算取締役会の開催日，2）定時株主総会の開催日や配当の有無等，3）当期の業績（売上高，営業利益，経常利益，当期利益，1株当たり当期利益，株主資本当期利益率，総資本経常利益率，売上高経常利益率，配当状況，財政状態），4）前期と比較できる次期の業績予測である。経営者は当期の実績値と一緒に次期の連結業績予想を公表する。それは経営者のメッセージで「経営者予想」と呼ばれる[18]。

(2) 概念フレームワーク

ASBJ は 06 年に討議資料としての「財務会計の概念フレームワーク」を公表した。以下は，この内容を概説するものである。

（a）前文：概念フレームワークの役割

概念フレームワークは，企業会計（特に財務会計）の基礎にある前提や概念を体系化したものである。それは会計基準の概念的な基礎を提供し，財務諸表利用者に資するもので，利用者が会計基準を解釈する際に無用のコストが生じることを避けるという効果を有する。それは将来の基準開発に指針を与える役割を有するため，既存の基礎的な前提や概念を要約するだけでなく，吟味と再検討を加えた結果が反映されている。国際会計基準審議会と米国財務会計基準審議会による共通の概念フレームワーク策定に向けた共同作業が進行中のことから，討議資料は無用な混乱を回避するため公開草案からのコメントを求めない状況にある。

(b) 第1章：財務報告の目的

【序文】

　財務報告制度の目的は，社会からの要請によって与えられるものである。財務報告の目的が，投資家による企業成果の予測と企業価値の評価に役立つような企業の財務状況の開示にあると考える。自己の責任で将来を予測し投資の判断をする人々のために，企業の投資のポジション（ストック）とその成果（フロー）が開示される。

【本文】

　投資家と経営者の間の情報の非対称性を是正するために，財務報告の目的は，投資家の意思決定に資するディスクロージャー制度の一環として，投資のポジション（従来は財政状態という）とその成果を測定し開示することである。投資の成果を示す利益情報は，基本的に過去の成果を表すが，企業価値評価の基礎となる将来のキャッシュ・フローの予測に用いられている。このように利益の情報を利用することは，利益を生み出す投資のストックの情報を利用することを含意する。

　ディスクロージャー制度は投資家，経営者そして両者の間に介在する監査人の3者を想定する。会計情報の副次的な利用は配当制限（会社法），税務申告制度（税法），金融規制（自己資本比率，ソルベンシー・マージン規制）などである。

(c) 第2章：会計情報の質的特性

　財務報告の目的を達成する会計情報が備えるべき特性を説明する。意思決定有用性は「意思決定との関連性」（目的適合性）と一定の水準で信頼できる情報である「信頼性」という2つの特性によって支えられている（図表2-2）。会計基準の内的整合性と会計情報の比較可能性が，それら3者の階層を基礎から支える必要条件ないし閾限界として機能する。

(d) 第3章：財務諸表の構成要素

　ここでは財務報告が対象とすべき事象を明確にする。投資のポジションと成果を表すため，貸借対照表と損益計算書に関する構成要素として，資産と負債，純資産，株主資本，包括利益，純利益，収益，費用を定義する。純利益は，純資産のうちもっぱら株主資本だけを増減させる。

図表 2-2　会計情報の質的特性

(e) 第 4 章：財務諸表における認識と測定

　第 3 章で定義した各種構成要素をいつ認識し，それらをどのように測定するのかという問題を扱う。認識とは，構成要素を財務諸表の本体に計上することをいう。測定とは，計上される諸項目に貨幣額を割り当てることをいう。各種項目の認識は，基礎となる契約の原則として少なくとも一方の履行が契機となる。いったん認識した資産・負債に生じた価値の変動も新たな構成要素を認識する契機となる。

　資産の測定には，(1) 取得原価，(2) 市場価格，(3) 割引価値がある。市場価格とは，特定の資産について流通市場で成立している価格をいう。市場は，購買市場と売却市場とが区別される場合とされない場合がある。日本の現行基準では，市場価格と時価が異なる意味で用いられる。市場価格は実際に市場が存在する場合にしか用いられない。これに対して，時価は公正な評価額と同義であり，観察可能な市場価格のほか，推定された市場価格なども含んでいる。市場価格で購買市場と売却市場が区別される場合，購買市場で成立する価格を再調達原価，売却市場で成立している価格から見積販売経費を控除したものを正味実現可能価額という。割引価値は，資産の利用から得られる将来キャッシュ・フローの見積額を，ある割引率によって測定時点まで割り引いた測定値をいう。割引価値による測定は，①将来キャッシュ・フローを継続的に見積もり直すか，②割引率を継続的に改訂するか否かに応じて，いくつかの類型に分けられる。

　負債の測定には，(1) 支払予定額（決済価額または将来支出額），(2) 現金受

入額，（3）割引価値がある。支払予定額とは負債の返済に要する将来キャッシュ・フローを単純に（割り引かずに）合計した金額をいう。現金受入額とは，財・サービスを提供する義務の見返りに受け取った現金または現金同等物の金額をいう。割引価値は，資産の定義と同じである。①将来キャッシュ・フローを継続的に見積もり直すととともに，割引率を改訂する場合，②将来キャッシュ・フローのみを継続的に見積もり直す場合，③将来キャッシュ・フローを見積もり直さず，割引率も改訂しない場合がある。

収益の測定には，（1）交換に着目した収益の測定，（2）市場価格の変動に着目した収益の測定，（3）契約の部分的な履行に着目した収益の測定，（4）被投資企業の活動成果に着目した収益の測定がある。(1) の収益の測定とは，財やサービスを第三者に引き渡すことで獲得した対価によって収益を捉える方法をいう。(2) は資産や負債に関する市場価格の有利な変動によって収益を捉える方法をいう。(3) は財やサービスを継続的に提供する契約が存在する場合，契約の部分的履行に着目して収益を捉える方法である。(4) は投資企業が被投資企業の成果の獲得に応じて投資勘定を増加させて収益を捉える方法である。

費用の測定には，（1）交換に着目した費用の測定，（2）市場価格の変動に着目した費用の測定，（3）契約の部分的な履行に着目した費用の測定，（4）利用の事実に着目した費用の測定がある。

（3）会計ディスクロージャーの特徴

会計ディスクロージャー制度は，健全な資本市場を構築し，広く資金を資本市場に呼び込み，投資家のインセンティブを高める財務報告として展開される。財務報告はある目的あるいは意図をもって作成され，ある特定の視点から表現されたものである。それが真の意味をもち適切なものになるために，そのコンテクストの説明が加わる[19]。財務報告は財務諸表だけでなく多くの注記（footnotes），それに加えて「経営者による説明」や「経営者の検討と分析」によって補完される。ディスクロージャーの一環である IR（investor relations）は，単に投資家に経営方針や業績を伝えるだけでは十分でなく，投資家の声を聞き，企業経営に反映することに意味がある。会計情報は，企業属性の情報に加えて，社会的責任など投資判断に影響を与える情報を適時，適切かつ公平に伝える[20]。

「財務会計基準機構」（2001 年設立）は，有価証券報告書を作成する企業にその業績に及ぼすリスク情報開示の指針を作成することを要請した。開示指針では「投資家の判断に重要な影響を与える可能性のあるもの」を記載するよう求めている。具体的には，財政状態や経営成績などの異常な変動，特定の取引先・製品などへの依存，特有の法的規制や取引慣行など多岐にわたる。また，特定の取引先が売上高に占める割合が大きいと取引先の動向次第で収益に大きな影響が出るので開示対象になる。自社のサービスや製品が特有の法的規制を受けて，業績に影響を及ぼす恐れがあれば，規制の可能性を含めて明示する必要がある。

3　会計基準のグローバル化

(1) 日本の会計基準のグローバル化

会計基準の国際的統合は，米国の財務会計基準審議会（Financial Accounting Standards Board, FASB）が 2002 年 10 月，国際財務報告基準（International Financial Reporting Standards, IFRS）の考え方と統合していくと発表（ノーウォーク合意）して始まった。日本は東京合意（2007 年 8 月 8 日）において基準の共通化に賛成した。2016 年 4 月時点，わが国のグローバル企業は「日本基準」（J-GAAP）以外に「米国会計基準」（US-GAAP），ピュアな「国際会計基準」（IFRS）そして「修正国際会計基準」（日本版 IFRS, Japan's Modified International Standards, JMIS という）の選択肢をもつ。修正国際会計基準とは，国際会計基準と ASBJ による修正会計基準によって構成された会計基準で，2016 年 7 月 25 日に改正された。ASBJ の修正会計基準第 1 号「のれんの会計処理」と第 2 号「その他の包括利益の会計処理」は，2016 年 3 月 31 日以後に終了する連

結会計年度に係る連結財務諸表から適用される。IFRS採用企業（2016年4月13日時点上場会社128社）が増える背景には投資マネーの圧力がある。海外投資家は投資判断のために比較しやすい国際会計基準を求める[21]。ただし，IFRSを採用する企業の財務諸表は，他の会計基準を採用する企業との比較性が困難になる恐れがある。

(2) 国際会計基準の目的と特質

① IFRS の目的

1973年，国際会計基準委員会（the International Accounting Standards Committee, IASC）がロンドンに設立された。IASCは現在の国際会計基準審議会（the International Accounting Standards Board, IASB）である。国際会計基準（International Accounting Standards, IAS）と現在の国際財務報告基準（IFRS）をまとめて国際会計基準という。IASBは当初各国の会計基準を調和化することを目的にしたが，現在はコンバージェンス（共通化）とアドプション（適応）を目指す。IFRSは①「財務諸表の作成及び表示に関するフレームワーク」（Framework for the Preparation and Presentation of Financial Statements, 以下フレームワークという）をベースにして，②「個別基準」のIAS第1号から第41号とIFRS第1号から第15号及び③「解釈指針等」（2014年1月1日時点）の三層構造からなる。

②概念フレームワークと公開草案の特徴

IASCは先ず1989年に「（概念）フレームワーク」を公表し，2001年4月に採択した。IASBは2010年，FASBとの共同プロジェクトの成果「財務報告のための概念フレームワーク」，さらに2015年5月28日，公開草案「財務報告に関する概念フレームワーク」（DE）を公表した。フレームワークは，(a) 財務諸表の目的，(b) 財務諸表における情報の有用性を決定する質的特性，(c) 財務諸表を構成する要素の定義，認識及び測定，(d) 資本及び資本維持の概念からなる。その特徴は，財務諸表（連結財務諸表を含む）が外

部利用者（現在の投資家，潜在的投資家，従業員，仕入先，顧客，政府機関及び一般大衆）のために作成される点にある。

（a）財務諸表の目的

　財務諸表の目的は，広範な利用者が経済的意思決定を行うにあたり，企業の財政状態，業績及び財政状態の変動に関する有用な情報を提供することにある。この目的のために財政状態計算書（statement of financial position），包括利益計算書（statement of comprehensive income），キャッシュ・フロー計算書（statement of cash flows），持分変動計算書（statement of changes in equity）が公表される。

（b）財務諸表の質的特性

　財務諸表の質的特性とは，財務諸表が提供する情報を利用者にとって有用なものとする属性をいう。その基本的なものが「目的適合性」（relevance）と「表現の忠実性」（faithful representation）である。目的適合性は財務報告書の目的に関係し，財務情報がなぜに必要とされるのかを概説する。財務情報はユーザーが予測し，過去をフィードバックするのに役に立たなければ有用ではない。目的適合性は「重要性」にも関係する。もう１つの基本的な質的特性が表現の忠実性である。その目的はユーザーが財務情報に確信をもち，信頼できるようにすることである。それは財務報告書に示されることが現実の事象や取引に対応していることを意味し，リース取引等に「実質優先」（substance over form）の思考を取り入れる。表現の忠実性の構成要素は次の３つの要素からなる[22]。会計数値以外の説明を含む「完全な描写」（complete depiction），「中立性」（neutrality），情報は正確なものという「誤謬からの解放」（freedom from error）である。こうした基本的な質的特性を支えるものが「比較可能性」（comparability），「検証可能性」（verifiability），適宜性（timeliness），そして「理解可能性」（understandability）である。これらの関係では相対的重要性が問われることになる。

（c）財務諸表の構成要素

　フレームワークは財務諸表の構成要素を資産，負債，持分（equity），収益（income）そして費用と定義する。資産とは「過去の事象の結果として，企業

一口メモ：資本維持論

　会計利益は維持すべき資本が何かで決まる。資本維持論には貨幣資本維持（名目資本維持と一般物価指数の変動を考慮に入れた実質資本維持）と実体資本維持思考がある。貨幣資本維持概念における資本は企業の純資産又は持分と同義である。それに対して，実体資本維持概念における資本は，企業の生産能力を維持する資本とみなされる。財務諸表利用者が主に名目資本の維持又は投下資本の購買力に関心を有する場合，貨幣資本維持概念を採用しなければならない。反対に，会計情報利用者の主要な関心が企業の操業能力にある場合には実体資本維持概念を用いることになる。選択された資本概念は，その概念を機能させるうえでいくつかの測定上の困難さがあるとしても，利益の算定にあたって達成されるべき目標を示している。

①貨幣資本維持論

　この概念から導かれる利益は，期中の所有者への分配と出資を除いた後の期末の純資産の名目（又は貨幣）額が，その期首の純資産の名目（又は貨幣）額を超える場合にのみ稼得される。貨幣資本維持は名目貨幣単位または恒常購買力単位のいずれかで測定することができる。後者は貨幣価値変動会計あるいはインフレーション会計といわれる。

②実体資本維持論

　この概念から導かれる利益は，期中の所有者への分配と所有者からの出資を除いた後の期末における企業の物的生産能力又は操業能力（又はその能力を達成するために必要な資源もしくは資金）が，その期首の物的生産能力を超える場合にのみ稼得される。実体資本維持論には「費用時価・資産原価主義」と「資産・費用時価主義」がある。

　ハックス（Karl Hax, 1901 ～ 1978）は，貨幣資本維持と実資本維持の対立する資本維持思考を１つの理論体系に包摂する「経営実体維持論」(1957, Die Substanzerhaltung der Betriebe) を展開した。貨幣資本維持は企業が出資者による投資であって私的な利益を追求し，実体資本維持は企業が経済の生産機構の一部を構成し一定の製品とサービスを供給する存在である。こう

038 │ 第Ⅰ部　会計記号による表示

した異なる企業観のどちらをとるかによって異なる性格の損益計算形態が導かれる。後者の視点から物価上昇期には時価会計がとられる。だが，技術の進歩や需要の変化を無視してこれまでと同じ品質，同じ価格の商品を仕入れ，加工し販売すること（再生産的実体維持）は多くの場合に考えられない[23]。

が支配し，かつ，将来の経済的便益が当該企業に流入すると期待される資源をいう」，負債とは「過去の事象から発生した企業の現在の債務で，その決済により，経済的便益を有する資源が当該企業から流出することが予想されるものをいう」と定義する。持分とは，企業のすべての負債を控除した残余の資産に対する請求権である。収益とは，当該会計期間中の資産の流入もしくは増加又は負債の減少の形をとる経済的便益の増加であり，持分参加者からの出資に関連するもの以外の持分の増加を生じさせるものをいう。費用とは，当該会計期間中の資産の流出もしくは減価又は負債の発生の形をとる経済的便益の減少であり，持分参加者への分配に関連するもの以外の持分の減少を生じさせるものをいう。

　構成要素の認識とは，各構成要素の定義と認識規準を満たす項目を財政状態計算書と包括利益計算書に組み入れるプロセスである。構成要素の認識テストには，蓋然性（probability）と測定の信頼性（reliable measurement）が問われる。測定とは，財務諸表の構成要素の金額を決定するプロセスである。フレームワークは取得原価，現在原価（資産を現時点で取得した場合の支払額及び負債は債務を現時点で決済するために必要とする割引前の現金又は現金同等物），実現可能価額，現在価値を示す。

(d) 資本及び資本維持の概念

　フレームワークは，資本の概念として貨幣資本概念と実体資本概念を示すが，いずれの概念が適切であるかは言及していない。

　フレームワークの概念は共通言語を提供する意図をもつが，それらがさまざまに解釈される可能性があり，必ずしも完全ではない。例えば，従業員に対する株式オプションは費用の定義に合致しないという意見がある。概念と

か原理はあまりにも曖昧でありさまざまな解釈の余地を残している[24]。表現の忠実性という概念は真実（true）とか正確（accurate）を意味するが，果たして会計には1つの正しい財政状態とか経営成績という物差しが存在するのかという疑問が残る。例えば，ある財務報告書では会計人が取得原価主義を採用し，別の財務報告書では公正価値を利用する。双方とも概念フレームワークと現行の会計基準では容認されると，いずれの利益が正しく，企業の経営成績の真実の物差しとは何かが問われる[25]。

(3) 米国の会計基準と SOX 法

①米国の会計基準と概念フレームワーク

概念フレームワークという考え方は米国では 1920 年代初期から芽生えた。例えば，1938 年，サンダース，ハットフィールド，ムーア（T.H. Sanders, H.R. Hatfield and U. Moore）による米国会計研究学会が発行した「会計原則ステートメント」（A Statement of Accounting Principles）は当時の企業の失敗と会計実務問題を克服する狙いがあった。1959 年，米国公認会計士協会は「会計原則審議会」（Accounting Principles Board）を設立し，会計基準の基礎となる「基礎的原則」の一部を構築した。個人研究レベルでは 1957 年のマテシッチ（R. Mattessich）による会計命題の公理化研究，1961 年のムーニッツ（M. Moonitz）による『会計の基礎的公準』（The Basic Postulates of Accounting），スプルーズとムーニッツ（Sprouse and Moonitz）の研究叢書『一般会計原則試案』（A Tentative Set of Broad Accounting Principles）が公表された。この時代の会計諸原則は，会計実務に適用されていたものを再表示し，会計実務に対するラディカルな変更を求めるものであった。

FASB は 1976 年に包括的で公式的な「会計の概念フレームワーク」の構築に着手し，1978 年から 1989 年まで 6 つの財務会計概念書（Statement of Financial Accounting Concepts, SFAC）を公表した[26]。さらに 2002 年に SFACNo.7「会計測定におけるキャッシュ・フロー情報と現在価値の利用」，2010 年に SFACNo.8「財務報告のための概念フレームワーク」を公表した。

1978 年 SFACNo.1 の「企業による財務報告の目的」は，財務報告が他の手段ではその情報を得ることができない経営者が供給する有用な情報の源泉である，とする[27]。1980 年 5 月 SFAC No.2 は「会計情報の質的特性」を展開し[28]，固有の特性として理解可能性，目的適合性と信頼性を置いた。その下に予測価値，フィードバック価値，適時性，検証可能性，表現の忠実性，比較可能性（首尾一貫性），中立性が規定された。SFACNo.8 は SFACNo.1 と SFACNo.2 を置きかえ，基本的特性の信頼性を表現の忠実性に変更した[29]。これにより目的適合性と表現の忠実性とはトレード・オフ関係ではなく，忠実な表現が従属的な特性になった。

② SOX 法

オフバランス取引や特定目的企業を利用したエンロン社の不正経理が明るみになった直後の 2002 年，SOX 法（Sarbanes-Oxley Act）が投資家と公益の保護を目的として施行された。同法は SEC の下に非営利法人の「公開会社会計監視委員会」（PCAOB）を設置し，内部統制を監査対象領域に含め，会社役員の責任範囲を拡大し，不正経理及び証券詐欺の罰則を強化した。PCAOB は米国に上場する企業を監査する会計事務所（外国を含む）を検査・監督する。SOX 法は会計監査人の独立性を高めるためにコンサルティング業務の兼業を禁止した。同法は業務執行役員と財務担当役員に対して SEC に提出する書類が正確であることを証明し，公開会社に財務担当の専門家を含む監査委員会の設置を要求し，監査役及び内部告発者の告訴を取り上げる仕組みと内部告発者を保護する規定を入れた。

4 会計監査

会計が適切に機能するには会計監査が不可欠である。公認会計士による会計監査は，企業が財務報告の作成と報告に際して GAAP に適切に準拠しているか否かをテストする。会計監査は企業が提出した数字が正しいか否かを検査する仕事であり，その本来の職務は不正を見抜くことではない。だが，

過去に発生した相次ぐ会計不祥事から，多くの投資家や資本市場は不正を見抜くことが会計士の役割と考えており，会計監査についての期待ギャップが生まれる。

　金融庁の証券取引等監視委員会（Securities and Exchange Surveillance Commission）は，証券取引や金融先物取引等の公正を確保するめに検査や調査をし，悪質な場合には刑事告発をする。粉飾決算（window dressing）は違法行為である。経営者は，不正な会計処理を防止するために内部統制報告書を作成し，公表する義務がある。損失隠しや利益の水増しなど組織的に行われる悪質性の高い会計を「会計不正」という。

　近年の代表的な粉飾事件には 2004 年西武鉄道（株式保有状況を偽って記載），2004 年カネボウ（債務超過を資産超過と偽り公表），2006 年ライブドア（約 53 億円を売上高に不正計上），2007 年 IHI（工事費用を過少計上，赤字を黒字と公表），2011 年オリンパス（約 1000 億円の財テク損失を簿外で処理）などがある。最近，米国では「公認不正検査士」（Certified Fraud Examiner, CFE）が不正を防止，発見，抑止する専門家として注目されている。CFE は「会計」（財務取引と不正スキーム），「法律」（不正の法的要素），「調査」（不正調査），「犯罪学」の 4 分野に焦点を当てる。

5　会計分析

　現行の会計制度における会計方針の選択，見積予測，情報開示レベルでは，経営者の財務諸表データに影響を及ぼす余地が広く残されている。会計利益では会計操作（accounting handle）や利益調整（earnings management）が行われる。こうした会計操作の自由度を創造的会計（creative accounting）という[30]。創造的会計とは，法の認める範囲で標準的会計実務のルールに文字通り従う会計実務に関する婉曲語法であり，会計データにさまざまなノイズやバイアスを認める。会計操作から利益調整や V 字型回復にみられるビッグバスが生まれた[31]。こうした会計操作を発見するには会計分析を必要とする。会計分析は，具体的には次の 6 つである。①産業と企業戦略を前提に重要な会計

方針や見積もりを判断し，②経営者がどれだけフレキシビリティを行使するか，また，経営者の会計戦略の背後にある動機について評価する。③脚注は重要な会計方針や仮定及びその論理が十分に説明されているかを確認する。④情報開示の質を評価する。⑤危険信号を発見する。⑥会計ルールや経営者の決定に持ち込まれたノイズやバイアスを除去して会計数値を再表示する。

6　現代会計における会計記号

(1) 会計の写像理論

　世界は言語や概念だけでなくシグナルやシンボルといった記号からも分節され，一体として構築されている。新しい事態あるいは事実については新たな概念を創出してきた[32]。会計もまた企業の経済活動を会計言語で分節し，貨幣による測定によって同質化し，2つの機能を通じて物象化する。物象化とはモノの関係によって構成されている現実（reality）があたかも自存する物であって，物が内属的な性質からできているかのように意識されることをいう[33]。

　その伝統的な会計言語観が「写像理論」（picture theory）である。ウィトゲンシュタイン（Ludwig Josef Johann Wittgenstein, 1889-1951）は『論理哲学的論考』（1918年）の中で「命題（言明）は現実の像」と論じた。文の役割は世界の事態の記述であり，語の意味はそれが指示する対象である[34]。写像理論の経済的リアリティは「外側に内在する事物」（intrinsic thing-in-out-there）であって，会計記号の役割は代替物という資格で他の事象を喚起することによってこれを表象することである[35]。記号は記号外にある対象やリアリティを再現するもの，あるいは人間の思考や意識の伝達道具であり，記号以外のものと区別される。

　だが，写像理論を仔細にみると，真理の「対応説」（真理は文・言明等と事実の対応）以外に「整合説」（言明・命題の真理は，事実の対応でなく無矛盾な別の言明・命題群との整合性），「合意説」（すべての探究者による合理的な合意）等が展開され

第2章　現代会計の制度と言語機能 **043**

る[36]。対応説の古典的定式がアリストテレスの「有るものは有ると語り，有らぬものは有らぬと語ることが，真理である」という主張である。ラッセル（Bertrand Russell, 1872-1970）によれば，文や判断が真となるのは，それに対応する諸対象の複合体である事実が「存在」する場合である。ウィトゲンシュタインによれば，名前の連鎖である文が真となるのは，1）各名前と対象とが 1 対 1 に対応し，文中の名前の配列が対象の配列と構造上同型かつ 2）その事態が現実に成立する場合である。成立している事態を事実という。対応説は真なる文に対応する事実を一意的に確定することを意味する。

　アレクサンダー／アーチャー（D. Alexander and S. Archer, 2003）[37] は，FASB概念フレームワークの表現の忠実性が GAAP の範囲内における「真理の整合説」（coherence theory of truth）である，と指摘する。整合説は，語と語，句と句，文と文が結びあったテクスト（ことばによって紡ぎ織られた文章）の写像を意味する。テクストによる整合説は，命題（言明）が他の多くの命題とズレや矛盾がない時に真であるとみなす。整合説に基づく表現の忠実性は感覚的経験を述べる命題の対応説によって補われ，経験を説明し，予測しうるとき真となる。こうした解釈の違いがあるものの，写像理論は会計においては整合説と対応説を一体とした真理の実用主義理論（pragmatic theory of truth）として展開される。

　エンロン事件後，FASB は 2002 年 10 月「米国会計基準設定における原則主義アプローチの提案」（以下 FASB プロポーザル[38]）を公表し，財務会計と報告の品質と透明性を改善する「原則主義」（Principle-Based Accounting Standards, PBAS）を展開する。これはそれまでの「細則主義」（Rule-Based Accounting Standards, 以下 RBAS）に基づく会計基準の設定理念（GAAP への整合）から真理の対応説（経済的リアリティへの対応）への転換である[39]。FASB の使命は，ステークホルダーの意思決定にあたり有用な情報を提供する高品質の会計基準を展開することである[40]。前 SEC 議長ピット（Harvey L. Pitt）は，米国上院委員会（U.S. Senate Committee on Banking, Housing and Urban Affairs）の証言（March 21, 2002）で「細則主義に基づく会計基準の展開が，経済的目的を達成するというより，むしろ会計目的を達成するためにのみ目論まれた金

融工学の展開を結果としてもたらした[41]」と批判した。FASB プロポーザル
の狙いは IASB とのコンバージェンスへの足がかりを構築すること以上に，
経済的リアリティを忠実に表現し，ステークホルダーに有用な会計情報を供
給することにある。

(2) 記号機能論とその周縁

　現代会計は，従来は認識されなかったファイナンス・リース，デリバティ
ブ等の金融商品，いろいろな無形資産をオンバランス化してきた。鈴木義夫
はこうした会計言語による非在の現前化機能を「記号機能論」という。それ
は会計用語の意味の変化と貨幣機能の変質という両面から，価値が欠如した
モノに会計という白い布の形式をかぶせ，あたかも価値あるモノであるかの
ように創出する機能である[42]。

①ソシュールの言語観

　こうした記号機能論の根底にはソシュール（Ferdinand de Saussure, 1857～
1913）の言語哲学がある。ソシュールは『一般言語学講義[43]』において写像
理論を否定し，1つの記号がもつ意味は他のすべての記号と関係して相対的
に決まるとして，言語ゲーム論を展開する。コトバ記号（signe）は他の一切
の記号と異なり，自らの外にア・プリオリ（経験に先立つ）に存在する意味を
指し示すものではなく，いわば「表現」と「意味」とを同時に備えた，無動
機の形式である。そのことから，ソシュールは，コトバ記号の記号表現をシ
ニフィアン（signifiant），記号内容をシニフィエ（signifié）と名付け，2つが同
時に結びついて1つの記号（精神的な実体）となると考える。記号内容は，記
号表現が意味する概念である。要するに，コトバ記号は結果的には構成され
た構造内で記号の様相を呈するが，コトバ記号以前にはコトバ記号が指し示
す事物も概念も存在しない[44]。記号は他の記号との「差異の体系」を構成し，
それによってそれ自身がその体系の中で特定の価値を有する。ソシュールの
記号論は実体ではなく関係性を生みだして意味する。

第2章　現代会計の制度と言語機能 | 045

②リーの社会的リアリティ構築論

　リー（Thomas A. Lee, 2006[45]）は，FASB の概念フレームワークにおける有用な会計情報の質的特性を支える比較可能性，そこから導かれる経済的リアリティをキメラ[46] であると批判する。リーの批判の原点は言語学者サール（J.R. Searle, 1995）の『社会的リアリティの構築』（言語行為論という）[47] に基づく。サールは 2 つの二分法（dichotomy）つまり存在論の二分法と認識論の二分法を展開する。存在論の二分法の 1 つは「存在論的客観性」（ontological objective）である。存在論的客観性とは，例えば「地球がわれわれの心とは無関係に存在する」ということである。もう 1 つの「存在論的主観性」（ontological subjective）は，例えば「米国には連邦準備局システムが存在する」という事態を指す。認識論の二分法の 1 つが「認識論的客観性」（epistemologically objective）である。それは，例えば「米国の独立宣言は 1776 年に行われた」という事実である。これに対する「認識論的主観性」（epistemologically subjective）は，例えば「米国の憲法は世界で 1 番である」という事実である。こうした 2 つの二分法に基づくと，社会的・制度的事実（所有権，債務への請求権）は「存在論的に主観的」な事実である。それらは人間の意思に依拠して存在する。反対に，原子や山は「存在論的に客観的」である。「社会的に構築されたリアリティ」（socially constructed reality）[48] は，人間の観察，意見の一致，そのコミュニケーションに依存する主観的な存在である[49]。社会は個人の志向（intention）には還元できない集合的志向（collective intention）によって構築される。社会的リアリティは，①企業の経済活動という経済的リアリティ，②経済的リアリティを制約する制度的リアリティ（法律，国家，規制ルール），③①と②を包摂するより広い社会的リアリティから構成される（図表 2-3）。

　図表 2-3 の左側の集合は人の意識に関係しない「生の事実」（brute fact）である。生の事実は認識論的な意味で主観的に表現されようとも「存在論的に客観的なリアリティ」である。右側の「社会的事実」は人の意識が構築あるいは創出したものである。サールの言語行為論によれば，形式（form, 事物の成立様式）は「生の事実」から区別された「制度的事実」である。意識は，

図表2-3　言語行為論に基づく世界

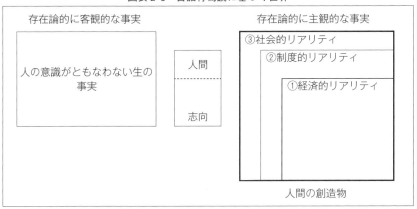

第一者（意識を所有し経験する本人）から，接近可能な存在論的で還元不可能な性質をもつ。痛みは誰かの主観によって感じられない限り存在しない。それに対して，社会的リアリティは "X counts as Y in C"（X は C という文脈において Y と見なされる）という志向性機能を果たす。紙切れ X は米国の C において1ドル札 Y と見なされる。この「社会的リアリティ」は集団的志向に依存する「機能」を意識的に割り当てて存在する。それは個人の信念，望み，意図を組み合わせた集合的志向に関係する。社会的事実はこの集合的志向がある時，「機能的地位」をもつ。社会的リアリティはまた表現する人（第一者）の「判断」に依存し，認識論的には客観か主観かに区別される。

　会計が表現する対象の多くはモノであるが，会計記号が社会的機能を有するか否かは表現主体の判断に帰する[50]。SFAC No.6 は「資産とは，過去の取引または事象の結果として，ある特定の実体により取得また支配されている，発生の可能性が高い将来の経済的便益である」[51]と定義する。その特質は，1）将来キャッシュ・フローに貢献する能力，2）この能力を入手し，支配できるエンティティ，3）こうした権利を取得し，支配する権利をエンティティに与える過去の取引である。この定義と3つの特質はすくなくとも10個の社会的事実に関係する。FASB は資産をこうした多くの社会的事実によって定義するものの，説明がある唯一のものは「経済的便益」である。そ

の補足に不確実性を意味する確率がある。このように社会的リアリティの構造は先ず「機能の割当」（assignment or imposition of function[52]）を必要とする。かくして，会計は，市場，会社，政府といった社会的制度から創出された経済的リアリティを表現する人間の行為である[53]。アカウンタントは，経済的性質をもった制度的事実を観察し，その事実と対応する意味を表現する志向をもつ[54]。制度的事実は，人間の合意に関係する事実であって，非制度的事実とは区別される。FASBの会計基準は資産，負債，株主持分，利益等を集計して数字的に表現し，制度的事実を創出する「構成ルール」（constitutive rules）である。構成（constitution）とは，相互に結合していないものを一緒に組み合わせて統一することを意味する[55]。FASBの会計基準は幾重にも「積み重ねられた社会的リアリティ」（multi-layered social reality）に関係する構成ルールである。それは存在論的に主観的な内的リアリズム（internal realism）を表現し，認識論的には経験から導かれる真理の整合性[56]に基づく「社会的合意」を表現する。

　以上のことから，リーのFASBに対する批判の論旨は次の点になる。①FASBが，信頼できる会計数値を生産し，ディスクロージャーを支援するには，社会的リアリティの意味を明確にし，制度的事実を認識論的に客観的な方法で表現できる会計基準を作り出す。②会計表現の意味と機能，集合的志向性，そして構成ルールの特質を明らかにする。③会計数値が表現する制度的事実は直接な指示対象をもたない。④会計表現の真実はGAAPへの整合性にある。⑤FASBの比較可能性への関心はIASBとの収斂に向けた政策論にすぎない。

③マテシッチの実在論

　マテシッチ（1995）によれば，経済的リアリティは概念によって構築された世界であり集合である。概念は言語によって表現されるが，単なる文字（letters）ではない。会計は，すべての経済的リアリティをくまなく認識しそれを表現するとは限らない。会計の行為は，ある目的を選択し，それに沿って手段を利用して経済的リアリティの一部を財務諸表に表現するものであ

> **一口メモ：虚構論**
>
> 「会計は企業の事実を映し出すが，いわれるような単なる鏡とか物差しで
> はなく，それ自体が企業の事実を作り出す人々の行為である。その情報は一
> 定の目的に沿って事実の一面をとらえたもので，ある意味では虚構（虚偽と
> いうことでない）の産物である。その虚構としての意味を正しく理解し，事実
> の経済的な実質に照らして会計ルールの合理性（ときには不合理性）を確かめ，
> そこから会計の概念や理屈を学ぶことが重要である[57]」。

る。会計は利益と損失，資産，負債，資本，原価などの諸概念を規定してプ
ラグマティックに社会的要請に応じてきた。しかしながら，マテシッチは，
FASB が経済的リアリティを明確に定義しない点を質し，純利益や株主持分
などの用語が現実の経験的な指示対象をもたない空の概念（empirically
empty）となっている[58]，と批判する。マテシッチは会計が把握する社会的・
経済的リアリティを理解するために独自のオニオン・モデル（Onion Model of
Reality）を展開する。オニオン・モデルによると，世界は究極的な物質を核
として，物理的，化学的，生物的，精神的，社会的リアリティという層から
なる。その層は創発的特性（emergent property）から生まれる。各層は全体と
部分の関係から相互に影響する[59]。それはダーウィンの進化論的アプローチ
をたどり，会計に資本，負債，利益というような経済的観念がどこまで実在
するかを把握するためのものである。

注

1 Watts, Ross L. and Jerrold L. Zimmerman, 1986, *Positive Accounting Theory*,
First Edition, 須田一幸訳, 1991 年『実証理論としての会計学』白桃書房, 5 頁参考。
2 Zeff, S.A., September 2003, 'How the U.S. Accounting Profession Got Where It Is
Today: Part I', *Accounting Horizons*, Vol.17, No.3 p.196.
3 AAA, 1971, 'Report of the Committee on Accounting Theory Construction and
Verification,' *The Accounting Review*.
4 Rankin, Michaela, P. Stanton, S. McGowan, K. Ferlauto and M. Tilling, 2012

第 2 章　現代会計の制度と言語機能　**049**

Contemporary issues in accounting, Wiley, pp.8–9.

5 Ibid. pp.7–8.

6 Ibid. p.12.

7 Ibid. p.13.

8 大日方隆，2013 年『アドバンスト財務会計第 2 版』中央経済社，227 頁参考。

9 拙稿，2009 年 2 月「会計の概念フレームワークと一般理論との関係」『明大商学論叢』（第 91 巻第 1 号）明治大学商学研究所参考。

10 Ball, R. and P. Brown, 1968, 'An Empirical Evaluation of Accounting Income Numbers,' *Journal of Accounting Research*, Vol.6, No.2, pp.159–178.

11 Beaver, W. H., 1968 'The information content of annual earnings announcements,' *Journal of Accounting Research*, supplement, pp.67–92.

12 Watts, Ross L. and Jerrold L. Zimmerman, 1986, *Positive Accounting Theory*, First Edition, Prentice-Hall, 須田一幸訳，1991 年『実証理論としての会計学』白桃書房。

13 Akerlof, G. A., 1970, 'The Market for Lemons: Quality Uncertainty and the Market Mechanism,' Quarterly *Journal of Economics*.

14 ウィリアム・R・スコット，太田康広・椎葉淳・西谷順平訳，2015 年『財務会計の理論と実証』中央経済社，訳者あとがき 525 頁参考。

15 Rankin, Michaela, P. Stanton, S. McGowan, K. Ferlauto and M. Tilling, 2012, op.cit. p.13.

16 Ibid. p.14.

17 Ibid. p.13.

18 須田一幸他，2007 年『会計操作』ダイヤモンド社，第 6 章，147～150 頁参考。

19 O' Regan, Philip, 2016, *Financial Information Analysis*, Routledge, p.xiii.

20 Watts, R. L. and Jerrold L. Zimmerman, 1986, op.cit. p.92.

21 『日本経済新聞』 2015 年 3 月 4 日付参考。

22 Rankin, Michaela, P. Stanton, S. McGowan, K. Ferlauto and M. Tilling, op.cit. p.36.

23 鈴木義夫・千葉修身，2015 年『会計研究入門 " 会計はお化けだ！"』森山書店，56～57 頁参考。

24 Rankin, Michaela, P. Stanton, S. McGowan, K. Ferlauto and M. Tilling, op.cit. p.45.

25 Ibid. p.46.

26 平松一夫・広瀬義州訳，2007 年『FASB 財務会計の諸概念』中央経済社，訳者まえがき 6 頁参考。

27 同上書，6～9 頁参考。

28 FASB, (May 1980) 'Statement of Financial Accounting Concepts No.2,' Qualitative Characteristics of Accounting Information（CON2 と表現する）。

29 宮川昭義, 2012 年 3 月「会計情報に関する質的特性の変化」『札幌大学総合研究』第 3 号参考。

30 O' Regan, Philip, 2016, op.cit. p.439.

31 須田一幸他，前掲書，第 6 章，147～150 頁参考。

32 野矢茂樹，2013 年『語りえぬものを語る』講談社前掲書，147 頁参考。

33 廣松渉ほか編著『哲学思想事典』岩波書店，1380～1381 頁参考。

34 同上書，700 頁参考。

35 今村仁司編，1988 年『現代思想を読む事典』講談社，146 頁引用。実在とは人間の意識の外に独立して存在することを意味し，観念論と対比される。

36 廣松渉ほか編著，前掲書，855〜856 頁参考。

37 Alexander, David and Simon Archer, 2003, 'On economic reality, representational faithfulness and the "true and fair override," ' *Accounting and Business Research*, Vol.33. No.1. pp.3–171.

38 FASB, October 21, 2002, 'Proposal Principles-Based Approach to U.S. Standard Setting,' http://www.fasb.org.

39 Schipper, Katherine, 2003, 'Principles-Based Accounting Standards,' *Accounting Horizons*, Vol.17, No.1, March, pp.61〜72.

40 FASB, (October 21, 2002) op.cit. p.1.

41 Ibid. p.2.

42 鈴木義夫・千葉修身，前掲書参考。

43 丸山圭三郎編，1985 年『ソシュール小辞典』大修館書店，52〜58 頁参考。一般言語学講義はジュネーブ大学の第 1 回講義（1907 年 1 月〜7 月），第 2 回講義（1908 年 11 月〜1909 年 6 月），第 3 回講義（1910 年 10 月〜1911 年 7 月）からなる。

44 丸山圭三郎編，同上書，78〜79 頁参考。

45 Lee, Thomas A., 2006 'The FASB and Accounting for Economic Reality,' *Accounting & the Public Interest,* Vol.6, pp.1–21.

46 Lee, T. A., 'Cunning Plans, Spinners, and Ideologues: Blackadder and Baldrick Try Accounting for Economic Reality,' *Accounting & the Public Interest*, 2006, Vol.6, pp.45〜50. キメラ（chimera）とは異なった遺伝子型から各部が混在しライオンの頭，山羊の体，蛇の尾をもつ怪物。

47 Searle, John R. 1995, *The Construction of Social Reality*, Free Press.

48 Lee, T. A., 45 の op.cit. pp.1–21.

49 Ibid. p.13.

50 Ibid. p.12.

51 SFAC No.6（1985 年）「財務諸表の構成要素」平松一夫・広瀬義州訳，前掲書，297 頁引用。

52 Lee, T.A. 45 の op.cit. p.14.

53 Alexander, D. and S. Archer, op.cit. p.5.

54 Mouck, T. 2004, 'Institutional reality, financial reporting and the the rules of the game,' *Accounting, Organizations and Society*, 29, pp.525–541.

55 廣松渉ほか編著，前掲書，491 頁参考。

56 Searle, John R. op.cit. p.18.

57 斎藤静樹，2015 年「自著を語る『企業会計入門―考えて学ぶ』の刊行に寄せて」『書斎の窓』No.638，52 頁引用。

58 Mattessich, R. 1995, *Critique of Accounting, Examination of the Foundations and Normative Structure of An Applied Discipline*, Quorum Books.

59 Mattessich, R. 2003, 'Accounting representation and the onion model of reality: a comparison with Baudrillard's orders of simulacra and his hyper reality,' *Accounting, Organization and Society*, 28, pp.443–470.

第3章 | ストックの会計記号と意味

学習目標

　財務諸表は企業の経済活動を俯瞰する基本情報である。本章は会計制度に基づいて作成される貸借対照表が何を表現するものなのか，その記号の意味を理解することに目標がある。

1　貸借対照表と資産

　貸借対照表 (balance sheet) は，企業のある一定時点における「財政状態」(投資のポジション) を表現する。財政状態は，資本の運用形態である資産 (assets)，その資金の調達源泉である負債 (liabilities) 及び資本・純資産 (capital / equity) で表示される。負債及び資本は資産に対する債権者や株主の請求権でもある。貸借対照表は資産＝負債＋純資産 (資本) という会計等式に基づいて表示される。現代会計のバランスシートにおける表示の問題は，ストックの金融商品や無形資産が拡大している点にある。そして，投資家の意思決定と企業価値の評価において，どのようなストック情報が有用であるのかが問われている。

(1) 資産の定義

　資産とは何か。その定義についてかつてヨーロッパの大陸法体系に規定された静態論では，資産は売却可能な財産価値をもつものであった。やがて期間損益計算を中心にした動態論が展開されると，資産は未経過勘定の残余項目と解釈された。今日，資産はサービスポテンシャル（用役潜在力）として解釈され，日本の概念フレームワークは「資産とは，過去の取引または事象の結果として，財務報告の主体が支配している経済的資源」と定義する（第2章参照）。

(2) 資産の認識と測定

①資産の認識
　資産を貸借対照表に計上する判断を認識という。資産の認識は，1）企業がある資源の項目を使用する権利を所有あるいは支配し，2）その資源を使用する権利が過去の取引あるいは交換の結果として生じたものであり，3）将来の経済的便益が十分に信頼できる形で数量化されうる測定の属性の3要件を満たす[1]。認識で問題となるのは，①資源の所有者が明確でない場合，②支出から将来便益がもたらされるかが不明あるいはそれを測定することが困難であり，③資源の価値に変化が起きる場合である。①にはファイナンス・リース取引が該当する。②は研究開発支出や人的資本への投資（従業員の研修）の便益が誰に帰属するのかという問題である。③には減損損失の認識がある。

②資産の測定
　測定とは資産に貨幣金額を付すことである。それには取得原価，市場価格，割引価値がある（第2章参照）。その尺度の基本は取得原価（歴史的原価）である。取得原価とは，資産を取得した時点の価格を貸借対照表価額とする。機械のような事業資産の取得原価は減価償却が行われて原価配分される。同じ

事業資産の棚卸資産の取得原価は，販売された部分が売上原価として損益計算書に計上され，繰越商品は商品として貸借対照表に資産計上される。商品は販売されるまで収益は認識されないことから，実現主義と取得原価主義は表裏一体の関係にある。

③公正価値による測定と問題

　FASB の財務会計基準書第 157 号（SFAS）[2] は，デリバティブの金融商品取引が活発化してから，公正価値を「測定日の市場参加者間における秩序ある取引が行われた場合には資産の売却価格，あるいは負債の移転者に支払われる価格」と定義する。市場参加者とは，当該資産又は負債の主要な市場における買い手又は売り手で，相互に独立し取引に精通した知識があり，すべての利用可能な情報を利用し，資産または負債について十分に理解している者である。公正価値とは，市場がある場合にはその市場価格，市場価格がない場合には合理的に算定された価額をいう。

　IASB も 2011 年 5 月，IFRS 第 13 号「公正価値測定」を公表し，公正価値を「測定日における市場参加者間の秩序立った取引において，資産の売却により受領する，又は負債の移転により支払う価格[3]」と定義する。公正価値は市場参加者の仮定に着目した価格であって，減損会計で利用する企業固有の測定を目的とする使用価値とは異なる。IFRS 第 13 号は公正価値ヒエラルキーを次のように分類する。

　レベル 1「測定日において企業がアクセス可能な，同一の資産又は負債に関する活発な市場における（調整なしの）公表価格」（証券取引所で取引される株式の公表価格）。レベル 2「レベル 1 に含まれる公表価格以外の，直接又は間接的に観察可能な，資産又は負債に関するインプット」（一般的と認められる頻度で公表される，観察可能な金利及びイールド・カーブ）。レベル 3「資産又は負債に関する観察不能なインプット」（事業又は非上場企業の非支配持分の評価時に利用する予想キャッシュ・フロー）。

　公正価値の最も適切な指標は活発な市場における公表価格である。活発な市場とは，価格情報が継続的に提供されるのに十分な頻度及び取引量をもっ

> **一口メモ：金融商品の認識の発生と消滅と測定**
>
> 　金融商品は，金融資産，金融負債及びデリバティブ取引に係る取引の総称である。金融資産とは，現金預金，受取手形，売掛金及び貸付金等の金銭債権，出資証券及び公社債等の有価証券並びにデリバティブ取引から生じる「正味の債権等」をいう。金融負債とは，支払手形，買掛金，借入金及び社債等の金銭債務並びにデリバティブ取引により生じる「正味の債務等」をいう。金融資産の権利又は金融負債の義務を生じさせる契約を締結したときは，原則として金融資産又は金融負債の発生を認識しなければならない。金融資産の契約上の権利を行使したとき，権利を喪失したとき又は権利に対する支配が他に移転したときは，当該金融資産の消滅を認識しなければならない。また，金融負債の契約上の義務を履行したとき，義務が消滅したとき又は第一次債務者の地位から免責されたときは，当該金融負債の消滅を認識しなければならない（金融商品会計基準）。

て，資産または負債が取引される市場である。公正な評価額には時価や取引所の最終価格が利用される。最終価格や気配値がない場合，直近日の最終価格となる。時価のないモノは計算モデルを用いた現在価値を公正価値とする。非上場デリバティブ取引では経営者が合理的に算定した「計算価格」である。その算定が困難な取引では取得価額とする。

(3) 流動資産

　流動資産は1）当座資産,2）棚卸資産,3）その他の流動資産に分類される。当座資産は現金と短期預金，流動資産の有価証券，売掛金，受取手形等を総称する。現金預金と流動資産の有価証券は一般に手元資金といわれる。2015年度末，上場会社の56.1%の手元資金は有利子負債より大きく，実質的には無借金経営であった（第5章参照）。豊富な手元資金は経営の安定度を高める半面，株主から資金を効率的に使用していないという批判が生まれる。

056 | 第Ⅰ部　会計記号による表示

①範囲と区分表示

その範囲には，①現金及び預金，②受取手形，営業外受取手形，電子記録債権，③売掛金，④売買目的有価証券及び1年以内に満期が到来する有価証券，⑤商品，⑥製品，副産物及び作業くず，⑦半製品（自製部品を含む），⑧原料及び材料，⑨仕掛品及び半成工事，⑩消耗品，消耗工具，器具及び備品等で相当価額以上のもの，⑪前渡金，⑫その他の資産（1年以内に現金化できると認められるもの）がある。その他の資産には未収金，固定資産の売却にともなう未収入金，短期貸付金，前払費用，未収収益，繰延税金資産等がある。

---

①現金及び預金

②受取手形

③売掛金

④リース債権　（貸手の所有権移転ファイナンス・リース）

⑤リース投資資産　（貸手の所有権移転外ファイナンス・リース）

⑥有価証券

⑦商品と製品（半製品を含む）

⑧仕掛品

⑨原材料及び貯蔵品

⑩前渡金

⑪前払費用

⑫繰延税金資産

⑬その他

（a）現金及び預金

現金には通貨，小口現金，当座小切手，送金小切手，送金為替手形，預金手形，郵便為替証書及び振替貯金払出証書，期限到来の公社債利札，その他金銭と同一の性質をもつものが該当する。預金には通知預金，定期預金，定額預金，郵便貯金，当座預金等がある。

（b）受取手形と売掛金等

受取手形，売掛金，電子記録債権のような営業債権は，その信用枠を拡大すると貸倒リスクが増加する。営業債権は一括評価する場合と個別評価する場合がある。こうした貸倒引当金は営業債権のマイナス項目を表すが，その貸倒引当金繰入は売上に対応し販売費及び一般管理費に計上される。電子記録債権は電子債権を記録機関に電子記録することで発生する。それは分割譲渡が可能で，譲渡人が記録機関に発生記録の請求を行うと発生する。譲渡人が記録機関に譲渡記録の請求を行い同機関が記録することを譲渡という。電子記録債権売却損が生じることもある。貸付金など営業外債権の貸倒引当金繰入は営業外費用となる。

（c）有価証券

有価証券は成約基準に基づいて会計処理が行われる。有価証券の取得原価は購入代価に付随費用を加算して決定される。何回かに分けて購入した場合の帳簿価額の単価は移動平均法で処理される。有価証券は保有目的に応じて①売買目的有価証券，②満期保有目的債券，③子会社株式及び関連会社株式，④その他有価証券に分類される。

有価証券の期末評価は金融商品会計基準によると，3つのグループに分類される。

第1グループは，時価評価替が行われる売買目的有価証券である。時価の決定には取得や売却に要する付随費用は考慮されない。取得原価と時価との差額は当期の有価証券評価益あるいは有価証券評価損として計上される。有価証券評価損は時価や実質価額の著しい強制評価減以前に損失で計上される。時価評価には原則，洗替法が適用される。

第2グループは，時価で把握することが困難な満期保有目的債券や子会社株式及び関連会社株式の表示科目である関係会社株式が該当する。満期保有目的債券（表示科目：投資有価証券）は評価替えを行わない。ただし，それが金利調整と認められれば，償却原価法で処理される。関係会社株式は事業投資目的として保有されることから評価替えを行わない。ただし，強制評価減を適用する場合，時価を把握できるものは評価減する。

第3グループは，上記以外のその他有価証券が該当する。金融商品会計基準はこれを売買目的有価証券と子会社株式及び関連会社株式との中間的な性格を有するものと位置づける。例えば，相互保有株式の評価差額は損益計算書を経由しないで純資産（その他有価証券評価差額金）に直入する（第4章参照）。ただし，強制評価減は時価まで評価減とする。有価証券の区分表示は，売買目的有価証券及び1年内に満期が到来する社債その他の債券は，流動資産の有価証券に，それ以外の有価証券は「投資その他の資産」に表示される。

②デリバティブ取引

　デリバティブ取引とは，商品，証券，指数といった原資産の価格から派生する金融商品の取引である。その多くは有価証券を運用する市場リスク，預金や貸付金の金利リスク，外貨建債権を回収する為替リスクをヘッジする手段として開発された。デリバティブ取引は株式，債券，金利，通貨，商品という5種類の原資産と，経済的機能の先物取引，オプション取引，スワップ取引の3類型の組み合わせから15通りが生まれる[4]。デリバティブ取引は，現物取引から生まれるリスクを回避させるリスクヘッジ以外に，スペキュレーション（証拠金による投機売買）や裁定取引に利用される。

　その特徴は成約時点で取引の発生を認識し，決算において時価で評価した正味の債権あるいは債務額を貸借対照表に資産あるいは負債として計上し，評価差額を当期の損益として認識する点にある。正味の債権及び債務の時価の変動は，企業にとって財務活動の成果であることから，その評価差額はヘッジ会計処理に係るものを除き，当期の損益として処理する。対象を時価で把握することが極めて困難と認められる場合には，取得価額をもって貸借対照表価額とすることができる。

（a）先物取引

　先物取引は，将来の一定期日における取引対象の商品価格を現時点で予め契約し，将来時点で決済する取引をいう。また売り手と買い手が個別に契約することを先渡取引という。それに対して，先物取引は取引所を通じて契約する取引である。例えば，債券先物取引は，証券会社を通じて売買単位や受

example

①M 社は，額面 100 円につき 104 円で取得した額面 1 億円の国債（売買目的有価証券）の現物を，将来売却する予定である。市場金利が上昇傾向にあり，国債が売却までに値下がりする恐れがある。そこで，国債先物 1 億円を 110 円で売建てし，委託証拠金 200 万円を現金で差し入れた[5]。

| 売建債券先物未収金 | 110,000,000 | / | 売建債券先物 | 110,000,000 |
| 差入証拠金 | 2,000,000 | / | 現　金 | 2,000,000 |

売建債券先物未収金は債権，売建債券先物は債務を表すが，両者は対照勘定として相殺される。貸方の売建債権先物の時価は変動し，やがて値下がりから利益が生まれる。

②決算日，保有する国債単価が 104 円から 101 円に下落した。債券先物価格も連動して 110 円から 107 円に低下した。翌期首に振り戻さない処理を行う。

| 有価証券評価損 | 3,000,000 | / | 有価証券 | 3,000,000 |
| 売建債券先物 | 3,000,000 | / | 先物損益 | 3,000,000 |

③予想したように国債の相場が 100 円に下落した。売建債券先物価格も 107 円に下落しているので，反対売買による差金決済を行った。先物利益 300 万円と委託証拠金 200 万円とともに現金で受け取った。

現金	100,000,000	/	有価証券	100,000,000
売建先物債券	107,000,000	/	売建債券先物未収金	110,000,000
現金	5,000,000		差入証拠金	2,000,000

保有する国債の有価証券評価損 300 万円は先物利益 300 万円と相殺された。

渡期日（限月）の取引条件を定型化し，一定の証拠金を差し入れる取引である。先物取引の利用方法には買建て（ロング）と売建て（ショート）がある。買建ては先物相場の上昇を予想した取引で買う契約，売建ては先物相場の下落を予想した取引で売る契約である。例えば，保有する国債（1 年間の保有で額面 100 円当たり 5 円の利子）の市場利子率が 1％であれば，1 年後の 105 円の割引現在価値は 105 円／1.01 ≒ 104 円。市場利子率が 3% に上昇すれば，現在価値は 105 円／1.03 ≒ 102 円に低下する。企業はそのリスクをヘッジするために国債先物を売建てする場合がある。そうした債権先物取引の会計処理は，決済基準（先物相場の変動に基づく洗替差額を決済時に一括して損益として処理）ではなく，時価評価の都度損益として認識する洗替基準が採用される。

（b）オプション取引

この取引は将来の一定期日内に一定の商品をあらかじめ取り決めた価格で売買する権利を取引する契約である。買う権利をコール・オプション，売る権利をプット・オプションという。オプション取引の特徴は，買った権利を放棄できる点にある。

（c）スワップ取引

この取引はあらかじめ決められた条件に基づいて将来のキャッシュ・フローを交換することである。固定金利と変動金利を交換する金利スワップが代表的な形態である。企業は金利スワップを利用することにより，受取利息を増やしたり支払利息を減らしたりすることができる（第7章参照）。

③ヘッジ会計

ヘッジ会計とは，以下の一定の要件を満たすものについて，ヘッジ対象に係る損益とヘッジ手段に係る損益を同一の会計期間に認識し，ヘッジ効果を会計に反映させる特殊な会計処理をいう。ヘッジ会計の要件として，1）ヘッジ取引時，ヘッジ取引が企業のリスク管理にしたがったものであることが客観的に認められること，2）ヘッジ取引時以降，ヘッジ対象とヘッジ手段の損益が高い程度で相殺される状態又はヘッジ対象のキャッシュ・フローが固定されその変動が回避される状態が引き続き認められることによって，ヘッジ手段の効果が定期的に確認されている必要がある。

（a）繰延ヘッジ（原則）

> **example**
>
> ×2年2月10日，Y社は，国債100口（その他有価証券で処理）を1口95円で購入し現金で支払った。同時に価格変動リスクをヘッジするために，国債先物100口を1口98円で売建てし，委託証拠金として300円を現金で支払った[6]。
>
> 　　その他有価証券　　　　9,500　／　現　金　　9,500
> 　　（先物取引）差入証拠金　300　／　現　金　　 300
>
> ×2年3月31日，決算日の国債相場は1口93円，国債先物相場は1口94円であった。その他有価証券を時価（@93円）に評価替えする。決算時に生じたヘッジ手段の先物

第3章　ストックの会計記号と意味　｜　**061**

損益（@98円－@94円×10口＝400）は損益計算書に計上されないが，繰延ヘッジ損益として純資産に計上される。

| その他有価証券評価差額金 | 200 | / | その他有価証券 | 200 |
| 先物取引差金 | 400 | / | 繰延ヘッジ損益 | 400 |

×2年4月1日，評価差額を振り戻す。現物と国債先物の値洗差金も振り戻す。

| その他有価証券 | 200 | / | その他有価証券評価差額金 | 200 |
| 繰延ヘッジ損益 | 400 | / | 先物取引差金 | 400 |

×2年5月10日，所有する国債100口を1口93円で売却し現金で受け取った。また，国債先物100口の反対売買を行い，差金決済を現金で行った。決済時の国債先物相場は94円であった。先物利益（@98円－@94円）×10＝40

現　金	9,300	/	その他有価証券	9,500
投資有価証券売却損益	200			
現　金	300	/	（先物取引）差入証拠金	300
現　金	400	/	投資有価証券売却損益	400

（b）時価ヘッジ（例外）

　この会計処理はヘッジ対象にかかる評価差額と時価評価されているヘッジ手段に係る損益を同一の会計期間で認識する。決算時，その他有価証券の評価差額は全部純資産直入法を採用するが，その他有価証券評価差額金ではなく投資有価証券評価損益で処理する。

example

　Ｙ社は，国債100口（その他有価証券）を1口95円で購入し，現金で支払った。同時に価格変動リスクをヘッジするために，国債先物100口を1口98円で売建てし，委託証拠金として300円を現金で支払った。

| その他有価証券 | 9,500 | / | 現　金 | 9,500 |
| （先物取引）差入証拠金 | 300 | / | 現　金 | 300 |

決算日，国債の相場は1口93円，国債先物の相場は1口94円である。なお，国債は全部純資産直入法により処理し，国債先物は時価ヘッジを適用する。

| 投資有価証券評価損益 | 200 | / | その他有価証券 | 200 |
| 先物取引差金 | 400 | / | 投資有価証券評価損益 | 400 |

　なお，純資産の部に計上されるヘッジ手段に係る損益又は評価差額については，税効果会計を適用しなければならない。

④棚卸資産

（a）取得原価の決定と原価配分

　棚卸資産（商品）の取得原価は購入代価に付随費用が加算される。仕入の値引や返品では，仕入の取消，大量購入による仕入割戻も仕入から控除される。また，仕入代金を早期に支払うことから生まれる仕入割引は営業外収益として扱われる。自社製造の製品では原価計算によって決定される。棚卸資産の取得原価総額は期末に当期の売上原価と次期以降の繰越商品に原価配分される。原価配分額は「①払出数量×②払出単価」で把握される。①払出数量の把握には棚卸計算法と継続記録法がある。②払出単価の決定には，1）取得原価を基礎にする方法，2）予定価格等を用いる方法，3）売価還元法がある。1）の方法には個別法（相対的に単価が高く個別性がある商品），先入先出法（FIFO），後入先出法（LIFO），総平均法，移動平均法，最終仕入原価法がある。2）の方法は予定価格や標準原価を利用して棚卸資産の払出単価を決定する。3）の方法は百貨店のように取扱商品の種類が多い企業によって事務経費負担の軽減を目的に採用される。

（b）棚卸資産の期末評価

　会計処理に継続記録法を採用する場合，決算では先ず実地棚卸から棚卸減耗費を把握する。次に減耗後の繰越商品の資産価値を評価する。原価が時価

一口メモ：原油価格のインパクト

　石油元売り各社は 70 日分の在庫備蓄が義務づけられている。原油が安くなると，商品評価損が発生する。2013 年末 1 バレル 100 ドル弱だった原油価格は，2015 年 1 月 28 日，45 ドル台まで下落した。原油在庫の価値が目減りし，石油元売りと総合商社で計 1 兆円の損失となった。例えば東燃ゼネラル石油は 2014 年 12 月期 1,000 億円弱の評価損，出光興産は 1,000 億円の評価損，コスモ石油は数百億円の評価損を発生した。燃料費が安くなった海運や空運各社は業績が上昇した。原油安が起点となって商品相場から資金が流出した（『日本経済新聞』2015 年 1 月 28 日付参考）。

より下落した場合，その差額を棚卸評価損とする。時価が下落する要因は物理的劣化，経済的陳腐化，市場の価格変動がある。2008年4月，企業会計基準第9号「棚卸資産の評価に関する会計基準」が施行され，棚卸資産については低価基準の適用が強制された。正味売却価額（時価−販売直接経費）が取得原価よりも低い場合，正味売却価額に評価替えをする。なお，商品評価損は原則，売上原価に含める。棚卸減耗損を売上原価に含めない場合には販売費及び一般管理費となる。災害等による簿価切下げは特別損失に計上される。ただし，製造業の原材料や仕掛品は低価法を適用しない。

（4）有形固定資産

　有形固定資産には建物や構築物等の償却性資産，鉱山，油田，山林等の減耗性資産，土地や建設仮勘定などの非償却資産がある。これら資産の取得原価は購入代価に付随費用を加算して決定される。取得原価は自家建設，現物出資による取得，交換，あるいは贈与に適用される。償却性資産の取得原価は，利用度と売上収益に対応して耐用年数にわたり原価配分が行われる。その配分手続きが減価償却である。配分方法には定額法，定率法，生産高比例法，級数法等がある。その表記方法には直接法と間接法がある。当期の減価償却費は，製造経費として製品に配賦され売上原価に含められる。本社や営業所の建物等の減価償却費は販売費及び一般管理費として損益計算書に計上される。

①範囲と区分表示
　その範囲には，①建物及び付属設備，②構築物（ドック，橋，岸壁，桟橋，軌道，貯水池，坑道，煙突），③機械及び装置並びにコンベヤ，ホイスト，起重機等，④船舶及び水上運搬具，⑤鉄道車両その他の陸上運搬具並びに航空機，⑥工具，器具及び備品，⑦土地，⑧リース資産，⑨建設仮勘定，⑩その他の有形資産で流動資産又は投資たる資産に属さないものが該当する。

064 │ 第Ⅰ部　会計記号による表示

①建物（その他付属設備を含む）

②構築物

③機械及び装置（その他付属設備を含む）

④船舶（水上運搬具）

⑤鉄道車両その他の陸上運搬具並びに航空機

⑥工具，器具及び備品

⑦土地

⑧リース資産

⑨建設仮勘定

⑩その他

②リース資産

　リース取引はファイナンス・リース取引とそれ以外のオペレーティング・リース取引に分類される。ファイナンス・リースでは法形式の賃貸借取引より経済的実質を優先し，通常の売買取引に係る方法に準じた会計処理が行われる。それには①リース期間中の途中で解約することができない（ノンキャンセラブル），②リース物件から生じるコストを借り手側が負担する（フルペイアウト）の要件を満たす必要がある。ファイナンス・リースはリース物件の所有権が貸し手から借り手に移るかどうかで「所有権移転ファイナンス・リース」と「所有権移転外ファイナンス・リース」に分類される。オペレーティング・リース取引は賃貸借の処理を行う。

（a）リース契約時

　ファイナンス・リースの借り手はリース物件の使用収益から経済的利益を手にする権利を資産に計上し，リース料を払い続ける義務を負債として計上する。

■利子抜き法（原則）：これは契約の締結時に合意したリース料総額から利息相当額の合理的な見積額を控除する方法である。所有権移転のリース資産の取得原価は，貸し手の購入価額が明らかな場合にはその購入価額，移転

外の場合，購入価額とリース料総額の割引現在価値のいずれか低い価額，不明の場合には借り手の見積購入価額とリース料総額の割引現在価値の低い方となる。

---

example

　T社は期首にY社と設備のリース契約（3年間）を締結した。リース料 120,000 円，見積現金購入額 90,000 円である。

　　　【利子抜き法】リース資産　　　90,000　／　リース債務　　　90,000
利子込み法（簡便法）はリース料総額をリース資産とリース債務として計上する方法。
　　　【利子込み法】リース資産　　120,000　／　リース債務　　120,000

（b）リース料支払時

　利子抜き法の場合は利息部分を計算し，リース料から利息分を控除した金額をリース債務の返済に充てた処理をする。この場合の利息計算は定額法による。

---

example

　1回目リース料 30,000 円を支払った。支払利息は 30,000／3 年＝10,000 円である。
　　　【利子抜き法】リース債務　　30,000　／　当座預金　　40,000
　　　　　　　　　　支払利息　　　10,000
　　　【利子込み法】リース債務　　40,000　／　当座預金　　40,000

（c）決算時の減価償却費の計算

　所有権移転ファイナンス・リースの減価償却費は自己所有のものと同一方法により計算する。それに対して，所有権移転外ファイナンス・リース取引の減価償却費はリース期間を耐用年数とし，残存価額はゼロとする。

　貸し手（レッサー）は，リース取引開始日，通常の売買取引に準ずる方法により，所有権移転ファイナンス・リース取引については「リース債権」，所有権移転外ファイナンス・リース取引については「リース投資資産」として表示する。

> **一口メモ**
>
> 「賃貸等不動産の時価等の開示に関する会計基準及び同適用指針」によれ
> ば，賃貸用不動産とは棚卸資産に分類されている不動産以外のもので，賃貸
> 収益又はキャピタル・ゲインの獲得を目的として保有される不動産，と定義
> される。本会計基準は国際会計基準第 40 号「投資不動産」のコンバージェ
> ンスを目的として制定された。減損処理の対象となる。

③固定資産の除却，廃棄，滅失

　除却とは固定資産を事業用から除くことである。その処分額が貯蔵品とな
る。廃棄は固定資産を捨てることである。その帳簿価額と廃棄の費用は固定
資産廃棄損となる。また，地震や火災で固定資産を失うことを滅失という。
保険をかけていない場合には火災損失あるいは地震損失となる。保険がかけ
てある場合には，保険金額が確定するまで未決算で処理する。確定した保険
金額と未決算の差額は保険差益あるいは火災損失となる。

(5) 無形固定資産

　経済における富と経済成長は主に無形固定資産（intangible assets）によって
推進される。無形固定資産について統一した定義はないが，一般には物理的
実体のない識別可能な非金銭的資産で将来において経済的便益もたらすモノ
である[7]。IFRS は無形固定資産を単に無形資産という。それは知的資本あ
るいは知的財産ともいう。わが国の会計基準には，無形資産に係る包括的な
ルールはなく，その財務諸表の表示は一部に限られている。しかも企業がみ
ずから創出した無形資産の表示は認められていない。その多くは投資家が主
観的に価値を判断する「主観のれん」であるという理由からである。そして，
それは M&A において取引されて初めて客観的なのれんとして資産計上さ
れる（第 10 章参考）。

①範囲と区分表示

その範囲には，①のれん，②特許権，③借地権（会計上は建物の所有に限らず借地の対価であればすべて借地権，ただし減価償却はしない），④地上権（工作物を所有するために使用する権利で他人に自由に譲渡が可），⑤商標権，⑥実用新案権（物品の形状や構造の組み合わせについて新規の考案），⑦意匠権，⑧鉱業権，⑨漁業権，⑩入漁権，⑪ソフトウェア，⑫リース資産，⑬その他の無形資産で流動資産又は投資たる資産に属しないものが該当する。ファイナンス・リース取引から生じるリース資産は無形固定資産に計上される場合もある。

---

①のれん

②特許権

③借地権

④地上権

⑤商標権

⑥実用新案権

⑦意匠権

⑧鉱業権

⑨漁業権

⑩入漁権

⑪ソフトウェア

⑫リース資産

⑬その他の無形資産で流動資産又は投資たる資産に属しないもの

---

②のれんの会計

のれん（goodwill）とは，企業を買収する際に支払った金額（取得原価）と，買収先企業の資産の時価−負債の時価＝純資産との差額として認識される。連結会計におけるのれんは，投資価額と被投資企業の時価評価の純資産のうち持分相当額との差額である。のれんは，買収先企業が将来に生み出す利益を評価して買収金額が大きくなることで発生するために，超過収益力とも呼

ばれる。純資産が50億円の企業を100億円で買収すると，取得原価の配分（第10章参照）を無視したのれんは50億円となる。のれんは無形固定資産として貸借対照表に計上される。日本基準によると，のれんは20年以内に規則償却し，各期の償却額は販売費及び一般管理費として計上される。ただし，のれんの大幅な価値の減少については減損処理が適用される。

　また，買収価額＜被取得企業の純資産というのれんは「負ののれん益」といい，全額が当期の特別利益として損益計算書に計上される（第10章参照）。しかし，国際会計基準や米国財務会計基準は，のれんを定期償却しない。M&Aが成功であったか失敗であったかを，年度ごとに買収先企業の減損の有無で判断し減損損失として費用計上する。買収先企業の業績が悪化した場合，一気に減損損失として費用計上することになる[8]。減損していきなり赤字に陥る減損会計の不安定さには欧米でも批判が起きている[9]。

③無形資産の拡大

　ブランドのような将来に超過収益力をもたらす自己創設のれんは存在する。だが，それを資産に計上することは，貸方に利益あるいは費用の減少が計上され，将来の利益を先取りすることになる[10]。そこで，現行の会計基準は自己創設のれんであるブランドを貸借対照表に計上することを認めない。しかしながら，経済的写実主義に基づいてブランドを資産とみなす要請が高まっている。ブランドをオンバランスするには，まず無形資産として識別され，その存在を意味する境界を定義してはじめて存在しうる。何を識別すべきかは各機関によって識別され，最後に会計専門家によってその価値の計上に境界を設ける必要がある。ブランド支出を資産として計上することは貸方の純資産が増えることであり，企業の財政状態を大きく変えることになる[11]。

（6）投資その他の資産

①範囲と区分表示

　投資その他の資産は，固定資産のうち有形固定資産及び無形固定資産に該

当しないものである。その範囲には①関係会社株式や投資有価証券，②出資金，③長期の預金や貸付金，④前払年金費用，⑤前各号に掲げるもののほか，流動資産，有形固定資産，無形固定資産又は繰延資産に属するもの以外の長期資産が該当する。

---

①投資有価証券，ただし，関係会社株式，関係会社社債及びその他の
　関係会社有価証券を除く。

②関係会社株式

③関係会社社債

④その他の関係会社有価証券

⑤出資金

⑥関係会社出資金

⑦長期貸付金

⑧株主，役員又は従業員に対する長期出資金

⑨関係会社長期貸付金

⑩破産更生債権等

⑪長期前払費用

⑫前払年金費用

⑬繰延税金資産

⑭その他

---

②投資有価証券

　投資有価証券とは，長期保有の満期保有目的債券，関係会社株式，その他有価証券（親会社株式，取引先の株式，持合い株式等）を管理する勘定である。新株予約権を取得した場合も投資有価証券が用いられる。子会社株式や関連会社株式，親会社株式などは独立科目で表示することもある。その他有価証券は，原則として時価をもって貸借対照表価額とされる。評価差額は洗替方式に基づき次のいずれかの方法，全部資本直入法（保有する株式などの評価益と評

価損を区別しないで評価差額の純額を貸借対照表の純資産に計上する方法）か，部分資本直入法（時価が取得原価を上回る銘柄に係る評価差額は純資産の部に計上し，時価が取得原価を下回る銘柄に係る評価差額は当期の損失として計上し，当期純利益の計算に含める）で処理される。なお，純資産の部に計上されるその他有価証券評価差額金については，税効果会計を適用しなければならない。このような取扱いは個別財務諸表に限定される。連結貸借対照表では，会計基準の国際的共通化のために，全部資本直入法ではなく評価差額を含めた包括利益を計算し，これを貸借対照表に振り替える。

(7) 固定資産の減損会計

　固定資産は長期にわたりキャッシュ・フローを稼得し続ける資産である。その帳簿価額は将来のキャッシュ・フローの生産能力を備えている必要がある。だが，固定資産の陳腐化，製品の価格下落やサービス供給能力等が劣化し，見積耐用年数では回収できない価値損傷が起きる。これに対処する会計が減損会計（accounting for impaired asset）である。これは有形固定資産，無形固定資産（のれんを含む），投資その他の資産，建設仮勘定や投資不動産にも適用される。こうした会計処理を行わない限り，企業は含み損を抱えること

一口メモ

　減損に類似した考え方に臨時損失や臨時償却がある。臨時損失は災害等で有形固定資産が物理的に滅失した場合，滅失した部分に相当する簿価をいう。臨時償却は予見しなかった新技術の開発などにより資産の価値が著しく減価し，残存価額や耐用年数の変更を余儀なくする会計処理であった。それは収益性の低下がともなわない場合でも起こりうるが原価性はない。平成21年12月の企業会計基準第24号「会計上の変更及び誤謬の訂正に関する会計基準」により，臨時償却はその変更期間で一時に認識するキャッチ・アップ方式であるため廃止された。

になる。減損会計の目的は投資の失敗を明らかにすることである。この会計基準（平成14年8月に公表，17年4月より適用）は，他の基準に減損処理に関する定めがある資産，例えば金融商品会計基準の金融資産や税効果会計に係る会計基準における繰延税金資産については対象から除く。

　減損会計は，①グルーピング，②兆候，③認識，④測定の順に行われる。①グルーピングは，毎期実施するのではなく，新規事業開始時に実施される。その他のステップ②〜④は毎決算時に検討される。減損の兆候は，全事業資産をふるいにかけ，減損候補資産について，現在の簿価ベースで回収できるかを検討するが，回収可能である場合には減損処理が不要である。回収不能であると認識された事業用資産は，その簿価を回収可能額まで切り下げる。このプロセスが減損損失の測定である。固定資産の減価償却は収益費用アプローチに基づくが，減損損失は資産負債アプローチに基づく評価方法である[12]。

①資産のグルーピング

　グルーピングはキャッシュを生み出す複数の固定資産を単位とする。その最小単位は工場全体となる。次に，最小単位間の相互補完性の確認が行われる。グルーピングを大きくするほど，回収可能性が高い資産グループと回収可能性が損なわれているグループのキャッシュ・フローが相殺され，減損損失が計上されない可能性が高くなる。キャッシュを直接に生み出さないが，他の資産がキャッシュを生み出すことに貢献する共用資産を含めたより大きな単位の資産グループから投資回収を判断する必要がある。操業停止の工場など遊休資産は独立させて単独グループとする。個別財務諸表での減損（販売親会社Xの製品グループとそれを製造する子会社Y）で，投資決定はXが行う場合，連結でグルーピングを見直し1つの資産グループにする場合がある。

②減損の兆候の把握

　減損兆候の把握は，社内環境と社外環境の2段階で行われる。社内環境の兆候①は，営業活動から生じる損益あるいはキャッシュ・フローで判断する。それは営業活動の損益（営業損益）が過去2期にわたり継続してマイナスに

なる場合である。事業立ち上げ時のマイナスは計画どおりであれば，それは兆候に該当しない。その兆候②は，収益性の低下，回収可能額を著しく低下させる変化が生じた，あるいは見込まれる場合，資産グループが遊休状態，予定より著しく早期に資産グループを除却あるいは売却し，資産グループを異なる用途に転用する場合である。その場合には稼働率が著しく低下する状態が続き著しい陳腐化が起き，事業の廃止あるいは再編をする必要がある。また，社外環境（原材料等の価格の高騰，技術革新，法的環境の変化）の著しい悪化は，収益性の低下につながる定性的事象や市場価格の著しい下落（市場価格が簿価から 50％以上下落）がある場合である[13]。

③減損損失の認識の判定

その認識は，減損候補の資産について元がとれるかの回収可能テストを実施し，本当に減損処理が必要か否かを決定する。わが国の基準による回収可能テストとは「割引前将来キャッシュ・フロー」＜資産グループの簿価の合計額との比較で認識する。割引前将来キャッシュ・フローは営業キャッシュ・フローと「資産の売却収入 − 処分費用」の合計である。営業キャッシュ・フローとは，売上や売上原価，広告宣伝費等の事業に直接に関連するキャッシュだけでなく，本社費等の間接的に生じるキャッシュも含まれる。見積期間は，その資産が 1 つの場合，経済的耐用年数を使用する。資産グループの場合，主要な資産の耐用年数を基準とする。見積期間には 20 年という上限がある。いったん認識された減損損失は振り戻しができない。それに対して，IAS36 では，資産から生じる将来キャッシュ・フローの現在割引価値額が当該資産の帳簿価額を下回った場合に減損損失を認識し，その後の期間に回収可能性が高まった場合には，減損損失の振り戻しが可能である。

④減損損失の測定

最終ステップは，減損損失の計上額を算定し，資産グループの簿価を切り下げる。将来の回収見込額＜簿価の場合，元がとれる見込額まで簿価を切り下げる。回収可能額が簿価より低い時には，その部分を減損処理する。

> **一口メモ**
>
> 2016年5月10日，大手総合商社5社の3月期連結決算では減損損失が1兆2,000億円となった。商品相場が大幅に下げ資源ビジネスが打撃を受けた。三菱商事の連結最終損益は1,493億円の赤字（前期4,005億円の黒字），銅価格の下落でチリの銅鉱山の資産価値を見直す。三井物産も資源関連で3,500億円の減損処理。834億円の赤字（前期3,064億円の黒字）（『日本経済新聞』2016年5月11日付参考）。また，東芝では買収した米国の原子力会社の価値算定が甘く，のれんが大きく膨らんだ結果，減損処理として数千億円規模の損失となる。減損損失は利益を押し下げる原因となり自己資本比率の低下など財務悪化につながる（『日本経済新聞』2017年2月1日付参考）。

減損損失▲500＝回収可能価額500−簿価1,000

　回収可能価額は「資産を使用して得られる収入」（使用価値）と「売却して得られる収入」（正味売却価額）のいずれか大きい方となる。使用価値とは将来キャッシュ・フローを現在価値に割り引いたものである。認識時点ではこの計算を必要とはしないが，測定時点では貨幣の時間価値を考慮に入れる必要がある。割引率は資産グループごとの利回りをもちいる。例えば，購入資金の借入利率，資産グループの目標利益率を使用する。正味売却価額は資産グループの時価から処分費用見込額を控除した金額である。事業用資産の観察可能な時価はあまり存在しないことから，合理的に算定された価額が利用される。

　減損損失が複数の固定資産から構成される資産グループから生じた場合，何らかの方法（時価を基準とした比例配分）で各資産に配分する必要がある[14]。また，本社等の共有資産は，より大きな単位の資産グループとして減損を検討する必要がある。

　事業を買収した時に生じるのれんも減損の対象となる。のれんの減損手順は，共用資産の減損手順とほぼ同じである。先ずのれんが貢献する資産グループ自体の減損の判定と測定を行い，次にのれんを分割する。のれんとの

074 │ 第Ⅰ部　会計記号による表示

れんが貢献する資産グループを含むより大きな単位について，①兆候，②認識，③測定，最後に減損処理額を配分する[15]。減損処理後は，耐用年数と残存価額を見直し，当該資産グループは期末に減価償却される。わが国の会計基準では減損損失の戻し入れは行われない。減損損失は将来の減価償却費の計上につながり，来期以降の業績回復を早める効果がある。

(8) 繰延資産

①繰延資産の意義と種類

繰延資産は，支払義務が確定し，これに対応する役務の提供を受けているにも係わらず，その効果が将来にわたり発現すると期待されるため，その支出の効果が及ぶ期間にわたり費用として合理的に配分する目的（対応原則）の資産である。繰延資産は経済的価値がない犠牲資産である。その償却累計額は当該繰延資産額から直接控除し，残高は各繰延資産として表示される。繰延資産を支出時に一括費用計上するか，繰延資産として計上するかは企業の判断に基づく。

---

①創立費（5年以内償却）

②開業費（5年以内償却）

③株式交付費（3年以内償却）

④社債発行費等（新株予約権の発行費を含む。社債償還期間内に償却する）

⑤開発費（5年以内償却，第5章の研究開発費を参照）

---

①創立費と②開業費は，企業活動の基盤形成に関するものである。③株式交付費と④社債発行費等は，資金調達のための証券発行に関するものである。⑤開発費は，将来の収益増加や費用節減に関するものである。開発費は，新技術や新経営組織の採用，資源の開発，市場の開拓，生産能率の向上や生産計画の変更のための設備の大規模な配置換えを行った場合等に支出した費用をいう。このうち特別に支出したものだけが開発費に該当し，経常費の性

格をもつものは含まれない。開発費は，その内容により，支出時に売上原価または販売費及び一般管理費として処理するのが原則である。ただし，開発活動が成功すると，将来の収益の増加や費用の減少などの効果を発現することから，繰延資産として資産計上することができる。しかし，その支出効果は不確実であり，また効果の持続期間を合理的に予測することが困難であるから，早期に償却することが望ましい[16]。これ以外に繰延資産には該当しないが，「臨時巨額の損失」（天災等の災害）が例外的に繰り延べられることがある。

②開発費と研究開発費の違い

開発費に類似した項目として，企業会計審議会の「研究開発費等に係る会計基準」が費用処理することを規定する「研究開発費」（research and development costs）がある。この基準による「研究」とは，「新しい知識の発見を目的とした計画的な調査や探求」を意味する。また，「開発」とは，「新しい製品・サービス・生産方法についての計画や設計，または既存の製品・サービス・生産方法を著しく改良するための計画や設計として，研究成果その他知識を具体化すること」を意味する。したがって，資産計上が許容される前述の開発費と，費用処理が強制される研究開発費は対象項目の範囲が異なる。研究と開発の活動に要した人件費，原材料費，固定資産の減価償却費，間接費の配賦額等はすべて研究開発費に含まれる。また，研究開発活動は，企業の将来の収益を左右する要因であり，その総額は財務諸表に注記される。

研究開発費が費用処理される理由については，それが資産計上されるには，将来の収益獲得に貢献することが期待されるが，それには大きな不確実性が存在するからである。また，その客観的な判断基準が存在しない。さらに，費用処理の任意選択を認めることにより，企業間の会計情報の比較可能性が失われることになる。ただし，研究開発の未完成（仕掛研究開発費）を企業結合で受け入れた場合，資産計上されることになる[17]。

2 負債

(1) 負債の定義

　会計における負債の多くは法律上の債務である。法律上の債務は確定債務（借入金，支払手形，買掛金，社債等）と条件付債務（退職給付引当金，製品保証引当金等）に分類される。討議資料は「負債とは，過去の取引または事象の結果として，財務報告の主体が支配している経済的資源を放棄もしくは引き渡す義務，またはその同等物をいう」と定義する。IFRS のフレームワークも「負債とは，過去の事象から発生した企業の現在の債務で，その決済により，経済的便益を有する資源が当該企業から流出することが予想されたものをいう」（IAS37）と定義する。現在の債務という解釈から，IFRS では費用の先取りである修繕引当金や特別修繕引当金は認められないことになる[18]。

(2) 負債の認識と測定

①負債の認識

　将来のキャッシュ・アウトフローの可能性を経済的実態に即して負債に反映させる要請から，退職給付債務，債務保証，環境対策引当金等を広く認識しようとする動向がある。負債の認識要件には次の点がある。1）その項目が将来他の経済主体に資産を引き渡さなければならない義務がある。2）その義務は，過去の取引あるいは交換の結果として存在するものである。3）その義務は企業が回避することができない蓋然的な将来の経済的資源を必要とする。4）その義務は企業が十分に信頼できる数量化による目的適合的な測定の属性を有していなければならない（FASB）[19]。

②負債の測定

　負債の測定は，①支払予定額（決済または将来の支払額），②現金受入額（預

り金，前受金等），③割引価値がある（第 2 章参照）。

（3）流動負債

①範囲と区分表示

その範囲には，①支払手形と電子記録債務（手形に準じて処理），②買掛金，③前受金，④引当金（資産に係る引当金を除く），⑤未払金又は預り金，⑥その他の負債で 1 年以内に支払又は返済されると認められるものが該当する。

①支払手形
②買掛金
③短期借入金（金融手形及び当座借越を含む）。ただし，株主，役員又は従業員からの短期借入金を除く。
④リース債務
⑤未払金
⑥未払費用
⑦未払法人税等
⑧繰延税金負債
⑨前受金
⑩預り金。ただし，株主，役員又は従業員からの預り金を除く。
⑪前受収益
⑫引当金
⑬資産除去債務
⑭その他

②引当金

引当金（allowance, reserve）は，一定の要件（将来の費用又は損失であり，その発生が当期以前の事象に起因し，高い発生可能性があり，その金額を合理的に見積もるこ

とができること）を満たす場合，当期の費用又は損失として損益計算書に計上
し，当該引当金の残高を負債の部（負債性引当金）又は資産の部（評価性引当金）
として記載される。負債性引当金には債務性のない修繕引当金や債務性のあ
る返品調整引当金，賞与引当金，役員賞与引当金，退職給付引当金等がある。

（4）固定負債

①範囲と区分表示

その範囲には，①社債，②長期借入金（金融手形を含む），③関係会社から
の長期借入金（親会社，子会社及び関連会社など関係会社との間で金銭消費貸借契約を
締結して金銭を借入れた場合に発生する債務のうち1年以上にわたるもの）等がある。
引当金及びその他の負債で流動負債に属さないものは固定負債に属するもの
が該当する。

---

①社債
②長期借入金（金融手形を含む）
③関係会社長期借入金
④リース債務
⑤繰延税金負債
⑥引当金（設定目的を示す名称を付す。役員退職慰労引当金や環境対策引当金等）
⑦資産除去債務
⑧その他

（a）社債

企業による社債の発行価格は，発行時の市場利子率を使い将来の現金支払
額を割引くことによって決定される。将来の現金支払額には，定期的な利子
支払額（表示利子率あるいはクーポンレート）と満期日の元金が含まれる。社債
発行には，市場利子率と社債のクーポンレートが同額の平価発行，市場利子
率が社債のクーポンレートより高い割引発行，市場利子率が社債のクーポン

レートより低い打歩発行がある。

　社債の払込金額と額面金額が異なる場合，その差額は償却原価法により貸借対照表価額に加減される。例えば，払込金額＜額面金額の差額は社債利息として加算される。償却原価法には利息法（原則）と定額法がある。社債発行費は原則，費用処理される。社債の償還には満期償還，買入償還等がある。買入償還の場合，社債の正味帳簿価額から，社債を償還するのに要した金額を控除し，社債償還益あるいは社債償還損を計上する。また，社債に財務制限条項が付されると，最低の負債資本比率（debt-to-equity ratio）が求められる。この条項は発行会社の危険な経営政策を抑制する目的がある。違反した場合には直ちに社債の償還が求められる。このチェックは公認会計士等によって行われる。

（b）繰延税金負債と繰延税金資産

　財務会計の収益と費用と税務会計の課税所得計算における益金と損金に差異がある場合に税効果会計が適用される。その差異は一時差異であって時間の経過によって解消される。例えば，Ｔ社の課税所得 400 ＞税引前当期純利益に基づく法人税等 350 の場合，一時差異の差額 50 は税金費用の前払分の法人税等調整額であり，資産勘定に振り替えられる。

　　　　繰延税金資産　　50　／　法人税等調整額　　50

　繰延税金資産は流動資産あるいは固定資産（投資その他の資産）に表示される。法人税等調整額は損益計算書の法人税等の下に表示される（第4章参照）。繰延税金資産は，将来にわたり安定的に利益を出せることが前提となる。業績の見込みが下回れば，同資産を取り崩す必要がある。

　他方，税引前当期純利益に基づく法人税等が 500 と課税所得 400 より大きい場合，その差額 100 は法人税等調整額の税金費用として見越計上され，繰延税金負債として計上される。

　　　　法人税等調整額　　100　／　繰延税金負債　　100

　繰延税金負債は流動負債あるいは固定負債として表示される。

（c）資産除去債務

　資産除去債務とは，有形固定資産の取得，建設，開発又は通常の使用に

よって生じ，当該有形固定資産の除去に関して法令又は契約で要求される法律上の義務及びそれに準ずるものをいう。準ずるものには有形固定資産を除去する義務のほか，除去そのものは義務でなくとも，有形固定資産を除去する際に当該有形固定資産に使用されている有害物質等を法律等の要求による特別の方法で除去する義務も含まれる（企業会計基準第18号，平成20年3月31日）。環境関連法令規定事項には石綿障害予防規則等におけるアスベスト除去債務，特措法におけるPCB（ポリ塩化ビフェニル）の処理義務，土地汚染対策法・各地方自治体条例における調査浄化義務がある。民事契約規定事項には原状回復の義務（建屋解体費，建屋修繕費，土地汚染浄化費など）がある。その計算は現在価値に割り戻した除去費用である。

②退職給付に係る負債

　企業年金制度は，事業主（企業）が従業員に対して退職一時金や企業年金を給付する制度である。退職給付会計には確定拠出制度と確定給付制度がある（企業会計基準第26号「退職給付に関する会計基準」）。確定拠出制度とは，一定の掛金を外部に積み立て，事業主の企業が当該掛金以外に退職給付に係る追加的な拠出義務を負わない退職給付制度をいう。確定拠出年金は掛け金が確定していて財務諸表に反映されない。これに対して，確定給付制度とは確定拠出制度以外の退職給付制度をいう。退職金は従業員が労働したことに対する報酬であり，次期以降に発生すると予想される退職金の支払いに備えて退職給付引当金が設定される。決算時に当期繰入額は退職給付費用として処理される。退職金が支払われた時，それは取り崩される。

①退職給付債務とは，退職給付（retirement benefit）のうち認識時点までに発生していると認められる部分を現在価値に割り引いたものをいう。

②年金資産とは，特定の退職給付制度について企業と従業員との退職金規定等に基づき積み立てられた特定の資産をいう。それは退職給付以外に使用できず，事業主及び事業主の債権者から法的に分離されている。

③勤務費用とは，1期間の労働の対価として発生したと認められる退職給付をいう。

④利息費用とは，割引計算により算定された期首時点における退職給付債務について，期末までの時の経過により発生する計算上の利息をいう。

⑤期待運用収益とは，年金資産の運用により生じると合理的に期待される計算上の収益をいう。

⑥数理計算上の差異とは，年金資産の期待運用収益と実際の運用成果との差異，退職給付債務の数理計算に用いた見積数値と実績との差異及び見積数値の変更等により発生した差異をいう。なお，このうち当期純利益を構成する項目として費用処理されていないものを未認識数理計算上の差異という。

⑦過去勤務費用とは，退職給付水準の改訂等に起因して発生した退職給付債務の増加又は減少分をいう。このうち当期純利益を構成する項目として費用処理されていないものを未認識過去勤務費用という。

【確定給付制度の会計処理】

決算時，企業は退職給付債務から年金資産の額を控除した額（積立状況を示す額）を負債として計上する。ただし，年金資産の額が退職給付債務を超える場合には資産として計上する。同時に，損益計算書及び包括利益計算書（又は損益及び包括利益計算書）において当期に係る額は退職給付費用として当期純利益を構成する項目に含めて計上する。①勤務費用，②利息費用，③期待運

一口メモ

上場企業 3642 社（金融を含む）の有価証券報告書を集計すると，2015 年度末，日銀のマイナス金利政策の影響を受けて金利水準が低下し，運用環境が悪化，企業年金の未積立額は 91 兆 2,151 億円となった。割引率は国債利回りを参考にする。割引率が下がれば年金債務は増大する。例えば，30 年後に 100 億円を支払うという場合，割引率が 5％ であると，年金債務は約 23 億円となる。割引率が 1％ に低下すると年金債務は約 74 億円に急増する。割引率は 2015 年度の平均で 0.863％ と過去最低となった（『日本経済新聞』2016 年 7 月 26 日付参考）。

用収益，④数理計算上の差異に係る当期の費用処理額，⑤過去勤務費用に係る当期の費用処理額，数理計算上の差異に係る当期の費用処理額及び過去勤務費用の当期発生額のうち，費用処理されない部分（未認識数理計算上の差異及び未認識過去勤務費用となる）についてはその他包括利益に含めて計上する。その他の包括利益累計額に計上されている未認識数理計算上の差異及び未認識過去勤務費用のうち，当期の費用処理された部分についてはその他の包括利益の組替調整を行う。

【確定給付制度の開示】

　積立状況を示す額について負債となる場合「退職給付に係る負債」等の適当な科目をもって固定負債に計上し，資産となる場合「退職給付に係る資産」等の適当な科目をもって固定資産に計上する。未認識数理計算上の差異及び未認識過去勤務費用については，税効果を調整の上，純資産の部におけるその他の包括利益累計額に「退職給付に係る調整累計額」等の適当な科目をもって計上する。退職給付費用は，原則として売上原価又は販売費及び一般管理費に計上する（第28項）。ただし，新たに退職給付制度を採用したとき又は給付水準の重要な改定を行ったときに発生する過去勤務費用を発生時に全額費用処理する場合などにおいてその金額が重要であると認められるときには，当該金額を特別損益として計上することができる。当期に発生した未認識数理計算上の差異及び未認識過去勤務費用並びに当期に費用処理された組替調整額については，その他の包括利益に「退職給付に係る調整額」等の適当な科目をもって一括して計上する。

【確定拠出制度の会計処理と開示】

　確定拠出制度においては，当該制度に基づく要拠出額が費用処理される。その費用は，第28項の退職給付費用に含めて計上し，確定拠出制度に係る退職給付費用として注記する。また，当該制度に基づく要拠出額をもって費用処理するため，未拠出の額は未払金として計上する。

図表 3-1　個別貸借対照表の純資産表示

株主資本 　資本金 　　新株式申込証拠金 　資本剰余金 　　資本準備金 　　その他資本剰余金 　利益剰余金 　　利益準備金 　　その他利益剰余金　（内部留保） 　　　××積立金 　　　繰越利益剰余金 　　－自己株式）	株主資本	自己資本	純資産
評価・換算差額等 　その他有価証券評価差額金 　繰延ヘッジ損益 　土地再評価差額金			
新株予約権			

3　純資産

(1) 純資産の区分表示

　純資産の認識と測定を規定する規準はない。個別貸借対照表では株主資本に評価・換算差額等（その他有価証券評価差額金，繰延ヘッジ損益，土地再評価差額金）を加えて「自己資本」，さらに新株予約権を加算して「純資産」となる（図表3-1）。

　連結貸借対照表の純資産は，親会社株主に帰属する株主資本に「その他包括利益累計額」（その他有価証券評価差額金，繰延ヘッジ損益，土地再評価差額金，為替換算調整勘定，退職給付に係る調整累計額）を加算，さらに新株予約権と非支配株主持分が加算される（図表3-2）。為替換算調整勘定は，在外子会社の貸借対照表を連結のために日本円に換算し直した場合に生じる差額である（第13章参照）。

図表 3-2　連結貸借対照表の純資産表示

株主資本 　資本金 　資本剰余金 　利益剰余金 　－自己株式）	株主資本 合計	自己資本
その他の包括利益累計額 　その他有価証券評価差額金 　繰延ヘッジ損益 　土地再評価差額金 　為替換算調整勘定　　（連結固有） 　退職給付に係る調整累計額　（連結固有）		
新株予約権 少数株主持分（非支配株主持分）　連結固有		

右側に「純資産」

(2) 株主資本

　株主資本とは純資産のうち株主に帰属する部分（株主持分）をいう。帰属する部分とは，株主との直接的取引によって発生した部分及び投資のリスクから解放された部分のうち株主に割り当てられた部分である。株主資本は資本金（株式申込証拠金を含む），資本剰余金，利益剰余金，自己株式からなる。

①資本金

　株式申込証拠金は一種の預り金（別段預金）であり，払込期日に資本金に振り替える。払込額の全額が資本金となるが，2分の1まで資本準備金とすることができる。株主総会の決議に基づいて資本準備金は，資本金に振り替えられる場合がある。

②自己株式

　自己株式はストック・オプション，M&A などに利用できる。自社株買いは分母の資本を減らし，結果として ROE を上昇させる。例えば，スズキはフォルクスワーゲン（VW）との資本提携を解消するのに伴い，VW が保有

する1億1161万株（発行済株式の20％）を4,717億円の自社株買いとした（『日本経済新聞』2015年9月17日付参考）。日産自動車は，2016年2月26日，株主還元を目的として3億株4,000億円を上限に自社株買いすると発表し，発行株式数の6.7％相当を消却した。

③評価・換算差額等の区分表示

この区分ではその他有価証券評価差額金，繰延ヘッジ損益，土地再評価差額金が掲載される。

④新株予約権

新株予約権の保有者がその権利を行使すると，会社の資本金が増加する。新株予約権は会社役員や従業員などがその会社の株式を予め定められた価額で購入することを選択できるストック・オプションとして利用される。それは会社の株価が権利行使価格を大幅に上回るようになると行使され，株式報酬費用として処理される。

注

1　Stickney, C. P., R. L. Weil, K. Schipper, and Jennifer Francis, 2010, *Financial Accounting, An Introduction to concepts, Methods, and Uses*, South–Western, p.108.

2　Statement of Financial Accounting Standards, No. 157, "Fair Value Measurement" Norwich, CT: FASB 2007, para.5.

3　秋葉賢一，2014年『会計基準の読み方Q&A100』中央経済社，134〜135頁参考。

4　桜井久勝・須田一幸，2014年『財務会計・入門』有斐閣，149〜155頁参考。

5　桜井久勝，2016年『財務会計講義　第17版』中央経済社，106〜107頁参考。

6　滝沢ななみ，2014年『スッキリわかる日商簿記1級　商業簿記・会計学III』16〜21頁，参考。

7　Hand J. R. M. and Baruch Lev, 2011, *Intangible Assets, Values, Measures, and Risks*, Oxford University Press, p.1.

8　デロイトトーマツファイナンシャルアドバイザリー合同会社，2016年『M&A無形資産評価の実務』清文社，4頁参考。

9　「ひろがるIFRS」『日本経済新聞』2014年6月6日付参考。

10　西川郁生編著，2106年『企業価値向上のための財務会計リテラシー』日本経済新聞出版社，22頁参考。

11　Tollington, Tony，古賀智敏監訳，高橋聡・岡本紀明・KPMG ビジネスアシュアランス訳，2004 年『ブランド資産の会計　認識・評価・報告』東洋経済新報社参考。

12　鈴木義夫・千葉修身，2015 年『会計研究入門"会計はお化けだ！"』森山書店，70～72 頁参考。

13　新日本有限責任監査法人編，2013 年『減損会計のしくみ』中央経済社，59 頁参考。

14　同上書　90～91 頁参考。

15　同上書，101 頁参考。

16　桜井久勝，前掲書，214 頁参考。

17　同上書，214～215 頁参考。

18　松本敏史，2010 年 9 月「IAS37 号を巡る動きと計算構造の変化」『企業会計』中央経済社，25～26 頁参考。

19　Stickney, C. P., R. L. Weil, K. Schipper, and Jennifer Francis, 2010, op.cit. pp.115 –116.

第 3 章の参考資料：キッコーマンの有価証券報告書　第 99 期　連結貸借対照表

（単位：百万円）

	前連結会計年度 （平成 27 年 3 月 31 日）	当連結会計年度 （平成 28 年 3 月 31 日）
資産の部		
流動資産		
現金及び預金	34,565	36,260
受取手形及び売掛金	50,219	52,010
有価証券	273	269
商品及び製品	31,442	31,986
仕掛品	12,479	11,562
原材料及び貯蔵品	5,088	4,909
繰延税金資産	4,178	3,746
その他	12,001	6,034
貸倒引当金	△ 500	△ 485
流動資産合計	149,749	146,294
固定資産		
有形固定資産		
建物及び構築物（純額）	43,772	43,072
機械装置及び運搬具（純額）	34,078	33,645
土地	21,093	22,312
リース資産（純額）	170	57
建設仮勘定	2,061	2,046
その他（純額）	3,518	3,817
有形固定資産合計	104,695	104,951
無形固定資産		
のれん	17,139	11,275
その他	5,265	5,289
無形固定資産合計	22,404	16,564
投資その他の資産		
投資有価証券	86,483	86,109
長期貸付金	770	920
退職給付に係る資産	8,863	4,629
繰延税金資産	726	760
その他	5,831	6,206
貸倒引当金	△ 759	△ 765
投資その他の資産合計	101,916	97,860
固定資産合計	229,016	219,376
資産合計	378,766	365,671

（単位：百万円）

	前連結会計年度 （平成 27 年 3 月 31 日）	当連結会計年度 （平成 28 年 3 月 31 日）
負債の部		
流動負債		
支払い手形及び買掛金	20,766	20,279
短期借入金	7,473	6,871
リース債務	70	51
未払金	16,481	18,048
未払法人税等	1,078	2,975
賞与引当金	2,238	2,312
役員賞与引当金	90	105
その他	5,380	6,922
流動負債合計	53,579	57,567
固定負債		
社債	50,000	50,000
長期借入金	11,300	9,300
リース債務	82	58
繰延税金負債	12,365	9,728
役員退職慰労引当金	847	796
環境対策引当金	480	457
退職給付に係る負債	4,530	5,236
その他	7,150	6,849
固定負債合計	86,755	82,427
負債合計	140,335	139,995
純資産の部		
株主資本		
資本金	11,599	11,599
資本剰余金	21,405	13,912
利益剰余金	190,440	208,035
自己株式	△ 20,680	△ 30,833
株主資本合計	202,765	202,713
その他の包括利益累計額		
その他有価証券評価差額金	19,103	18,728
繰延ヘッジ損益	14	△ 14
為替換算調整勘定	13,903	5,203
退職給付に係る調整累計額	721	△ 2,947
その他の包括利益累計額合計	33,743	20,970
非支配株主持分	1,922	1,991
純資産合計	238,431	225,675
負債純資産合計	378,766	365,671

第4章 | フローの会計記号と意味

学習目標

　本章では，会計上の利益の本質と2つの会計利益アプローチを確認し，損益計算書が表示する収益と費用のフローの意味，包括利益計算書，株主資本等変動計算書，キャッシュ・フロー計算書，注記と補足情報の意味を理解することに目標がある。

1　損益計算書の本質

(1) 利益の本質

　会計の基本的機能の1つは，ある一定期間における企業の経済活動を収益と費用というフローとして認識し，その差額を利益あるいは所得として把握することである。企業が保有あるいは支配する資産は，こうした利益あるいは所得を生み出す経済的資源である。それは将来のキャッシュ・フローを生むと期待される点に価値がある[1]。例えば，リンゴの木はリンゴの実（所得）を生み出すから価値がある[2]。しかし，富（ストック）の維持と所得（フロー）の概念のどちらが会計において重要かの答えはいまだにない[3]。

(2) 2つの会計利益アプローチ

　企業の利益を計算する方法の1つが損益法である。損益法は損益計算書に示される収益と費用の差額として利益を計算するが，利益を生み出す財産状態のストックを示さない。もう1つの方法が財産法である。財産法は貸借対照表における期首と期末の資産及び負債の差額である資本（純資産）を比較して利益を計算するが，利益額の発生原因となるフローを明らかにしない。したがって，会計においては，1期間の利益額の発生原因を示す損益計算書を導く損益法アプローチと，財産のストックを示す貸借対照表を導く財産法アプローチの双方が必要である[4]。

　しかし，企業が金融商品や無形資産等のさまざまな経済資源を利用する時代において，損益法アプローチと財産法アプローチのどちらにウエイトを置くかという論争が展開されている。損益法を重視する伝統的計算手法の「収益費用アプローチ」（revenue and expense view, REV という）は，貸借対照表を集計表（残高表）とみなす。これに対して，資産と負債を重視する「資産負債アプローチ」（asset and liability view, ALV という）は，その属性から資産と負債を定義し，その定義から導かれる期首の純資産と期末の純資産の差額として利益を求める。この利益が「包括利益」（comprehensive income）という概念である。今日，企業価値評価への期待とキャッシュ・フロー情報へのニーズの高まりから，資産・負債アプローチによる会計観にプライオリティが置かれている。

(3) 収益の認識と測定

　企業は仕入，生産，販売，代金の回収という営業循環活動において収益を何時計上するかという重要な問題に直面する。収益の認識は契約時点（注文），出荷時点，取引先への到着時点，検収完了の時点がある[5]。収益の認識は企業価値を形成する瞬間でもあるが，その認識は非常に広範囲にわたる[6]。そこには，収益を認識する側と費用の認識側による暗黙の了解が存在する。収

> **一口メモ：認識と測定**
>
> IASBによる概念フレームワークによると，構成要素を認識するには2つのテスト，蓋然性（probability）と信頼できる測定（reliable measurement）がある。蓋然性とは，その事象が発生しないという以上に，ありうるならば満たされる状態である。これは発生の50%以上の尤度を意味する。また，信頼できる測定とは，その科目を測定するには見積もりを必要とするが，見積もりの利用はその測定が信頼できないという意味ではない。このテストは，原価あるいは価額が信頼性をもって測定できることを必要とする。そのベネフィットを信頼して測定できないならば，歴史的原価によって測定される[7]。

益の認識には基本的には実現主義の販売基準，生産基準，回収基準，実現可能利益（リスクからの解放）もある。

①収益の認識

(a) 実現主義

収益は，財貨と用役を顧客に提供し，その対価が確定して認識される。製品が販売された時点で認識する基準が実現主義である。この考え方は販売という事実を強調するので販売基準（引渡主義）といわれている。販売基準は，現金収入の時点とは無関係に財貨を手渡しあるいはサービスを提供した事実により収益を認識する。実現の要件は1) 財貨や用役の供給が完了し，2) 売上代金の請求額が確定して貨幣的な裏付けがあり，3) 市場取引の存在を満たした収益だけを計上する，の3つである。実現主義はこれらの実現の要件を満たすまでは資産の取得原価を超えた評価益の認識を禁ずる原則でもある[8]。

(b) 生産基準

生産基準には，請負契約の建設工事，造船，ソフト開発などに適用する長期契約に基づく工事進行基準（percentage of completion method）と原価の回収が終わるまで売上利益を認識しない工事完成基準（completed contract basis）

第4章　フローの会計記号と意味 | **093**

一口メモ

　東芝は，2015年5月13日，過去のインフラ事業の不適切な会計をめぐる問題で2012年3月期から14年3月期までの3年間，営業損益ベースで累計500億円強の減額修正が見込まれると発表した。電力システムなど3つのカンパニーで手がけた工事で発生した原価の過少見積もりとそれにともなう工事損失が明るみになった。この損失は連結営業利益の合計（6,917億円）の約1割にあたる。『日本経済新聞』（2015年8月10日付参考）によると，東芝は税引き前利益修正額の3割強，477億円が進行基準がらみの不適切会計処理であった。原価総額を過小に見積もると，工事進捗度が高まり売上高が過大となる結果，赤字の先送りとなる。同紙（2015年9月9日付参考）によると，第三者委員会の報告書では，利益操作の手口として使われたのはパソコン部品取引とインフラ関連工事の採算管理に使う工事進行基準であった。月次決算では赤字と黒字が交差して変動が大きいが，四半期決算と期末決算では必ず黒字となるよう帳尻を合わせた。東芝は，安値で大量に調達した部品を，それより高い価格で台湾の組み立て委託先にいったん売却し，その後完成品を買い戻した。これは買った部品を売って途中で仮の利益を計上するバイセル取引である。委託先に有償支給する部品の価格は，東芝の仕入価格を知られないように設定する。マスキング価格は調達価格の5倍に膨らむこともある。パソコン事業は本来，完成品を外部販売した時点で損益が確定する。部品売却で出た利益は後で取り消す会計処理が必要になる。だが，東芝は完成品が売れずに在庫で残った時もこの処理をしないでパソコン事業全体で利益が出たように見せかけた。

がある。

　工事進行基準は，工事契約に関して，①工事収益総額，②工事原価総額及び③決算日における工事進捗度を合理的に見積もり，これに応じて当期の工事収益及び工事原価を認識する方法である。工事進捗度の測定には，技術的・物理的な尺度と原価比例法がある。それに対して，①から③までの3要

件が満たされない場合，工事完成基準が適用される。これは工事が完成し，目的物を引き渡した時点ではじめて売上高と売上原価を計上する。工事進行基準に比べて客観性が高いものの，情報開示の適時性からは，工事進行基準が優れているとして，「工事契約に関する会計基準」（企業会計基準第 15 号 2007年）は，原則，これを採用する。

②収益の測定

収益の測定は，販売した財貨や用役に見合う現在または将来の収入額に基づいて行われる。1）交換に着目した収益の測定，2）市場価格の変動に着目した収益の測定，3）契約の部分的な履行に着目した収益の測定，4）被投資企業の活動成果に着目した収益の測定がある（第 2 章　概念フレームワーク参照）。

(4) 費用の認識と測定

費用は発生主義と収益との対応原理に基づいて認識される。費用は財貨や用役の提供から発生する資産の減少あるいは負債の増加であり，資本の減少の原因となる。発生主義は現金支出の時点とは無関係に収益の獲得のために財貨やサービスを消費した事実から認識される。対応原則には個別対応と期間対応がある。

費用の測定は消費した財貨やサービスに対する過去または現在の支出額に基づいて行われる。1）交換に着目した費用の測定，2）市場価格の変動に着目した費用の測定，3）契約の部分的な履行に着目した費用の測定，4）利用の事実に着目した費用の測定がある。

2　損益計算書

(1) 損益計算書の利益表示

損益計算書（income statement, profit and loss statement）は，企業が一期間に

図表 4-1　会社計算規則に基づく損益計算書

項目	金額	計算式	説明
売上高	A 1,000		営業収益を計上
売上原価	B 600		売上高との個別対応
売上総利益（総損失）	C 400	① A － B	売上総損益金額
販売費及び一般管理費	D 150		各種項目を分析する必要がある
営業利益（営業損失）	E 250	② C － D	営業損益金額という
営業外収益	F 80		財務上の収益
営業外費用	G 60		財務上の費用
経常利益（経常損失）	H 270	③ E ＋ F － G	経常損益金額という
特別利益	I 50		固定資産売却益，前期損益修正益
特別損失	J 60		固定資産売却損，減損損失等
税引前当期純利益	K 260	④ H ＋ I － J	税引前当期損益金額という
法人税等	L 80		税務会計：課税所得×税率
法人税等調整額	M 20		税効果会計を適用
当期純利益（純損失）	N 160	⑤ K － L － M	当期純損益金額という

実現した収益とそれに対応する費用のフローとして経営成績を報告する。損益計算書は収益の合計＝費用の合計±純損益という等式として成立する。表示様式には勘定式と報告式がある。財務諸表等規則は報告式を用いることを規定するが，会社法の計算書類規則には特段の定めはない。会社計算規則第88条「損益計算書等（損益計算書及び連結損益計算書）の区分」によれば，図表4-1になる。

①売上総利益

売上総利益（gross margin）は売上高（sales）から売上原価（cost of sales）を控除して計算される。それは粗利益ともいい，商品や製品等の競争力を示す。粗利益率（売上総利益÷売上高）は業種によって異なる。分析者は対象企業の粗利益率が業界の平均以下か否に注意を向ける必要がある。

②営業損益

売上高から販売費及び一般管理費を控除した営業利益は，本来の事業の儲け力あるいは収益力を示す。企業間の比較には「営業利益率」（営業利益対売上高）が有効である（第5章参照）。営業利益は企業価値を計算するFCFの基礎データとなる。

③経常損益

経常損益は，営業損益計算の結果を受けて営業外収益を加算，営業外費用を減算して計算される。企業の総合的な収益力を示す。経常利益が営業利益より大きくなった場合には，企業が財務面で余裕があることを意味する。米国会計基準や国際会計基準（IFRS）には，経常利益という概念はなく，固定資産売却損益やリストラ損失は営業外費用に含まれる。

④税引前当期純利益

税引前当期純利益は，経常損益計算の結果を受けて前期損益修正額，固定資産売却損益等の特別損益を記載する。これは経営の持続する力を示す。この損益は経常損益に比べて会計操作の余地がある。

⑤当期純利益あるいは純損失

当期純利益（earnings）はボトムラインといい，株主に帰属する利益である。利益が増えれば増益，減少すれば減益という。マイナスは当期純損失である。この利益は株主持分に帰属し配当の原資や積立金として内部留保される。

(2) 売上高と売上原価

以下の損益計算書の記載方法（範囲と表示）はすべて財務諸表等規則による。

①売上高の表示

売上高には，売上高を示す名称を付した科目をもつて掲記しなければなら

第4章　フローの会計記号と意味 | 097

ない。総売上高は，半製品，副産物，作業くず等の総売上高及び加工料収入その他の営業収益を含む。売上高については，製品売上高と商品売上高は区分して記載しなければならない。サービス業を兼業する企業は売上高とサービスによる営業収益とを区別して記載する。サービス提供の対価が役務収益である。売上高の表示は純額法（総売上高マイナス売上値引戻り高）も容認される。半製品，副産物，作業くず等の総売上高及び加工料収入が売上高の総額の100分の10を超えるものについては，当該売上高又は収益を示す名称で掲記されなければならない。売上高の増加を増収，減少を減収という。

また，サービス業の会計では現金を前もって受け取ったときには前受金で処理する。すでにサービスを提供した分を役務収益とする。役務費用を前もって支払ったときには仕掛品で処理し，当期に提供したサービスに対する費用は仕掛品勘定から役務原価に振り替える。

②棚卸資産の評価差額の表示

棚卸資産は市場価格の変動により利益を得るトレード目的をもって所有する。その評価差額は売上高を示す名称を付した科目に含めて記載しなければならない。ただし，当該金額の重要性が乏しい場合には，営業外収益又は営業外費用に含めて記載することができる。

③割賦販売売上高の表示

割賦販売による売上高が売上高の総額の100分の20を超える場合には，当該名称を付した科目をもつて別に掲記しなければならない。

④関係会社に対する売上高の注記

関係会社に対する売上高が売上高の総額の100分の20を超える場合には，その金額を注記しなければならない。

⑤売上原価の表示

商品又は製品（半製品，副産物，作業くずを含む）の期首たな卸高＋当期仕入

一口メモ：売上高の認識問題

　実務における収益認識では次のような問題がある。1) 売上高の前倒し（親密な取引先との契約），買戻し条件（売り手が対象資産を将来買戻すオプションをもつ），売戻し条件付き（買い手が購入物を将来売り戻すオプションをもつ）などの会計操作がある。2) ソフトウェア産業ではソフト製品の技術サポートなどの関連サービスをセットとして販売代価が決定されるが，代金受取時にはまだ提供していないサービスを含むことがある。代金を受け取りながら，買い手の商品を売り手が保管しているケースでは商品の引渡が完了していない場合の売上か前受金かが問われる。3) 保有資産を売却後に売り手がリースによって借り戻すリースバックが問題となる。循環取引は複数の企業間で商品売買を不正に繰り返す取引であり，伝票上のやり取りだけで実際の在庫が移動しない場合が多い。売上の水増から財務諸表の虚偽記載が問われる。

　米国のエンロン社は，2000 年『フォーチュン』の上位 500 社で総売上高 7位にランキング，わずか 5 年間で収益は 1995 年の 92 億ドルから 1,008 億ドルに増加した。エンロン社は 2000 年に売上増加率が 150% であったが，利益増加は 10% 未満に過ぎないという不思議な現象が見られた[9]。やがて同社は粉飾決算が明るみになって 2002 年に倒産した。

高又は当期製品製造原価 − 商品又は製品の期末棚卸高（当期製品製造原価については，その内訳を記載した明細書を損益計算書に添付しなければならない）として計算される。売上原価に含まれている工事損失引当金繰入額については注記しなければならない。

(3) 販売費及び一般管理費

①範囲と表示

　販売費及び一般管理費（selling, administration & general expenses）は，販売手数料，荷造費，運搬費，広告宣伝費，見本費，保管費，納入試験費，役員や

従業員の給料，賃金，手当，賞与，福利厚生費（健康保険，雇用保険，厚生年金保険などのうち企業が負担），交際費，旅費，交通費，通信費，光熱費及び消耗品費（事務用品，工具器具備品など），租税公課（固定資産税，自動車税，不動産取得税，印紙税，印鑑証明，住民票など費用となる税金），減価償却費，修繕費，保険料，不動産賃借料及びのれんの償却額をいう。

　販売費及び一般管理費は，適当と認められる費目に分類し，当該費用を示す名称を付した科目をもつて掲記しなければならない。ただし，それらを損益計算書に一括して掲記し，その主要な費目及びその金額を注記することもできる。主要な費目とは，減価償却費及び引当金繰入額並びにこれら以外の費目で，その金額が販売費及び一般管理費の合計額の100分の5を超える費目をいう。①一般管理費及び当期製造費用に含まれている研究開発費については，その総額を注記しなければならない。②通常の取引に基づいて発生した貸倒引当金繰入額又は貸倒損失は，異常なものを除き販売費として当該費用を示す名称を付した科目をもつて別に掲記しなければならない。

②人件費

　人件費は給与，手当，賞与からなる。給与は基本給と割増給からなる。人件費は失業率が高まってもすぐに低くはならない硬直性がある。わが国の雇用制度は終身雇用制，年功序列賃金制，企業別労働組合，実地研修による内部昇進制度によって支えられてきた。だが，雇用環境が変化し成果主義や能力主義が重視されている。人材派遣，出向，転籍は労働の硬直性に変化をもたらしているが，労働資源のコスト削減としてリストラをむやみに行うことが経営の根幹を揺るがす問題となる。従業員持ち株制（給与から控除し企業が株式を保管）では，会社が負担する部分が人件費となる。工場の人件費は直接労務費か製造間接費となる。手当は住宅手当，残業手当，通勤手当，役職手当からなる。また，役員賞与は一般管理費として処理されるが，税法上は損金とはならない。報酬1億円以上の役員について開示義務がある。ストック・オプション（株式購入権）とは，従業員等に対する報酬，企業にとっては株式報酬費用である。

> **一口メモ**
>
> IFRS（IAS 第 38 号）は，研究開発費について一定の要件を満たすものにつき無形資産の計上（研究開発資産）を求める[10]。その要件は，無形資産の完成に向けた技術上の実行可能性が高いこと，無形資産の完成と使用または売却に向けた企業の意図，無形資産を使用あるいは売却できる能力，将来の経済的便益が創出される高い蓋然性，無形資産の完成と使用または売却に必要な資源の利用可能性，そして開発の信頼性をもって測定できる能力が存在することである。なお，費用処理される点は日本と同じである[11]。

③研究開発費の問題

（a）会計処理

「研究開発費等に係る会計基準」（企業会計基準第 23 号）によると，研究開発費（research and development costs, R&D）は製造原価や販売費及び一般管理費に含まれる（第 3 章参照）。研究開発費は，発生時において将来の収益を獲得できるか否かは不明であって，将来の収益の獲得期待が高まったとしてもその獲得が確実であるとはいえない。したがって，それを資産として貸借対照表に計上することは適当ではなく，すべて発生時に費用として処理しなければならない。しかしながら，市場はそれを資本化すること，つまり資産として認識することを求める現実がある。

（b）R&D の実際

日本経済新聞社が実施した 2015 年度「研究開発活動に関する調査」（図表4-2，主要 513 社）によると，回答企業の約 3 分の 1 にあたる 111 社が過去最高の研究開発費を投じた。14 年度実績から 4.7％伸びた。日本の製造業は 5 〜 10 年先を見据えて競争力の源泉となる新技術の開発に取り組んでいる[12]。

総額の約 3 割は自動車が占めた。自動車部品が 6.1％増，機械，エンジニアリング，造船が 8.5％増であった。こうしたグローバル企業は，海外の研究開発拠点のアジアや新興国をにらみ，研究拠点や人材の配置（産学協同），人とモノの両面で関係を深めその国にあわせた製品の開発を進めている。

図表 4-2　2015 年度　研究開発活動に関する調査

順位 （前年度）	社名（研究開発費）前年度比増減率	重点分野
1（1）	トヨタ　1 兆 500 億円，4.5%	燃料電池，安全運転支援技術
2（2）	ホンダ　7,200 億円，8.7%	燃料電池，自動運転技術
3（3）	日産自動車　5,300 億円，4.7%	電気自動車，自動運転技術
4（4）	ソニー　4,900 億円，5.5%	半導体
5（5）	パナソニック　4,700 億円，2.8%	ロボットテクノロジー，住宅産業
6（6）	デンソー　4,000 億円，0.9%	省燃費の自動車部品，高度運転支援技術
7（8）	日立製作所　3,550 億円，6.0%	人工知能，セキュリティ，センサー技術
8（7）	武田薬品工業　3,300 億円，▲13.6%	がん，うつ病，消化器系疾患対象の創薬
9（9）	キヤノン　3,150 億円，2.0%	ナノテクノロジー，ロボット
10（10）	NTT　2,300 億円，▲4.2%	セキュリティ，人工知能
10　－	大塚ホールディングス　2,300 億円	総合失調症，アルツハイマー病，がん対象の創薬

（注）平均増加率は前回調査の 4% を上回る。研究開発投資の上位 10 社の重点分野別の
　　　2015 年度計画，連結が基本，▲は減
（出典）『日本経済新聞』2015 年 8 月 10 日付

（4）営業外収益と営業外費用

①営業外収益の表示

　営業外収益は，受取利息，有価証券利息，受取配当金，有価証券売却益，仕入割引，その他の項目の区分に従い，当該収益を示す名称を付した科目をもつて掲記しなければならない。ただし，各収益のうちその金額が営業外収益の総額の 100 分の 10 以下のもので一括して表示することが適当であると認められるものについては，それを一括して示す名称を付した科目をもつて掲記することができる。これら以外に為替差益，投資不動産賃貸料，雑収入がある。

②営業外費用の表示

　営業外費用には，支払利息，社債利息，社債発行費償却，創立費償却，開

業費償却，貸倒引当金繰入額又は貸倒損失（販売費として記載されるものを除く），有価証券売却損，売上割引，その他の項目がある。ただし，各費用の金額が営業外費用の総額の100分の10以下のもので一括して表示することが適当であると認められるものについては，当該費用を一括して示す名称を付した科目で掲記することができる。これら以外に，株式交付費償却，有価証券評価損，社債償還損，雑損失（例えば税金延滞料，罰金，盗難，損害賠償金支払等の金額上の重要性が乏しい項目を一括して処理）がある。

(5) 特別利益と特別損失

①特別利益の表示

特別利益は，固定資産売却益，負ののれん発生益，その他の項目の区分に従い，当該利益を示す名称を付した科目をもって掲記しなければならない。ただし，各利益のうちその金額が特別利益の総額の100分の10以下のもので一括して表示することが適当であると認められるものについては，一括して示す名称を付した科目をもって掲記することができる。投資有価証券売却益とは，長期に保有する有価証券を売却した場合の売却額＞帳簿価額との差額である。貸倒引当金の前期繰越額が当期の引当額を超えていた場合に差額を貸倒引当金戻入とする。これら以外に，債務免除益，保険差益，受贈益等がある。

②特別損失の表示

特別損失は，固定資産売却損，減損損失，災害による損失，その他の項目を掲記しなければならない。ただし，各損失のうち，その金額が特別損失の総額の100分の10以下のもので一括して表示することが適当であると認められるものについては，当該損失を一括して示す名称を付した科目をもって掲記することができる。上記以外に，前期損益修正（過年度引当金の過不足修正額，減価償却の過不足修正額，棚卸資産評価の訂正額，過年度償却済債権の取立額等）がある。投資有価証券売却損とは，長期目的で保有する有価証券（関連会社株式）を売却した場合に売却額＜帳簿価額との差額である。

第4章　フローの会計記号と意味 | 103

減損損失を認識した資産又は資産グループがある場合には，当該資産又は資産グループごとに，次の各号に掲げる事項を注記しなければならない。ただし，重要性が乏しい場合には注記を省略することができる。

　　一　事項の概要（用途，種類，場所，その他）

　　二　減損損失を認識するに到った経緯

　　三　減損損失の金額及び主な固定資産の種類ごとの当該金額の内訳

　　四　資産グループがある場合には，当該資産グループに係る資産をグループ化した方法

　　五　回収可能価額が正味売却価額の場合にはその旨及び時価の算定方法，回収可能価額が使用価値の場合にはその旨及び割引率

　特別利益や特別損失には経営者の判断がより多く入る。決算前月は財務諸表に化粧を施す時期ともいわれる。投資家は特別損益項目が多くないか，投資有価証券の売却益，減損損失はどの程度か，欠損金の処理はどうかを分析する必要がある。

(6) 当期純利益又は当期純損失

①法人税等と税効果会計

　法人税等（法人税，住民税，事業税）は，税務会計の益金と損金から導かれる課税所得に一定の税率を乗じた税金である。税引等調整前当期純利益（税引前当期利益）に対応する財務会計上の法人税等には，税効果会計が適用される。例えば，T社の税金等調整前当期純利益は100億円，法人税等に対する実効税率は40%，課税所得による法人税，住民税及び事業税は30億円であったとすると，当期純利益は次の計算となる。

税金等調整前当期純利益		100
法人税，住民税及び事業税	▲ 30	
法人税等調整額	▲ 10	
法人税等合計		▲ 40
当期純利益		60

104 ｜ 第Ⅰ部　会計記号による表示

②当期純利益と EPS

当期純利益は株主に帰属する。「1株当たり当期純利益」(earnings per share, EPS) は下記のように計算される (第5章参照)。

$$EPS = \frac{\text{普通株式に係る当期純利益}}{\text{普通株式の期中平均株式数}}$$

分子の利益に種類株式の優先株式の配当があれば，これを控除する。また，分母は社外流通の普通株式の加重平均株数である。社外流通の希薄性証券 (diluted securities) がない場合を単純資本構成という。希薄性証券とは転換社債，転換優先株式，新株引受権，ストック・オプション等をいう。複雑な資本構成の企業は損益計算書に2種類の EPS を併記する。利益から分配された優先配当額は普通株主には帰属しないので当期純利益から控除される。株式数は期中において株数が変化した場合，平均株式数となる。EPS は投資家が配当と企業の成長を予測する基礎となる。EPS の比率が高い企業は，株主への利益還元を高めることになる。EPS を向上させるには自社株買いによる株消却が有効な方法となる。

企業が新株予約権や転換社債等を発行している場合，これを潜在株式という。潜在株式とは保有者が普通株式を取得することができる権利もしくは普通株式への転換請求権又はこれらに準じる権利が付された証券又は契約をいう。潜在株式調整後1株当たり純利益が1株当たり当期純利益を下回る場合には，当該株式は希薄効果を有する。「潜在株式調整後1株当たり当期純利益」が注記される。

$$\frac{\text{潜在株式調整後}}{\text{1株当たり当期純利益}} = \frac{\text{普通株式に係る当期純利益 + 当期純利益調整額}}{\text{普通株式の期中平均株式数 + 普通株式増加数}}$$

当期純利益調整額とは，企業会計基準第2号によれば，転換負債に係る当期の支払利息，社債金額よりも低い価額又は高い価額で発行した場合における当該差額に係る当期償却額及び利払いにかかる事務手数料等の費用の合計額から，当該金額に課税されたと仮定した場合の税額相当額を控除した金額である。転換株式では，1株当たり当期純利益を算定する際に当期純利益から控除された当該株式に関連する普通株主に帰属しない金額をいう (2005年

以降適用）。ちなみに，未上場企業の EPS は単純に次の計算となる。

$$EPS = \frac{税引後の当期純利益}{発行済株式総数}$$

(a) 1株当たり当期純利益金額又は当期純損失金額及びその算定上の基礎は，注記しなければならない。

(b) 潜在株式調整後 1 株当たり当期純利益金額又は当期純損失金額及びその算定上の基礎は，注記しなければならない（第 5 章参照）。

3　クリーン・サープラス関係と包括利益計算書

(1)　クリーン・サープラス関係

　クリーン・サープラス関係とは，一会計期間における資本の増減（資本取引による増減を除く）が当該期間の利益あるいは損失と等しくなる関係をいう。例えば，貸借対照表が示す「株主資本」と損益計算書が示す「税引後当期純利益」の関係は，次式となる。

期首の株主資本＋当期純利益－剰余金の配当＝期末の株主資本

　この関係は，株主資本に損益以外の項目が混入しないという意味でクリーン・サープラス関係という。現行の会計基準では，株主資本は，評価・換算差額等を加算して自己資本，さらに新株予約権を加えると純資産が計算される。この純資産額の期中における変化の利益が「包括利益」である。純資産と包括利益との間にもクリーン・サープラス関係が成立する。

期首の純資産＋包括利益－剰余金の配当＝期末の純資産

(2)　包括利益計算書

　平成 22 年 6 月 30 日に公表された企業会計基準第 25 号「包括利益の表示に関する会計基準」（以下，包括利益会計基準という）は，金融商品取引法の適用会社や会社法上の大会社及びその子会社の連結財務諸表（四半期及び中間財

106 ｜ 第 I 部　会計記号による表示

務諸表も含む）に適用される。

①包括利益の定義

包括利益とは「期中に認識された取引及び経済的事象（資本取引を除く）により生じた純資産の変動である。提供される情報は，投資家等の財務諸表利用者が企業全体の事業活動について検討するのに役立つことが期待されるとともに，貸借対照表との連携（純資産と包括利益とのクリーン・サープラス関係）を明示することを通じて，財務諸表の理解可能性と比較可能性を高め，また，国際会計基準とのコンバージェンスにも資するものと考えられる」（企業会計基準第 25 号）。純資産に対する持分所有者には，株主以外に新株予約権の所有者，連結財務諸表においては非支配株主も含まれる（基準第 4 項）。当期中の純資産の持分の変動は，図表 4-3 と表示される。

その他の包括利益（other comprehensive income, OCI という）は，個別財務諸表においては包括利益と当期純利益との差額で，損益として認識されないものである。連結財務諸表における OCI には，親会社株主に係る部分と非支配株主に係る部分が含まれる。OCI は，実現主義に基づく純利益として認識されない評価損益の「受け皿」として包括利益を形成するために導入された概念である。クリーン・サープラス関係を保つには，OCI を資本に直入しない利益情報として扱うことになる。

包括利益の表示は，それを企業活動のもっとも重要な指標とするのではなく，当期純利益に関する情報の有用性を前提として評価される[13]。OCI はその後実現によって純利益としての要件を満たすと，純利益に振り替えるリサイクリングが求められる[14]。OCI の内訳項目は税効果控除後の金額で示される。各内訳項目を税控除前の金額で表示し，それらに関連する金額を一括に

図表 4-3　包括利益

当期中の 持分の変動		資本取引（出資，配当金など）
	包括利益	損益として認識されるもの（当期純利益，非支配株主利益） 損益として認識されないもの（その他の包括利益）

して表示されることもある。どのような項目が OCI に含まれるかは，包括利益会計基準が決めるのではなく，他の会計基準による。包括利益には貸借対照表が提供する以上の追加的情報価値はなく，ストック情報の派生物にすぎない[15]。

②包括利益計算書の表示

連結損益計算書（図表4-4）は，非支配株主損益調整前の当期純利益を表示し，連結包括利益計算書（図表4-5）は，その他の包括利益の内訳項目を加減して包括利益を表示する。これにより純利益とその他の包括利益累計額の両者が貸借対照表に引き継がれる。その様式は，①当期純利益までを表示する損益計算書と包括利益を表示する包括利益計算書からなる2計算形式と，②包括利益を業績として重視する1計算形式が選択できる。

4　剰余金の処分と株主資本等変動計算書

(1) 剰余金の処分

当期純利益の処分は決算後の株主総会にて決定される。①決算時に損益勘定で計算された当期純利益は繰越利益剰余金に振り替えられる。②株主総会において配当が決定されると，それは未払配当金に振り替えられる。配当の計算では債権者を保護するために利益準備金の積立が強制される。その必要な積立額は資本準備金と利益準備金の合計額が資本金の4分の1に達するまで，配当金の10分の1か，必要な積立額と比較して少ない方の金額が利益準備金として積み立てられる。これ以外の利益は内部留保として利益の一部が積み立てられる。③その後，配当金が株主に支払われる。また，会社に損失が発生した場合，株主総会の決議に基づいて損失の処理（欠損の填補）が行われる。

図表 4-4　キッコーマンの連結損益計算書（第 99 期）

（単位：百万円）

	前連結会計年度 （自　平成 26 年 4 月 1 日 至　平成 27 年 3 月 31 日）	当連結会計年度 （自　平成 27 年 4 月 1 日 至　平成 28 年 3 月 31 日）
売上高	371,339	408,372
売上原価	225,378	248,215
売上総利益	145,960	160,156
販売費及び一般管理費		
販売費	92,866	97,926
一般管理費	27,723	29,631
販売費及び一般管理費合計	120,590	127,558
営業利益	25,370	32,598
営業外利益		
受取利益	114	119
受取配当金	784	761
持分法による投資利益	1,075	984
受取賃貸料	634	682
為替差益	150	3,427
その他	6,272	1,296
営業外収益合計	9,032	7,272
営業外費用		
支払利益	1,137	1,067
デリバティブ評価損	0	2,787
システム移行費用	267	920
その他	8,632	4,064
営業外費用合計	10,037	8,841
経常利益	24,364	31,029
特別利益		
有形固定資産売却益	140	21
投資有価証券売却益	3,275	―
関係会社株式売却益	11	―
特別利益合計	3,427	21
特別損失		
固定資産減損損失	3,269	553
固定資産除却損	297	148
投資有価証券評価損	―	28
関係会社整理損	111	―
関係会社株式評価損	152	―
ゴルフ会員権評価損	14	5
退職特別加算金	123	61
特別損失合計	3,969	797
税金等調整前当期純利益	23,823	30,253
法人税, 住民税及び事業税	8,066	10,195
法人税等調整額	264	△ 108
法人税等合計	8,330	10,087
当期純利益	15,492	20,166
非支配株主に帰属する当期純利益	110	201
親会社株主に帰属する当期純利益	15,382	19,964

図表 4-5　キッコーマンの連結包括利益計算書（第 99 期）

（単位：百万円）

	前連結会計年度 （自　平成 26 年 4 月 1 日 至　平成27年3月31日）	当連結会計年度 （自　平成 27 年 4 月 1 日 至　平成28年3月31日）
当期純利益	15,492	20,166
その他の包括利益		
その他有価証券評価差額金	8,111	324
繰延ヘッジ損益	30	△ 49
為替換算調整勘定	13,830	△ 8,185
退職給付に係る調整額	1,813	△ 3,205
持分法適用会社に対する持分相当額	1,987	△ 1,672
その他の包括利益合計	25,772	△ 12,789
包括利益	41,265	7,377
（内訳）		
親会社株主に係る包括利益	41,085	7,191
非支配株主に係る包括利益	180	185

(2) 株主資本等変動計算書の表示

　株主資本等変動計算書は，株式会社の当期純利益のみならず，純資産の各
項目の期首残高が期中にどのように変化し，期末残高に至ったかのプロセス
を明らかにするために作成し報告される。IFRS は株主持分変動計算書
（statement of changes in equity）という。

　純資産の表示は，「株主資本」（資本金，資本剰余金，利益剰余金，自己株式），「評
価・換算差額等」「新株予約権」に分類される。連結株主変動計算書（図表
4-6）では，独自の記載項目として，その他包括利益累計額に為替換算調整額，
退職給付に係る調整累計額と非支配株主持分が加わる。

5　キャッシュ・フロー計算書

(1) キャッシュ・フロー計算書の役割

　キャッシュ・フロー計算書（statement of cash flows，以下 CF 計算書という）は

一期間におけるキャッシュ（現金と現金同等物）のフローを示す（図表4-7）。現金とは手許現金，要求払預金であり，現金同等物とは短期の定期預金，譲渡性預金，コマーシャル・ペーパー等である。CF計算書は損益計算書や貸借対照表の情報の質（利益≠現金）を知らせる[16]。CF計算書の期末のキャッシュ残高は期末貸借対照表の現金預金残高と等しくなるはずである。しかし，貸借対照表には1年以内の定期預金が現金預金に加算されるから，CF計算書の期末のキャッシュ金額は貸借対照表の期末現金預金残高とは異なる場合がある。

　さて，発生主義に基づく損益計算書の利益は必ずしもキャッシュの裏付けがあるとは限らない。そこで，税引後純利益の資金の裏付けを説明するためにCF計算書が作成される。CF計算書は資金の「増加あるいは減少の変化」を示し，これがフローの計算書と呼ばれる理由である。ただしCF計算書は損益計算書にとって代わるものではなく，利益を確定する財務諸表は損益計算書である。

(2) キャッシュ・フロー計算書の表示と意味

①営業活動によるキャッシュ・フロー

　営業活動によるキャッシュ・フロー（cash flows from operating activities, CFO）は，本業で稼いだキャッシュの金額を示す。CFOが大きいほど積極的な経営であり財務の安定性がすぐれている。企業はCFOの余剰資金を新規事業に投資し，借入金等を返済し，配当金を支払うために使用する。CFOの内容は償却前営業利益と運転資本の増減額から構成される。CFOは売買取引や人件費の支払いなどの営業収支と金利や配当の受払などの営業収支からなる。この区分表示は，収入の総額と支出の総額を記載し，差額の正味キャッシュ・フローを算出する直接法と，損益計算書の当期純利益から出発して，収益と収入の差，及び費用と支出の差を調整して正味キャッシュ・フローを計算する間接法がある。直接法では営業収入／営業支出として計算される「営業収支比率」が，少なくとも100%を超えているか否かが問われる。

図表 4-6　キッコーマンの連結株主資本等変動計算書（第 99 期）

(a) 前連結会計年度（自平成 26 年 4 月 1 日　至平成 27 年 3 月 31 日）

（単位：百万円）

	株主資本					
	資本金	資本剰余金	利益剰余金	自己株式	自己株式申込証拠金	株主資本合計
当期首残高	11,599	21,377	178,260	△ 10,121	10	201,126
会計方針の変更による累積的影響額			806			806
会計方針の変更を反映した当期首残高	11,599	21,377	179,066	△ 10,121	10	201,932
当期変動額						
剰余金の配当			△ 4,008			△ 4,008
親会社株主に帰属する当期純利益			15,382			15,382
自己株式の取得				△ 10,659		△ 10,659
自己株式の処分		28		100	△ 10	118
株主資本以外の項目の当期変動額（純額）						
当期変動額合計	―	28	11,373	△ 10,558	△ 10	832
当期末残高	11,599	21,405	190,440	△ 20,680	―	202,765

	その他の包括利益累計額					株主資本合計	非支配株主持分	純資産合計
	その他有価証券評価差額金	繰延ヘッジ損益	為替換算調整勘定	退職給付に係る調整累計額	その他の包括利益累計額合計			
当期首残高	9,623	3	△ 285	△ 1,300	8,040	36	1,203	210,407
会計方針の変更による累積的影響額								806
会計方針の変更を反映した当期首残高	9,623	3	△ 285	△ 1,300	8,040	36	1,203	211,213
当期変動額								
剰余金の配当								△ 4,008
親会社株主に帰属する当期純利益								15,382
自己株式の取得								△ 10,659
自己株式の処分								118
株主資本以外の項目の当期変動額（純額）	9,480	11	14,189	2,021	25,702	△ 36	719	26,385
当期変動額合計	9,480	11	14,189	2,021	25,702	△ 36	719	27,217
当期末残高	19,103	14	13,903	721	33,743	―	1,922	238,431

（b）当連結会計年度（自平成 27 年 4 月 1 日　至平成 28 年 3 月 31 日）

（単位：百万円）

	株主資本					
	資本金	資本剰余金	利益剰余金	自己株式	自己株式申込証拠金	株主資本合計
当期首残高	11,599	21,405	190,440	△20,680	―	202,765
会計方針の変更による累積的影響額		△7,472	2,327			△5,145
会計方針の変更を反映した当期首残高	11,599	13,932	192,767	△20,680	―	197,619
当期変動額						
剰余金の配当			△4,697			△4,697
親会社株主に帰属する当期純利益			19,964			19,964
自己株式の取得				△10,154		△10,154
自己株式の処分		4		3		8
持分法適用会社に対する持分変動に伴う自己株式の増減				△1		△1
非支配株主との取引に係る親会社の持分変動		△25				△25
株主資本以外の項目の当期変動額（純額）						
当期変動額合計	―	△20	15,267	△10,152	―	5,094
当期末残高	11,599	13,912	208,035	△30,833	―	202,713

	その他の包括利益累計額					株主資本合計	非支配株主持分	純資産合計
	その他有価証券評価差額金	繰延ヘッジ損益	為替換算調整勘定	退職給付に係る調整累計額	その他の包括利益累計額合計			
当期首残高	19,103	14	13,903	721	33,743	―	1,922	238,431
会計方針の変更による累積的影響額								△5,145
会計方針の変更を反映した当期首残高	19,103	14	13,903	721	33,743	―	1,922	233,285
当期変動額								
剰余金の配当								△4,697
親会社株主に帰属する当期純利益								19,964
自己株式の取得								△10,154
自己株式の処分								8
持分法適用会社に対する持分変動に伴う自己株式の増減								△1
非支配株主との取引に係る親会社の持分変動								△25
株主資本以外の項目の当期変動額（純額）	△375	△29	△8,700	△3,668	△12,773	―	69	△12,704
当期変動額合計	△375	△29	△8,700	△3,668	△12,773	―	69	△7,609
当期末残高	18,728	△14	5,203	△2,947	20,970	―	1,991	225,675

図表 4-7　キッコーマンの連結キャッシュ・フロー計算書（第 99 期）

（単位：百万円）

	前連結会計年度 （自　平成 26 年 4 月 1 日 至　平成 27 年 3 月 31 日）	当連結会計年度 （自　平成 27 年 4 月 1 日 至　平成 28 年 3 月 31 日）
営業活動によるキャッシュ・フロー		
税金等調整前当期純利益	23,823	30,253
減価償却費	12,901	11,936
固定資産減損損失	3,269	553
役員退職慰労引当金の増減額（△は減少）	△ 50	△ 50
退職給付に係る負債の増減額（△は減少）	1,456	215
受取利息及び受取配当金	△ 898	△ 880
支払利息	1,137	1,067
持分法による投資損益（△は益）	△ 1,075	△ 984
有形固定資産売却損益（△は益）	△ 151	△ 52
投資有価証券売却損益（△は益）	△ 3,275	△ 1
有形固定資産除却損	554	511
投資有価証券評価損益（△は益）	—	28
売上債権の増減額（△は増加）	△ 109	△ 3,183
たな卸資産の増減額（△は増加）	△ 3,201	△ 933
仕入債務の増減額（△は減少）	538	590
その他	6,946	6,386
小計	41,864	45,455
利息及び配当金の受取額	1,443	1,376
利息の支払額	△ 947	△ 1,022
法人税等の支払額	△ 10,700	△ 8,147
営業活動によるキャッシュ・フロー	31,658	37,661
投資活動によるキャッシュ・フロー		
有形固定資産の取得による支出	△ 11,379	△ 13,011
有形固定資産の売却による収入	277	89
無形固定資産の取得による支出	△ 1,405	△ 605
投資有価証券の取得による支出	△ 881	△ 744
投資有価証券の売却による収入	6,527	2
事業譲受による支出	—	△ 1,876
連結の範囲の変更を伴う子会社株式の取得による支出	—	△ 71
貸付けによる支出	△ 502	△ 582
貸付金の回収による収入	952	429
その他	1,369	516
投資活動によるキャッシュ・フロー	△ 5,041	△ 15,855
財務活動によるキャッシュ・フロー		
短期借入金の純増源額（△は減少）	△ 4,975	△ 558
長期借入れによる収入	300	—
長期借入金の返済による支出	△ 2,600	△ 2,000
ストックオプションの行使による収入	92	—
自己株式の取得による支出	△ 10,134	△ 10,262
配当金の支払額	△ 4,008	△ 4,697
被支配株主への配当金の支払額	△ 97	△ 119
連結の範囲の変更を伴う子会社株式の取得による支出伴わない子会社株式の取得による支出	—	△ 25
その他	△ 143	△ 138
財務活動によるキャッシュ・フロー	△ 21,566	△ 17,801
現金及び現金同等物に係る換算差額	1,927	△ 1,080
現金及び現金同等物の増減額（△は減少）	6,978	2,923
現金及び現金同等物の期首残高	25,420	32,398
連結除外に伴う現金及び現金同等物の減少額	—	△ 172
現金及び現金同等物の期末残高	32,398	35,150

間接法では正味CFがプラスである必要がある。正味キャッシュ・フローの余剰資金が経営活動から生み出されることにより，設備投資などの投資活動や財務活動に利用されることになる。

②投資活動によるキャッシュ・フロー

投資活動によるキャッシュ・フロー（cash flows from investing activities, CFI）は，CFOを獲得する能力を高めるための経営資源の投下程度を示し，過去の投資活動を評価するために利用される。CFIは本来CFOによって充足されることが望ましく，積極的な経営活動を展開することを意味する。これにより投資有価証券からグループの株式持ち合いなどの情報が得られる。企業が成長を続ける限り，この数値はマイナスであることが望ましい。

③財務活動によるキャッシュ・フロー

財務活動によるキャッシュ・フロー（cash flows from financing activities, CFF）は，CFOとCFIの資金を調整する役割を担う。CFFは，両者の活動を維持するためにどれだけ資金が調達され，返済されたかを示す情報を提供する。CFFは収益力関連指標として「CFOマージン」（CFO／売上高×100%），支払能力関連指標として「CFO対流動負債比率」（CFO／流動負債×100%），投資活動関連指標として「設備投資比率」（設備投資／CFO×100%）などに利用される。

6　注記事項と補足情報の重要性

投資家が企業価値を予測するには，本体の財務諸表だけでなく注記事項（footnotes）や補足情報を丹念に読みこなす必要がある。金融商品取引法を適用する会社は，本体の財務諸表の作成に関する規定と同時に，注記事項と附属明細表の細かな規定に準拠する。ちなみに，会社法（会社計算規則）では注記表（第97条〜第116条）と附属明細書（第117条）が規定されている。

注

1 福井義高, 2015 年「見つかりかけた忘れもの：概念フレームワークと変動する割引率」『企業会計』Vol.67, No.9, 中央経済社, 26〜27 頁参考。

2 同上書, 59 頁参考。福井は, 2015 年 5 月の IASB 公開草案「財務報告に関する概念フレームワーク」に関して, 利益概念と利益の測定方法を決めなければ, 測定基礎の選択基準も決まらず, 純損益を投資家の将来キャッシュ・フローに役立つ情報源としながらも, 利益測定の考え方を明確に示すことができなければ, それは概念フレームワークの機能を果たさないことになる, と批判する。

3 ヒックス, J. R., 安井拓磨・熊谷尚夫訳, 1951 年『価値と資本 I』（経済理論の若干の基本原理に関する研究）岩波書店。John Richard Hick, *Value and Capital, An Inquiry into Some Fundamental Principles of Economic Theory.*「ある人の所得とは, 彼が一週間のうちに消費し得て, しかもなお週末における彼の経済状態が初週におけると同一であることを期待しうるような最大額」である。経済状態とは, ある人を企業に置き換えると資本維持のことであり, 将来の同じ利益流列を維持するために必要な資本という発想から導出される。「（所得は）もし貨幣額としての見込収入の資本価値を増減なく維持するという期待があるべきならば, 一期間のうちにそれ以上を費消することのできない最大級である（所得第 1 号）。さらに「所得は, 個人が今週に費消し得て, しかもなおこれにつづく各週に同じ額を費消しうることを期待できるような最高額」（所得第 2 号）と定義される。利率が変化すると予想されない限り, この定義は第 1 号と同じになる。物価の変動が予想されるとすれば, 「個人が今週に費消し得て, しかもなおこれにつづく各週に実物で同じ額を費消しうることを期待できるような最大の貨幣額」（所得第 3 号）と定義される。

4 桜井久勝, 2014 年『財務会計講義　第 15 版』中央経済社, 44 頁参考。

5 2018 年から欧米企業には収益認識規準として IFRS 第 15 号が導入される。書籍の販売は出荷時点で返品率を見積もり差引する。家電量販店などのポイント分は引当金として別途費用に計上するが, これは販売価格からポイント分を差し引き, ポイント分利用時点で売上計上することになる（『日本経済新聞』2016 年 1 月 26 日付）。

6 米国 FASB（May 2014）は新しい収益認識規準として 700 頁を超えるものを公表した。Lev, Baruch and Feng Gu, 2016, *The End of Accounting and The Path Forward for Investors and Managers*, Wiley, p.xxii.

7 Rankin, M., P. Stanton, S. McGowan, K. Ferilauto, and M. Tilling, 2012 *Contemporary issues in accounting*, p.39.

8 角ヶ谷典幸, 2015 年「会計観の変遷と収益・利益の認識・測定パターンの変化」『企業会計』Vol.67, No.9, 中央経済社, 34〜35 頁参考。

9 シリット, ハワード／ジェレミー・パーラー, 2010 *Financial Shenanigans: How to Detect Accounting Gimmicks & Fraud in Financial Report*, 熊倉恵子訳, 細野祐二解説, 2015 年『会計不正をこう見抜け』日経 BP 社, 13〜17 頁参考。

10 豊田俊一・小林央子, 2008 年「ASBJ 解説　研究開発費に関する論点整理」『旬刊経理情報』2008 年 3 月 1 日, 中央経済社参考。

11 桜井久勝，2016 年『財務会計講義　第 17 版』中央経済社，215 頁参考。

12 『日本経済新聞』2015 年 8 月 10 日付参考。

13 新日本有限責任監査法人編，2012 年『設例でわかる包括利益計算書のつくり方 第 2 版』中央経済社　7 頁参考。

14 辻山栄子・補章「包括利益の報告」斎藤静樹編著，2006 年『財務会計　第 5 版』有斐閣，271〜272 頁参考。

15 福井義高，前掲書，30 頁参考。

16 パレプ，K. G.／V. L. バーナード／P. M. ヒーリー，斎藤静樹監訳，1999 年『企業分析入門』東京大学出版会，83 頁参考。

第5章 財務諸表の分析

学習目標

本章は先ず国の経済力を判断する指標を概説し，次に企業が公表する財務諸表を利用して投下資本利益率，売上高利益率，活動性分析，成長性分析，財務流動性分析，生産性分析と分配，キャッシュ・フロー分析の意味を理解することにある。

1 国の経済力の測定

国の経済力を測定する発想は古くは英国の科学者ペティ（William, Petty, 1623 ～ 1687）の『政治算術』（1690 年）に見られる[1]。当時，国の経済力は軍事大国としての盛衰との間にきわめて明確な関連性があった[2]。その後，アダム・スミスは『国富論』（1776 年）において一国の経済力を富（wealth）という用語を使って測定し，資金の蓄積という従来の重商主義的観点から脱却した[3]。富というストックは水にたとえるとバスタブに貯まっている現時点の水量をいう。それに対する所得のフローは一定時間の水の流入と流出との差額を示す。だが，スミスの時代には国民総生産（GNP）や国内総生産（GDP）というフロー概念は存在しない。

(1) 国民総生産

　米国では 1929 年の大恐慌当時まで，国家経済の指標は株価指数や貨物輸送量などが基本データであった。連邦政府は社会全体をより細かく説明する信頼性の高い指標を求め，それに応じたのがクズネッツ（Simon Smith Kuznets, 1901-1985）であった。クズネッツは 1934 年に連邦議会に提出した報告書において，経済を労働部門，資本部門，産業部門に分割し，産業部門をさらに農業，輸送，製造部門に区分し，これら各部門における 1929 年〜 32 年にかけての所得変化を分析し，大恐慌が米国経済に及ぼした複雑な影響を評価した。1940 年代終わり，クズネッツモデルは「国民総生産」(Gross National Product, GNP) という公式指標を展開した。GNP とは国に所属する企業が一定期間に生産した財・サービス（最終財）の総価値である [4]。国内企業の海外経済活動も含まれる。

(2) 国内総生産

① GDP の定義

　米国は，1991 年，GNP の指標から「国内総生産」(Gross Domestic Product, GDP) へ切り替えた。日本では 1993 年からである。GDP とは，1 国内における 1 年間の国民所得（フロー）を測定する尺度である。経済は，家計，企業，政府，海外という部門からなる。市場には「財・サービスの市場」「要素市場」「金融市場」がある。企業が他企業から買いとる財・サービスを「中間財・サービス」，それ以外のものを「最終財・サービス」という。財・サービスの市場とは，企業と海外が自身の財・サービスを売るための市場である。家計，企業，政府および海外が最終財・サービスを買い取ったとき，その支払った金額を「消費支出」「投資支出」「政府支出」「輸入」という。海外は自身の最終財・サービスを売り，その対価を得ることを「輸出」と呼ぶ。ただし，GDP を定義する際に要素市場と金融市場を直接に使用しない。ちなみに，要素市場とは労働，土地，資本（機械や建物），および人的資本といった生産

120 ｜ 第 I 部　会計記号による表示

要素である。

②三面等価の原理

　生産された財・サービスの販路を支出面から消費支出，投資支出，政府支出，海外に分解すると，GDP＋輸入＝消費支出＋投資支出＋政府支出＋輸出という恒等式が導かれる。この式を変形すると，次式となる。

$$\text{GDP}＝（消費支出＋投資支出＋政府支出）＋（輸出－輸入）……①$$

　GDP は（消費支出＋投資支出＋政府支出）の内需と（輸出－輸入）の外需からなる。①の GDP 分析の他に，②産業ごとに GDP を分解する「生産面からの GDP」と，③賃金，地代，利潤，税収などの所得項目に分解する「分配面からの GDP」がある。これらを三面等価の原理という[5]。例えば，ある農家がリンゴを出荷して 50 円を手にする。ジュース・メーカーはそれを 50 円で購入し，製品を 100 円で小売店に販売する。小売店はこれを消費者に 200 円で売った。その付加価値の計算は 50＋（100－50＝50）＋（200－100＝100）＝200 となる。分配面からの GDP200 円は最終消費者が支出した 200 円と同じになる。

　GDP の計算では，海外企業が国内工場で生産した製品の価値も含まれるが，日本の企業が海外工場で作った製品の価値は含まれない[6]。IMF（2013 年）によると，主要国の GDP は米国，中国，日本，ドイツ，英国の順である。また 1 人当たり GDP はスイス，米国，ドイツ，英国の順，日本は 2014 年に先進国が加盟する OECD34 カ国中 20 位であった（2015 年 12 月 25 日の国民経済計算確報）。

③ GDP デフレーター

　GDP には生産量だけでなく物価上昇の部分が含まれる。そこで実質の生産力を表現する GDP デフレーターが利用される。先ず，名目 GDP は対象となる各財の生産量に価格を乗じ，その金額をすべて合計して求められる。それに対して，実質 GDP は基準年を決め基準年の価格をそれ以外の年の生産量にも適用する。例えば 2000 年を基準年とすると，2015 年の実質 GDP

は 2015 年の各財の生産量に基準年の価格を乗じて合計する。名目 GDP を
実質 GDP で割ったものが GDP デフレーターである。

$$GDPデフレーター = \frac{名目GDP}{実質GDP} \times 100$$

　GDP デフレーターの増加率がプラスであればインフレーション，マイナ
スであればデフレーションと見なせる。90 年代以降の 20 年間，日本の GDP
の平均名目成長率が年率マイナス 0.7％程度，平均実質成長率が年率 0.6％程
度，平均インフレ率がマイナス 1.3％程度であった。名目 GDP は 1997 年 4
月に実施した消費増税の影響で低迷を続けている。物価の動きには GDP デ
フレーター以外に消費者物価指数，企業物価指数などがある[7]。

④経済成長率

　経済の実際の動きは実質 GDP の成長率でみる。それは各年の実質 GDP
が前の年と比較して何パーセント増えているかを示す。経済の停滞とは実質
GDP 成長率が四半期ベースで 2 期連続してマイナスの場合をいう[8]。経済分
析においては金利，インフレーション，外国為替レート，石油価格やその他
の主要な商品価格の動向，ヘッジ活動，景気循環にも注意が向けられる。

（3）国富

　内閣府が 2015 年 1 月 16 日に公表した 2013 年度『国民経済計算確報』(以下，
確報という）によると，土地や住宅などの資産から負債を差し引いた国全体
の正味資産（ストック）は，2013 年度末で 3048.7 兆円と 2012 年から 2.1％増
えた。13 年末の国民資産は 7.2％増の 9294.6 兆円，負債の 6245.9 兆円 (9.9％増)
を引いたものが国富，企業会計の純資産（自己資本）に相当する[9]。『確報』
によると，日本の企業や個人が海外にもつ資産から，海外からの国内への投
資を引いた「対外純資産」は 325 兆円と 9.7％増え，国富の 1 割を占めた。
住宅などの有形固定資産は 1501.2 兆円と 3.1％増えた。国富を所有者別にみ
ると，約 4 分の 3 を占める家計（個人企業を含む）が 2328.3 兆円と 4.4％増え，

> **一口メモ**
>
> 　各国の景気動向を判断する指標に PMI（Purchasing Managers Index）がある。PMI とは，製造業の購買担当者による景気指数であり，英国の金融情報・調査会社マークィツトが国別に算出する。日本を含むアジアの 10 の国と地域について，日経 PMI は，2015 年 6 月の日本が 50.1 ポイントと公表した。PMI は 50 を上回ると景気が上向き，50 を割ると下向きの兆候を示す。2015 年 8 月はインドとベトナムが 50 を上回り，インドネシア，韓国，マレーシア，台湾が 50 を下回った（『日本経済新聞』2015 年月 9 月 2 日付参考）。

株式が 51.0% の大幅増となるなど金融資産が伸びた。国や地方自治体など一般政府の国富は 0.4 兆円，債務超過だった 11 ～ 12 年からわずかながらも資産超過に戻した。GDP に対する債務総額の比率が 90 パーセントを超えた国は衰退への転換点を迎える[10]，という。

(4) 包括的な豊かさの指標

　国家の豊かさの尺度として，国連が新たに採用した「包括的な豊かさ指標」（Inclusive Wealth Index, IWI）が注目を浴びている。パーサ・ダスグプタ（P. Dasgupta, 英国）は包括的なストックとして生産資本，自然資本（化石燃料，森林，水産資源），人的資本（教育，1 人当たりの富）という 3 つの項目から評価する指標を開発した[11]。IWI の特徴はサステイナビリティを最大のポイントにして長期的な視点と複合的なアプローチで豊かさを計測することである。それによると，自然資本が増えたのは唯一日本でだけである[12]。

(5) わが国の産業構造の変化

　戦後の日本の経済成長を支えたのは造船，鉄鋼，土木建築，繊維等の重厚長大型の産業であった。しかしながら，オイルショックが起きた 1973 年秋

第 5 章　財務諸表の分析　**123**

以降，国内の原油価格は4倍以上に跳ね上がり，これを境にそれまでの産業構造は省エネ型の軽薄短小の構造へと転換した。さらに1997年12月11日，第3回気候変動枠組条約締約国会議COP3の京都議定書では，自然環境保護を求め，以降リサイクル産業あるいは静脈産業が注目された。2011年3月11日から脱原子力のエネルギー転換が問われている。

2　財務諸表分析

(1) 実数分析と比率分析

　財務諸表分析には「実数分析」と「比率分析」がある。実数分析では，企業の規模が異なると，財務諸表の会計数値を直接に比較することが困難となる。それを是正するために百分率財務諸表の比率分析が利用される。共通規模財務諸表ともいう。比率分析には①構成比率法（cross sectional analysis）と②時系列分析（time series analysis）がある。時系列分析は趨勢比率法（trend analysis）とも呼ばれる。分析者はこうした分析手法を組み合わせて③企業間比較分析し，投資に関する健全な意思決定を導く[13]。

①構成比率法
　次の図表5-1は，アサヒグループの業績の推移を構成比率で示したものである。アサヒグループ（2014年12月）は子会社111社，関連会社121社から構成される。

②趨勢比率法
　次の図表5-2は，2010年度の財務数値を基準にした時系列の趨勢分析である。

③企業間比較分析
　競争他社との企業間比較分析には図表5-3の構成比率法が利用される。

図表 5-1　アサヒビールの構成比率法による連結損益計算書

（単位：億円）

	2010 年	2011 年	2012 年	2013 年	2014 年
売　上　高	14,895（100%）	14,627（100%）	15,790（100%）	17,142（100%）	17,584（100%）
営 業 利 益	953（6.4%）	1,072（7.38%）	1,084（6.9%）	1,175（6.9%）	1,293（7.4%）
経 常 利 益	1,011（6.8%）	1,109（7.6%）	1,148（7.3%）	1,236（7.2%）	1,332（7.6%）
当期純利益	177（2.1%）	218（1.5%）	362（2.3%）	234（1.42%）	131（0.7%）

図表 5-2　アサヒビールの趨勢比率法による連結損益計算書

（単位：億円）

	2010 年	2011 年	2012 年	2013 年	2014 年
売　上　高	14,895（100%）	14,627（ 98%）	15,790（106%）	17,142（115%）	17,584（118%）
営 業 利 益	953（100%）	1,072（113%）	1,084（114%）	1,175（123%）	1,293（136%）
経 常 利 益	1,011（100%）	1,109（110%）	1,148（114%）	1,236（122%）	1,332（132%）
当期純利益	177（100%）	218（123%）	362（205%）	234（133%）	131（ 74%）

図表 5-3　2014 年度 12 月におけるビール会社各社の決算

（単位：億円）

	比較連結損益計算書			売上高基準構成比率		
	アサヒ	キリン	サッポロ	アサヒ	キリン	サッポロ
売　上　高	17,584	21,957	5,187	100%	100%	100%
営 業 利 益	1,293	1,145	147	7%	5.2%	2.8%
経 常 利 益	1,332	942	146	7.6%	4.3%	2.8%
当期純利益	131	324	3	0.7%	1.5%	0.1%

　企業全体の過去の経済活動を鳥瞰するには，企業の概況を物語る主要な経営指標等を利用する。図表 5-4 のキッコーマンの連結経営指標等を参照されたい。

(2)　企業の視点からの資本の効率性

　企業全体の総資本の効率性を示す指標には，総資本利益率（return on

図表 5-4 キッコーマン株式会社の連結経営指標等（第 99 期）

回次		第 95 期	第 96 期	第 97 期	第 98 期	第 99 期
決算年月		平成 24 年 3 月	平成 25 年 3 月	平成 26 年 3 月	平成 27 年 3 月	平成 28 年 3 月
売上高	（百万円）	283,239	300,245	343,168	371,339	408,372
経常利益	（百万円）	15,242	18,700	22,682	24,364	31,029
親会社株主に帰属する当期純利益	（百万円）	8,983	11,006	12,559	15,382	19,964
包括利益	（百万円）	8,227	28,859	27,165	41,265	7,377
純資産額	（百万円）	167,352	187,459	210,407	238,431	225,675
総資産額	（百万円）	331,371	337,051	349,103	378,766	365,671
1 株当たり純資産額	（円）	808.40	931.70	1,045.62	1,210.77	1,160.05
1 株当たり当期純利益金額	（円）	43.80	54.84	62.82	78.20	102.67
潜在株式調整後 1 株当たり当期純利益金額	（円）	—	—	62.79	78.19	
自己資本比率	（％）	50.0	55.2	59.9	62.4	61.2
自己資本利益率	（％）	5.5	6.3	6.4	6.9	8.7
株価収益率	（倍）	21.8	30.2	31.0	48.8	36.0
営業活動によるキャッシュ・フロー	（百万円）	16,384	24,738	25,667	31,658	37,661
投資活動によるキャッシュ・フロー	（百万円）	△ 24,632	△ 15,698	△ 8,529	△ 5,041	△ 15,855
財務活動によるキャッシュ・フロー	（百万円）	25,797	△ 29,331	△ 21,631	△ 21,566	△ 17,801
現金及び現金同等物の期末残高	（百万円）	45,867	27,754	25,420	32,398	35,150
従業員数 [外, 平均臨時雇用者数]	（人）	5,316 [708]	5,473 [822]	5,622 [867]	5,912 [922]	5,933 [917]

（注）　1.　売上高には，消費税等は含まれていない。

2.　第 95 期・第 96 期の潜在株式調整後 1 株当たり当期純利益金額については，希薄化効果を有している潜在株式が存在しないため，記載していない。また，第 99 期の潜在株式調整後 1 株当たり当期純利益金額については，潜在株式が存在しないため記載していない。

3.　第 97 期より，一部の国内連結子会社につき，収益認識基準を変更したため，第 96 期については，当該会計方針を遡及適用後の数値となっている。

4.　「企業結合に関する会計基準」（企業会計基準第 21 号　平成 25 年 9 月 13 日）等を適用し，当連結会計年度より，「当期純利益」を「親会社株式に帰属する当期純利益」としている。

asssets, ROA）と事業投下資本利益率（return on invested capital, ROIC）がある。総資本利益率は，分子に経常利益，分母に総資産を置くことで求められる。これは企業全体の資本の効率性を示す。また，事業投下資本利益率は，株主や社債権者の投下資本とリターンの効率性を示す。

$$\text{ROIC} = \frac{\text{税引後営業利益}}{\text{事業投下資本（事業資産）}}$$

事業投下資本は，遊休資産や余剰現金などを除外した事業に利用される資産であり，総資産とは区別される。日本企業の低収益性を考慮に入れると，企業の視点からこうした資本の効率性の改善が優先される[14]。

(3) 株主の視点からの資本の効率性

株主の視点から資本の効率性を判断する基準が，自己資本利益率（return on equity, ROE）である。ROE は，株主の自己資本が年率何パーセントの利益をあげているのかを示す。

$$\text{ROE} = \frac{\text{当期純利益}}{\text{（平均）自己資本}} \times 100\%$$

単体企業の自己資本とは，株主資本にその他有価証券評価差額金，繰延ヘッジ損益，土地再評価差額金を加えたものである。連結企業の自己資本は，株主資本にその他包括利益累計額（その他有価証券評価差額金，繰延ヘッジ損益，土地再評価差額金以外に為替換算調整額と退職給付に係る調整累計額）を加算したものである（第3章参照）。例えば，ROE0.25（25%）は，自己資本1円に対して当期純利益 0.25 円を生み出すことを意味する。

ROE は，次の売上高純利益率，総資産回転率，負債の利用度である財務レバレッジ（自己資本に対する総資本の倍率）に分解される。

$$\text{ROE} = \frac{\text{当期純利益}}{\text{売上高}} \times \frac{\text{売上高}}{\text{総資産}} \times \frac{\text{総資産}}{\text{自己資本}}$$

$$= \text{売上高純利益率} \times \text{総資産回転率} \times \text{財務レバレッジ}$$

ROE を高めるには，売上高純利益率，総資産回転率，財務レバレッジの

一口メモ：経済的付加価値

　企業の業績を評価する一つの物差しが会計利益である。だが，会計利益がプラスであったとしても，それが企業価値あるいは株主資本価値に貢献しているか否かは疑問となる。会計利益にはリスクの資本コストが考慮されないからである。投資家（株主と社債権者）にとってのリターンは ROIC である。ROIC が加重平均資本コスト（WACC）を上回ると，その差額が投資家にとっての超過リターンとなる[15]。この考え方を応用したのが経済的付加価値（economic value added, EVA）という概念である。EVA とは税引後営業利益（net operating profit after tax: NOPAT）から WACC を控除した超過リターンの残余利益を意味する。この残余利益額が経営者の業績評価につながる。

$$EVA＝①NOPAT－②資本コスト額$$
$$＝（投下資本利益率－WACC）×投下資本額$$

① NOPAT＝売上高－事業活動の費用－事業活動に係る税金

　　　　＝（利子控除前）税引後営業利益

②資本コスト額＝期首の投下資本額×WACC

③ EVA による評価時点の企業価値は次の計算となる。

$$企業価値＝現時点の投下資本額＋\sum_{t=1}^{\infty} \frac{EVA\ t}{(1+WACC)^t}$$

　EVA という用語は米国のコンサルタント会社スターン・スチュワート社（Stern Stewart & Co.）が考案した。それは収益率ではなく金額で示される点に特徴がある。これから導かれる企業価値は株価との相関性が高いといわれている。

EX. M 社の今年度の NOPAT600 万円，投下資本額 5,000 万円，WACC5%，実効税率が 40%の場合，今年度の EVA は次の計算となる。

$$EVA＝NOPAT－調達資本コスト額$$
$$＝NOPAT－投下資本額×WACC$$
$$＝600×（1－40\%）－5,000×5\%$$
$$＝360－250＝110$$

図表 5-5　ROE と財務レバレッジの関係

	営業利益	支払利息	当期純利益	ROA	ROE
好況時	100	40	60	10%	30%
平常時	50	40	10	5%	5%
不況時	30	40	▲10	3%	▲5%

いずれかを高める必要がある。次に，単純なモデルから財務レバレッジが
ROE に及ぼす影響を考えてみよう。例えば，M 社は負債 800，自己資本
200，負債利子率5％の企業である。営業利益は景気動向により図表 5-5 の
ように変化する（第11章の資本構成と資本コスト参照）。

　M 社の負債利子率5％，ROA5％という平常時の場合，ROE は ROA と変
わらない。しかし，好況期に営業利益が拡大し，ROA10％＞負債利子率5％
となると，ROE が 30％に引き上がる。この場合に財務レバレッジ効果が働
き，負債を使って収益性を高めることができる。反対の不況時，営業利益が
減少し，ROA3％＜負債利子率5％の場合，ROE ▲5％のマイナス効果が生
まれる。不況期の ROE はマイナスの財務レバレッジ効果をもたらす[16]。

　ちなみに，負債が増加すると破綻懸念コストが発生し始める。負債資本比
率（自己資本に対する有利子負債の比率）が高まると，株主が得るキャッシュ・
フローの不確実性が高まるために，株主はより高い資本コストを要求するこ
とになる[17]。やがて負債に伴う節税効果のプラス要因より，破綻懸念コスト
のマイナス要因が上回るようになる。このことから企業価値が減少し始める
直前の資本構成が最適資本構成である（第11章参照）。

　さて，売上高純利益率と総資産回転率は実際にはトレード・オフの関係が
ある。例えば，高級家具販売を経営戦略とした大塚家具は，売上高純利益率
が高いものの総資産回転率が低かった。反対に，ニトリや IKEA は売上高
純利益率が低いが，資産回転率を高める戦略をとる。ポジショニングの経営
戦略として同業他社との差別化は，売上高純利益率を高くし資本回転率を低
くする戦略で，他社が真似できない製品やサービスを提供し量より質を重ん
じる。コスト・リーダーシップ戦略はニトリや IKEA が採用した低価格競

争である。他方，総合商社は仲介から資源開発や物流に拡大し，低利益率と高回転率から高利益率と低回転率へ転換した[18]。売上高純利益率と総資産回転率のトレード・オフは，企業がプラスの売上高純利益率を獲得できない限り，どれだけ資産を効率的に利用しレバレッジを利かせようと負の利益率となる。

ところで，ROE と株主資本コストの差をエクイティ・スプレッドという。エクイティ・スプレッドの値がプラスであれば，企業価値を創造する経営が行われていると判断できる。次ページの一口メモ：ROE の意味（伊藤レポート）が示すように，グローバルな投資家との対話では 8% を上回る ROE 重視経営が求められるが，先ずは，投資先の会社の ROE 水準が株主資本コストを上回っているかを判断する必要がある。

(4) 収益性の分析

売上高利益率（profit margins on sale）は，売上高と各種の利益との関係を示す収益性指標である。それは企業活動のどの段階でどのような利益が発生したかという営業効率を示すと同時に，その各種比率の裏側には費用構造がみえる。売上高は経営戦略の成果であり，製品（商品）のマーケットにおける人気を表すバロメータである。

①各種の売上高利益率

(a) 売上高総利益率

この比率は売上高に対する売上総利益の割合であり，商品あるいは製品の収益力を示す。この比率は好景気の時には上昇し不景気の時には下降する。経営者はこの比率が下降する原因を究明し，何らかの対策を講じる必要がある。この比率は業種によって異なるが，一般にメーカーの売上高粗利益率は高い。それに対して，小売業では，シェアを守る薄利多売の経営政策を採る結果，この利益率が低い。

一口メモ：ROE の意味

　伊藤邦雄は「日本の企業は最低 8％以上の ROE を目指すべき」という報告書（2014 年）をまとめた[19]。ROE は売上高純利益率，総資産回転率，財務レバレッジの 3 つの指標からなる。この 3 つの指標の改善に取り組む結果として ROE が上昇する。北野一は，こうした財務戦略は重要であるものの，企業価値との関係を正しく理解する必要があると指摘する。日本の ROE は 2011 年 3 月期に平均 6.0％であったが，実際に ROE に影響を及ぼすのは売上高純利益率がほとんどである。株価モデルを展開すると，資本コストと ROE が等しい企業の PBR（株価純資産倍率）は 1 になる。PBR の 1 倍割れは，ROE が資本コストを下回ることを意味する。上場企業 2,300 社の 60％は PBR が 1 倍割れとなっている。PBR が 1 倍割れの日本企業は，ROE がいくら改善しても株価に反応しない。例えば，ROE を上げるために賃下げやコストカットが常態化する結果，従業員の所得や取引先の売上高の減少をまねき，その合計額である付加価値額が減少する。付加価値額が減れば，売上高純利益率が下がり ROE も低下する。その結果，経営者は責任が問われ，賃下げやコストカットに一段と拍車がかかる。この悪循環が経済全体のデフレとなる。個々の企業の ROE 目標の実現に向けた動きで，経済全体では正しくない合成の誤謬（error of synthetic）が起きる。経営者は短期に成果を出そうとして，株主以外のステークホルダーを犠牲に ROE を引き上げる方向に向く。北野は，企業が資本コストを上回る ROE を上げることは当然だが，適切な資本コストの水準が議論される必要がある。バブル崩壊後に株式の持合が解消した結果，外国人投資家の存在感が増し，世界標準の割高の資本コストを要求するが，経済全体のパイを大きくするには ROE の要求も抑えるべきであるという。ROE は道具でありすべての企業に共通する経営指標はない[20]。

(b) 売上高営業利益率

この比率は売上高に対する営業利益の割合を示す。営業利益とはモノの販売やサービスの提供など本業から生まれた利益である。投資家はこの比率から経営者の経営能力を判断し，同業他社と比較して経営の効率性を判断する。

(c) 売上高経常利益率

この比率は売上高に対する経常利益の割合であり，企業全体の経営の効率性を示す。経常利益の計算では営業外収益などに注意を払う必要がある。この比率が下降すると企業の生命力が問われる。

(d) 売上高税引前利益率

これは税引前当期純利益（あるいは税金等調整前当期純利益）と売上高との比率である。税引前当期純利益は経常損益に臨時項目の特別損益を加減して計算される。この比率は売上高と利益との関係が希薄となり，企業は利益を操作する可能性がある。この分析に際しては会計知識が問われる。

(e) 売上高純利益率

これは当期純利益と売上高との比率である。当期純利益は税引前当期純利益から法人税等を減額し，税効果会計を適用した結果として計上される。

②費用の管理

収益性の向上は，収益の増加と同時に費用・原価をいかに効率的に節約するかに係っている。費用は固定費と変動費からなる。固定費とは操業度（売上高）に無関係に恒常的に発生する費用（金利，家賃，減価償却費等）である。変動費は操業度に応じて増減する費用である。経営の効率化を図るには変動費率や固定費を下げる必要がある。

売上高費用比率には次のものがある。

(a) 売上高原価率（売上原価／売上高）は原価の能率性の指標である。また，製品原価と販売価格との関係をマークオン（mark-on）という。40% のマークオンとは販売価格が原価の140% をいう。

(b) 営業費対売上高比率，例えば，人件費対売上高比率は人員を急激に増

一口メモ：EBITDA マージン

EBITDA とは，支払利息，税金，償却費等を控除する前の利益（Earnings Before Interest, Taxes, Depreciation and Amortization，利子税金償却費控除前利益）である。EBITDA と売上高との割合は次の計算となる。

$$\text{EBITDA マージン} = \frac{\text{EBITDA}}{\text{売上高}} \times 100\%$$

EBIITDA マージンは，本業でキャッシュ・フローをどの程度生み出したかが判断できる。純損益が赤字でも，設備投資の結果として負担する減価償却費を足し戻すと黒字になるように，EBITDA は負債や投資の多寡による影響を除いた収益力を示す指標であり，IT 関連や高成長会社等，多額の先行投資によって金利負担が大きい企業の収益力を測る物差しとして広がる。アナリストや機関投資家の間では営業利益に減価償却費を加えた簡便法を使うことが多い。この比率の利用が広がったのは企業の収益力の国際的な比較に使え，金利水準や税率，減価償却の方法など国ごとに異なる要因に左右されないで収益力をつかめるからである。企業の買収価値を算出し異なる国の同業他社と比較するときに多く用いられる（第9章参照）。

やし余剰人員を抱えると上昇する。

これら以外に金融費用対売上高比率や臨時損益対売上高比率がある。

③損益分岐点分析

損益分岐点（break-even-point）とは，費用と収益とが均衡する点であり損失と利益が分岐する点である。それを求めるには先ず，売上高から変動費を控除して限界利益を計算する。貢献利益（contribution margin）ともいう。次に，限界利益率＝限界利益／売上高を求める。最終的に損益分岐点売上高は，次の計算となる。

$$損益分岐点売上高＝固定費／限界利益率$$
$$＝固定費／（1－変動比率）$$
$$＝固定費／（1－変動費／売上高）$$

④目標利益と損益分岐点分析

　損益分岐点分析は，売上目標を立てるだけでなく，会社全体の収益構造を変化させ，プロダクト・ミックス等の意思決定に有用な手法である。売上高に対する損益分岐点分析売上高の割合を損益分岐点比率という。損益分岐点比率が低いほど収益力が高い。企業には損益分岐点比率を引き下げ，費用を削減する努力が問われる。

(5) 活動性の分析

　活動性（activity）あるいは回転率（turnovers）は事業活動の投資の効率性尺度である。

①運転資本の回転率

　運転資本は流動資産から流動負債を控除した差額で「正味運転資本」（net working capital, NWC）という。運転資本を構成する各要素を分類すると，次の経営指標等が導かれる。

（a）売上債権の回転率と回収期間

　売上債権回転率は売上高／（売掛金＋受取手形＋割引手形の期首・期末平均）として計算される。仮に回転率を5回とすると，売上債権回転期間は，365日／売上債権回転率5＝73日として計算される。売上債権回転率は売上債権の回転数を表し，資金繰りの指標となる。売上債権回転率が低く債権の回収期間が長い場合，代金の回収の遅れや不良債権があると見なされる。

（b）仕入債務の回転期間

　この回転期間は仕入債務／1ヶ月当たり売上原価として計算され，何ヶ月分の仕入債務が滞留し，仕入債務を支払うまでに何ヶ月かかるかを示す。業

種の特性によるが，仕入債務の回転期間が売上債権の回収期間と比較して長い場合，資金繰りに余裕が生まれる。

(c) 棚卸資産回転率と在庫期間

　棚卸資産回転率は，例えば，売上高 1,000／棚卸資産の期首と期末残高 50 ＝20 回と計算される。棚卸資産の回転期間は 365 日／棚卸資産回転率 20 ＝ 18.25 日と計算される。在庫の平均日数は在庫期間を表し，その期間が短いほど企業の販売力が優れている。在庫を大量に抱え込むと，現金化が遅れて経営を圧迫する。販売見込みを誤れば，大量の在庫を抱え，不良資産化し，いずれは資産整理損が発生する。このように棚卸資産は生産と販売のプロセスを調整する在庫投資である。その保有コストと販売機会のベネフィットの調整が問われる。景気が上向けば在庫は減少し，悪化すれば増加する。これはマクロ的には景気を判断する重要な指標ともなる。この他に，製品回転率 （売上原価／平均製品残高），仕掛品回転率（当期製品製造原価／平均仕掛品残高），原材料回転率（材料費／平均材料残高）がある。

(d) キャッシュ・コンバージョン・サイクル

　キャッシュ・コンバージョン・サイクル（cash conversion cycle, CCC という） は，企業の事業活動において原材料や商品などの棚卸資産を購入し，これを販売し現金化するまでに要する時間を示す。CCC は売上債権回転期間と棚卸資産回転期間の合計から仕入債務回転期間を引いた値である。仕入先や得意先との交渉力により影響を受けるが，CCC の短縮化や NWC のスリム化が投下資本の減少につながり，資本コストの低下となる。

②固定資産の回転率

　資産運用の効率性をみる指標が資産回転率である。売上高の増加が，資産回転率の向上に結びつき，支払能力の維持の意味で流動性を好転させる。

(a) 総資本回転率

$$総資本回転率 = \frac{年間売上高＋営業外収益}{（期首総資本＋期末総資本）\div 2}$$

$$= \frac{\text{年間売上高} + \text{営業外収益}}{\text{平均総資本}}$$

総資本回転率は資本回収の速度を示す。総資本回転期間は事業活動に投下された資本を売上高として回収するのに要する期間で，資本回転率の逆数に12ヶ月あるいは365日を乗ずることによって得られる。回転期間が短いほど資本効率が良好であることを示す。

（b）有形固定資産回転率

有形固定資産回転率は売上高／有形固定資産として計算される。製造業では有形固定資産が占める割合が高く，売上高との関係からこれを利用する。機械設備等の投資は，長期に資本を固定し企業経営に多大な影響を与える。この回転率が低下すると，過剰設備投資を意味し，稼働効率の悪化を招く。また近年，無形固定資産の適切な管理が求められている。

（6）財務流動性の分析

企業は過大投資や多くの在庫を抱え，多額の借入金に依存すると，財務の流動性を悪化させる。財務流動性の分析は財務リスク水準を評価し，短期支払能力と資金の流れを把握する手法である。無理な販売による収益の嵩上げで収益性を高く維持しても，適切な流動性が確保されず「勘定合って銭足らず」という黒字倒産となる恐れがある。経営者は常にキャッシュの循環を正しく把握する必要がある[21]。

①流動性

（a）流動比率

流動比率（current ratio）は，現金や棚卸資産の流動資産と，1年以内に支払期日が到来する支払手形や借入金の流動負債との割合である。これは短期の支払能力（solvency）を示す。流動比率の望ましさは産業間において異なる。流動比率が100%以下となれば，運転資本はマイナスとなる。潤沢な運転資本は短期支払いに備えて倒産や資金ショートを防止することになる。

（b）当座比率

当座資産と流動負債との割合が当座比率（quick ratio）である。それは酸性試験比率（acid test ratio）ともいわれる。当座資産とは現金預金＋売上債権＋流動資産に含まれる有価証券であり，支払手段として利用できる。その割合は100％以上が望ましいが，現金を扱う交通機関やスーパー等の小売業は当座比率が低くても支払能力について問題にはならない。

（c）手元流動性比率

この比率は（現金預金＋売買目的有価証券）／年間売上高／12ヶ月で計算される。

②長期の資本構成（安全性）

（a）自己資本比率

自己資本比率（equity ratio）は，総資本に対する自己資本の割合で，経営

一口メモ：無借金経営

上場企業の手元資金が2014年末に100兆円を超えた。08年秋の金融危機以来，企業が手元資金の確保を優先し，投資を大幅に絞り込んだ結果である。手元資金が有利子負債より多いことを実質無借金という。その割合は全体の55％。金融を除く全決算期約3,500社を対象にした全体の総資産は約849兆円，現金預金，短期保有の有価証券を集計した手元資金は12％強を占める。実質無借金会社は1,800社以上。自己資本比率も前年度末で40％に達し，日本企業のバランスシートはかつてないほどに安定している。手元資金が多い企業はトヨタの5兆2,159億円，次いでソフトバンクの3兆2,586億円，この他三菱商事など手元資金1兆円以上が12社ある。2014年度，配当支払総額と自社株買い額をあわせた総還元額は13兆円（年間純利益の42％分）と最高水準である。トヨタは増配と自社株買いで約1兆円を株主に還元した[22]。しかし，ファイナンス理論では無借金経営は非効率であり，最適資本構成とROEの改善を目指すEPSの増大が求められている。

第5章　財務諸表の分析　│　137

の安定度を示す指標である。上場会社の自己資本比率は平均40％である（2015年度）。通常，借入金など負債の依存度が高すぎると，経営が不安定になる。ちなみに，高度経済成長期の自己資本比率は20％台という低い水準にあったが，その後のデフレ経済環境ではエクイティファイナンスが進み，有利子負債が縮小し自己資本比率が高まった。

(b) 負債資本比率，財務レバレッジ，有利子負債依存度

　負債資本比率（debt-to-equity ratio）は自己資本に対する有利子負債の比率（倍率）である。これは負債比率とも呼ばれる。また，前述したように自己資本に対する総資本の倍率は財務レバレッジとよばれる。これに類似する「有利子負債依存度」は総資産に対する有利子負債の割合を示す（第11章「最適資本構成」参照）。

(c) 固定比率

　固定比率（fixed ratio）は，固定資産／自己資本（純資産）で算定され，企業財務構造の基本的な良否の判定基準である。この比率が低いほど企業経営は安定している。固定資産投資の資金は長期資本から調達されることが望ましい。

(d) 固定長期適合率

　固定長期適合率は，固定資産に対する資金調達の長期資本（固定負債と純資産）との関係を示す。これは長期支払能力を測定する比率であり，固定比率と併せて利用される。固定資産を必要とする企業が投下資本を自己資本だけで賄いきれない場合，返済の期限が長期の固定負債に依拠することがより安全になる。

(e) 売上高純金利負担率

　売上高に対する純金利負担率は，企業規模による差を克服した財務比率を比較する指標となる。銀行など外部に資金調達を依存すると，支払利息や手形売却損等の財務費用が生じる一方，余剰資金の運用成果である受取利息や配当金の財務収益を手にする。これら財務費用から財務収益を差引いたものが純金利負担である。

(f) 有利子負担率

有利子負担率とは（支払利息・割引料）／有利子負債額を期首・期末平均で割ったものである。金利低下は支払金利の負担減少という形で企業収益に貢献する。

(7) 成長性の分析

①成長性の意味

成長性（growth rate）は収益性ととともに企業価値を長期にわたり評価する指標である。成長性の比率には売上高伸び率，総資本伸び率，固定資産伸び率，従業員数伸び率，増益率，サスティナブル成長率等がある。成長性は会社の成功度と評価に関係する。企業は収益性や資本コストを犠牲にして成長を図る場合，成長性は収益性とのバランスが問われる。

②サスティナブル成長率

サスティナブル成長率は，企業が現在の収益構造の下，増資等の資金調達を行わないで，内部留保によってのみ自己資本（株主資本）の成長を図る場合の持続可能な配当成長率である。サスティナブル成長率は「1株当たり配当」（dividend per share, DPS, 配当額／発行株式数）の成長を予測する出発点として使われる。サスティナブル成長率の概念を理解するには2つの前提が満たされる必要がある。その1つは利益処分の社外流出が配当だけで，期中の自己資本の増加がすべて内部留保によること。つまり，ROEを成長させることができるのは内部留保だけである。もう1つの前提は，財務諸表のすべての項目が現在の相互関係を維持したまま均等に成長する状態にあることである[23]。

サスティナブル成長率の計算は，配当性向とROEを使って以下のように導出できる[24]。図表5-6を参照すると，先ず，税引後純利益＝期首の自己資本×ROEの式が成立する。また，配当金＝税引後純利益×配当性向という式が成立する。留保利益については，留保利益＝税引後純利益－配当金＝税

図表 5-6　サスティナブル成長率の数値例

	1 年目	2 年目	3 年目
①投下資本（期首自己資本）	1,000	1,040	1,081.6
② ROE（自己資本利益率）	10%	10%	10%
③税引後純利益　①×②	100	104	108.16
④配当金（配当性向 60%）	60	62.4	64.896
⑤内部留保（40%）	40	41.6	43.264
⑥期末自己資本	1,040	1,081.6	1,124.864
税引後純利益成長率		4%	4%
自己資本成長率	4%	4%	4%
配当成長率（DPS）		4%	4%

（出典）砂川伸幸・笠原真人，2015 年『はじめての企業価値評価』日本経済新聞社，26 頁
　　　一部補筆

引後純利益×（1−配当性向）という式が成立する。増資が行われないので，
自己資本（期末＝翌期首）＝自己資本（期首）＋留保利益という式が成立する。
この式の両辺を自己資本（期首）で割ると，1＋自己資本成長率＝1＋［税引後
純利益×（1−配当性向）］／自己資本（期首）＝1＋自己資本利益率×（1−配当
性向）となる。両辺から 1 を除去すると，自己資本成長率＝ROE×（1−配
当性向）となる。ROE と配当性向が一定であるとすると，自己資本成長率
＝税引後純利益成長率＝配当成長率という関係式が導かれる。

　したがって，配当のサスティナブル成長率は，次式となる。

$$サスティナブル成長率＝ROE×（1−配当性向）$$

　サスティナブル成長率を図表 5-6 の数値例で確かめる。Y 社は，負債がな
く自己資本 1,000 万円，ROE10％，配当性向 60％であり，内部留保 40%,
再投資の収益率は ROE に等しいと仮定する。クリーンサープラス関係から，
期末自己資本は，期首自己資本に利益を加算し配当を控除した金額となる。
4 年目以降も税引後純利益，自己資本，配当が 4％で成長すると仮定する[25]。

図表 5-7　製薬会社の売上高研究開発費率（2014 年度）

企業名	売上高研究開発費率	売上高経常利益率
武田薬品	20%	7.7%
アステラス	16%	14%
第一三共	17%	9.3%
エーザイ	21%	10.8%

（出典）http://www.keieibunseki.com/seichou/index46.html

サスティナブル成長率4%
＝ROE(10%)×内部留保率(1－配当性向60%)

　配当性向 60％と ROE10％が将来にわたり一定であると仮定すると，DPS のサスティナブル成長率 4％は内部留保のみで可能であり，EPS の成長率となる。

③売上高研究開発費率

　この比率は企業の成長性を判断する 1 つの目安である。売上高研究開発費率は研究開発費／売上高×100 と計算される。この比率が高い業界の 1 つが製薬業界である。新薬の開発が会社の命運を左右するが，研究開発費をまかなう強固な財政基盤と利益が必要になる。製薬業界は売上高研究開発費率と同時に売上高経常利益率が高い点が特徴である。多額の研究開発費を投じて，競争力のある新商品を開発し，それが収益性を向上させ，利益をもたらす。この利益が次の研究開発費の原資となる好循環が生まれる（図表5-7）。

3　生産性の分析と成果配分

(1) 生産性と付加価値分析

　企業は外部から受け入れた原材料やエネルギーを効率的に利用・生産し，付加価値を加える組織である。付加価値とは，売上高（総生産高）から生産

あるいは販売に要した外部からの購入（前給付原価・費用）を控除したものである。前給付原価とは原材料費，外注加工費，動力費等である。

　付加価値を生みだす企業の能力が生産性（productivity）である。生産性は生産要素の投入と成果の産出との関係を示す。生産性には（1）物的生産性＝産出高／生産要素投入量（労働指数）と（2）価値的生産性＝産出価値額／投入価値額がある。付加価値は減価償却額を加えた粗付加価値とそれを除外した純付加価値とに区別される。その計算方法には控除法（総生産−前給付原価＝純生産高）と加算法（付加価値加算）がある。

①労働生産性＝$\dfrac{\text{付加価値額}(\text{EX.利払後事業利益})}{\text{平均従業員数}}$

②付加価値率＝付加価値額÷売上高（生産性を知る手がかり）

③１人当たり売上高＝純売上高÷従業員数

④資本集約度＝（自己資本＋負債）÷従業員数

⑤労働装備率＝（有形固定資産−建設仮勘定）÷従業員数

⑥機械装備率＝機械・器具÷従業員数

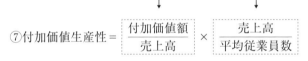

⑦付加価値生産性＝（付加価値率）×（１人当たり売上高）＝$\dfrac{\text{付加価値額}}{\text{売上高}} \times \dfrac{\text{売上高}}{\text{平均従業員数}}$

⑧有形固定資産との関係

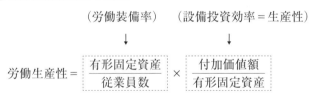

労働生産性＝（労働装備率）×（設備投資効率＝生産性）＝$\dfrac{\text{有形固定資産}}{\text{従業員数}} \times \dfrac{\text{付加価値額}}{\text{有形固定資産}}$

　１人当たりの付加価値を高めるには機械による省力化が必要になる。機械の導入は設備投資効率の生産性を上げ労働生産性が上昇する。だが，労働の機械化は従業員数を減らし，雇用問題に関係する。

(2) 成果配分のキーメトリックス

　成果配分のキーメトリックス（key metrics）は，①人件費・労務費，②賃借料，③税金，④利息，⑤利益からなる。企業は成果配分の公平性と正当性が問われる。正当性とは，社会の成員間における経済活動のコストとベネフィットの配分における問題である[26]。

①人件費

　労働の供給は教育環境に依存し，教育とテクノロジーの競争に関係する。優秀な人材を確保するために労働生産性（労働分配率）を高める必要がある。労働分配率は賃上げ余力や合理化の程度を判断する指標である。労働分配率を高めると，株主への利益が減少するなど他の分配項目に影響する。

②賃借料（賃貸料）

　賃借料は，建物や土地などの所有者に対する対価の家賃や地代等である。

③企業にとっての税金

　法人税法は資本金が 1 億円超の企業を大企業，以下を中小企業とする。大企業の法人税率は 23.9％，年間所得 800 万円以下である企業の法人税率は 15％である。国家に納める法人税，地方自治体に支払う法人住民税及び法人事業税を法人税等という。また，企業所得のうちどれだけの割合を税金として納めるかを示す数値が「法人実効税率」である。

　法人住民税や法人事業税は自治体の裁量で税率を上乗せすることができる。また，企業の業績（赤字企業を含める）にかかわらず納税義務が発生する税金を外形標準課税という。これは行政サービスの費用を赤字企業も負担すべきであるという考え方に基づき，資本金が 1 億円を超える企業を対象に 2004 年度から導入された。企業が地方自治体に納めている法人事業税のうち 37.5％（8 分の 3）が外形標準課税である。それは資本金の大きさで課税する「資本割」と従業員に支払う給与総額などに応じて課税する「付加価値割」

第 5 章　財務諸表の分析 ｜ **143**

からなる。外形標準課税を拡大すると，黒字企業の税負担は減る一方，赤字企業は増える。海外主要国では外形標準課税を取りやめる動きがある。

消費税（2016年1月段階8%）には税抜方式と税込方式がある。税抜方式では，仕入段階では仮払消費税（資産），売上段階では仮受消費税（負債）を計上し，決算の段階で両者を相殺し，未収還付消費税（資産）あるいは未払消費税（負債）として処理する。企業は，未払消費税を納付し，未収消費税は還付を受ける。それに対して，税込方式は消費税額を仕入価額や売上価額に含める。決算時点では，売上価額に含まれる消費税額と仕入価額に含まれる消費税額を計算し，その差額を未収還付消費税あるいは未払消費税で処理する。未収還付消費税で処理する場合の貸方項目は雑益，借方は租税公課となる。消費税は国と地方自治体に配分される。

④利子・配当

利子所得は銀行等の金融機関や公社債投資から生まれる。営業利益がマイナスになっても債権者への利子支払は必要である。株主への配当性向（payout ratio）は当期純利益に対する配当の割合である。配当性向は利益水準が低下すると上昇する。配当性向が一時的に高いことがただちに優良企業である証とはならない。企業側の論理から，配当性向を低くするため内部留保の自己金融政策をとるが，それが低いことは株主軽視という批判にさらされる。配当性向は「1株当たり配当／1株当たり利益」としても計算される。配当は単体業績を中心とする。

⑤利益

当期純利益は配当の源泉である。配当を実施すればその分だけ企業価値が下がる。反対に利益を配当に回さず内部留保すると企業価値が維持される。配当と留保利益は企業価値においてトレード・オフの関係にある。

4　キャッシュ・フロー分析

(1) 会計発生高

　キャッシュ・フロー計算書は企業の過去のキャッシュ・フローを示す。そこから導かれる「会計発生高」(accruals, アクルーアルという) は，利益が現金収支をともなう程度を知るための指標であり，会計利益の質を知ることができる。一般にアクルーアルは「特別損益」を除いた当期純利益から「営業活動によるキャッシュ・フロー」を控除して計算される。質の高い利益をあげる企業のアクルーアルは通常マイナスである。プラスの傾向が続く企業は現金の創出が遅れていると判断できる。

　例えば，M 社の当期純利益 500，特別損失 300，特別利益 200，営業活動による CF が 800 である場合，アクルーアル＝当期純利益 500＋特別損失 300－特別利益 200－営業 CF800＝－200　となる。『日本経済新聞』(2015 年 7 月 23 日朝刊) によると，アクルーアルが高い企業の株価は 2015 年 6 月以降，マイナスの方向で推移した。逆に，アクルーアルが低い企業は，現金収入の裏付けがある健全な企業として，株価が上昇する傾向にあった。アクルーアル比率は，アクルーアル (－200) を総資産 (1,000) で割った比率 (－20%) である。図表 5-8 は SMBC 日興證券が TOPIX1000 構成銘柄から同比率が低い銘柄を抽出したものである [27]。株価騰落率は東芝が不適切会計問題を公表した 4 月 3 日からの騰落率である。

(2) フリー・キャッシュ・フロー

　フリー・キャッシュ・フロー (FCF) は，キャッシュ・フロー計算書を利用すると，簡易的に図表 5-9 の計算から求められる (第 9 章参照)。

　この考え方は DCF 法におけるフリー・キャッシュ・フローの計算にも適用される。

第 5 章　財務諸表の分析 | **145**

図表 5-8　アクルーアル比率と株価騰落率

	アクルーアル比率（%）	株価騰落率（%）
KDDI	− 9.8	10.5%
日ガス	− 9.8	44.0
ティーガイア	− 9.5	35.9
山九	− 9.1	33.0
航空電子	− 8.9	6.2
イズミ	− 8.1	30.1
キャノン	− 7.6	− 9.4
テンプ HD	− 7.1	30.7
オークマ	− 6.9	16.5
小糸製	− 6.5	28.2
TOPIX		5.8

（出典）日本経済新聞　2015 年 7 月 23 日　SMBC 日興証券の TOPIX1000 構成銘柄

図表 5-9　フリー・キャッシュ・フローの計算例

営業活動によるキャッシュ・フロー 　税引前当期純利益
①非資金項目の戻入れ 　＋（減価償却費，連結調整勘定償却額，貸倒引当金額，為替差損） 　−（持分法による投資利益）
②正味運転資本投資の控除 　−売上債権の増加額 　−在庫資産の減少額 　−仕入債務の増加額
③投資活動によるキャッシュ・フロー 　−正味の事業投資 　−正味の金融投資
配当控除前のフリー・キャッシュ・フロー

注

1　キシテイニー，ナイアルほか著，若田部昌澄監修，小須田健訳，2013 年『経済学大図鑑』三省堂，37 頁参考。

2　ハバード，グレン／ティム・ケイン，2013, *Balance, The Economics of Great*

Powers From Ancient Rome to Modern America，久保恵美子訳『なぜ大国は衰退するのか　古代ローマから現代まで』日本経済新聞社，27〜30 頁参考。

3　同上書，30〜31 頁参考。

4　同上書，35 頁参考。

5　西村和雄，2006 年『まんが DE 入門　経済学第 2 版』日本評論社，119 頁参考。

6　伊藤元重，2016 年『入門経済学　第 4 版』日本評論社，252 頁参考。

7　同上書，258 頁参考。

8　ランドホルム，ラッセル／リチャード・スローン，深井忠・高橋美穂子・山田順平訳，2015 年『企業価値評価　eVal による財務分析と評価』マクグロウヒル社，59〜60 頁参考。

9　『日本経済新聞』2015 年 1 月 17 日付参考。

10　ハバード，グレン／ティム・ケイン，前掲書，9 頁参考。

11　ダスグプタ，パーサ，植田和弘監訳，2007 年『サステイナビリティの経済学　人間の福祉と自然環境』岩波書店参考。

12　http://ameblo.jp/hagure 1945/entry-11971149390.html，雨のち晴れの記，参考。

13　日本経営分析学会編，2015 年『新版　経営分析事典』税務経理協会参考。

14　手島直樹稿「ROE 重視と企業価値創造⑦」（やさしい経済学）『日本経済新聞』2016 年 10 月 24 日付参考。

15　笠原真人，2015 年『企業価値評価の考え方と実践がよ〜くわかる本』59 頁参考。

16　桜井久勝・須田一幸，2014 年『財務会計・入門第 9 版』有斐閣，266〜267 頁参考。

17　同上書，参考。

18　砂川伸幸・笠原真人，2015 年『はじめての企業価値評価』日本経済新聞出版社，40〜41 頁参考。

19　伊藤邦雄と北野一（バークレイズ証券）「日曜に考える」（ROE 重視と日本経済）『日本経済新聞』2014 年 12 月 14 日付参考。

20　同上新聞記事参考。

21　Nobes, Christopher, 1977, *Introduction to Financial Accounting*, International Thomson Business Press, pp.206–207.

22　『日本経済新聞』2015 年 7 月 9 日付参考。

23　斎藤静樹編著，2006 年『財務会計「第 5 版」』有斐閣，桜井久勝稿，254〜255 頁参考。

24　新井富雄・渡辺茂・太田智之，2014 年『資本市場とコーポレート・ファインス』中央経済社，94〜96 頁参考。

25　砂川伸幸・笠原真人，前掲書，25〜26 頁参考。

26　Flower, John, 2010, *Accounting and Distributive Justice*, Routledge, pp.43–45.

27　『日本経済新聞』2015 年 7 月 23 日付参考。

第6章 多角的企業分析

学習目標

　企業は社会的責任という規範的行動が求められ，環境を保全する経営に取り組む必要がある。本章は，こうした視点から財務データの多変量解析を行っている日経ナイセスを概説し，前章の財務諸表の分析を補完するものである。

1　企業の社会的責任と環境会計

(1) 企業の社会的責任

　企業の社会的責任（corporate social responsibility, CSR）とは，企業が単に利益を追求するだけでなく，社会の構成員として一定の責任を果たす存在でなければならない，という考え方である。企業は社会的倫理や法令を遵守し，社会貢献や環境対策などの責任を果たす必要がある。CSR は 1920 年代の米国においてキリスト教会がその資産運用に際し，アルコールやギャンブルに関与する企業への投資を排除するという宗教的目的から始まった。60 年代の反戦運動では軍需産業への投資を拒否し，90 年代にはベトナムの下請工場で児童を働かせていたスポーツ用品会社ナイキに対して全米で不買運動が起きた。これらの活動は企業の不祥事を抑止する運動であった。ヨーロッパ

でも CSR の考え方が普及し，英国には 2001 年に世界最初の CSR 担当大臣が設置された。

　近年，わが国では，①出光興産が苫小牧市のタンク火災後，CSR への取り組みに本腰を入れた。弁護士や学識経験者からなる企業倫理諮問委員会を新設し，地元への事故報告が十分ではなかったことの反省を踏まえ，企業の在り方を議論し，地域との信頼関係を取り戻す努力を払った。②アサヒビールは原料調達先の約 200 社に対して使用禁止物質を使っていないか，男女の雇用に差別がないかという CSR の観点に基づくアンケート調査を行った。③イトーヨーカ堂は通常の決算書とは別に CSR 会計を公表した。それによると，2003 年 3 月期の収入のうち 84% が原価での取引先への支払い，16% が事業活動による付加価値であった。その付加価値のうち社員の人件費や教育などが 69.0%，株主配当が 5.8%，納税等の行政が 10.7%，非営利団体への寄付が 0.3% など，CSR を数値化した。

　コーポレートガバナンス改革に取り組む企業は，グローバルスタンダードに堪えうるために経営の透明性を確保し，コンプライアンス体制のあり方，地球環境問題への備えなど業績や株式市場での評価だけでは測りきれない企業価値に光をあてる必要がある。ソニーは商法改正を機に 2003 年に委員会等設置会社に移行し，経営監督と業務執行を分離し，社外取締役が役員報酬・人事の決定，職務執行などの監査にかかわる仕組みになった[1]。

(2) 社会的責任投資と ISO

　社会的責任投資（social responsibility investment, SRI）とは，CSR の取り組み度合いによって投資銘柄を選択する手法である。SRI の発祥地米国では，投資判断に用いる基準も反戦や人権問題に取り組んだ 1970 年代から多様化し，環境，労働問題などへテーマを広げ企業統治そのものに焦点を当てている。

　さて，日本の SRI については，例えば住友信託銀行は，2003 年 7 月，国内初の SRI ファンドを設立し，同年 12 月には個人投資家向けに発売した。日本政策投資銀行は 2004 年度から CSR の充実度によって格付けし，優良企

業には低利融資する制度の導入を目指した。SRIファンドは，CSRを重視する企業に投資すれば長期的に高い運用成果が期待できるという考え方に立つ。法令順守，雇用確保，環境への配慮など社会的責任を果たす企業は，消費者や取引先らの支持を得やすく，その結果企業の競争力や収益力が向上する。前述の住友信託銀行が2003年12月から販売を始めたSRIファンドは，日本総合研究所が社会的貢献度の高い企業約250銘柄を選定し，同行が収益性などを考慮して約80社に絞り込み運用した。大和証券のUBSグローバル・アセット・マネジメントが同年11月から運用しているファンドは，日本を含めた主要先進国の40銘柄を組み入れた。SRIファンドの資産規模は年金などの間でも広がりつつある。日本でSRIが重視されるようになったのは，90年代以降相次いだ企業不祥事がきっかけであるが，SRIで先行する欧米の投資家の目を意識せざるを得なくなった[2]。

　また，国際標準化機構（International Organization for Standardization, ISOという）とは，工業分野の国際標準規格を定める非政府組織である。ISOには主に企業が一定の水準の製品を作る能力があるかを評価した品質管理保証「9001」と，環境負荷を低減する活動をしているかを判定した「14001」がある。認証は民間の機関が担い，上部組織の認定機関の監督を受ける仕組みだが，民間機関は必ずしも自国の認定機関から認定を受ける必要はない。欧米などから認定を受けた機関による認証件数は，国内の認証サービス市場の2割を占める。経済産業省はISOの信頼性を向上するために審査を厳格化し，ねつ造したデータを使って不正に取得した企業が一定期間再び認証を得られないよう，過去に重大事件を起こした企業も新規認証の対象から外す政策をとる。

(3) 環境会計

　経済産業省は，2013年8月6日，電力会社の原子力発電所を廃炉にする場合の会計制度の見直し案をまとめた。原発を廃炉にすると一度に巨額の特別損失が計上される仕組みから脱却し，この特損（1基当たり約210億円の損失）

の一部を減価償却費として 10 年超にわたって処理し，電気料金に算入でき
るようにすることを計画する（2014 年 12 月 17 日の作業部会，廃炉にかかる会計制
度検証ワーキンググループ）。この変更により，特損に相当する減価償却費は 7
割程度圧縮できる見通しで，老朽化した原発や安全基準に満たない原発の廃
炉が進む可能性がある。電力会社の会計規制は金融庁や東京証券取引所の
ルールに従うと同時に電気事業法の会計規則の順守も義務づけられる[3]。こ
のように会計規制を変更することにより原発廃炉への転換が行われるよう
に，会計制度は企業の経済的意思決定に深く関係する。

　企業は環境負荷を最小化する努力が問われている。環境会計ガイドライン
によれば，「環境会計とは企業等が持続的な発展を目指して社会との良好な
関係を保ちつつ，環境保全への取組を効率的かつ効果的に推進していくこと
を目的として，事業活動における環境保全のためのコストとその活動により
得られた効果を認識し，可能な限り定量的（貨幣又は物量単位）に測定し伝達
する仕組みのこと」である。環境会計では，環境を保全するコストをどこま
で内部化するかが問われている。そのコストが増えれば，企業利益が減少し，
株主への分配も減少し株価の下落という負の経済効果をもたらす。このベネ
フィットは社会が享受するものである。環境会計は自然環境とクロスオー
バーした持続可能な発展という概念を優先し，発生する環境負荷を認識し，
測定した環境コストとその効果を報告することを課題とする（拙著『会計と財
務諸表分析』唯学書房　第 5 章参照）。

2　財務データベースの構築と体系化

　日本経新聞社の NICES（Nikkei Investor, Consumer, Employee, and Society, ナイ
セスという）は，従来の日経ニーズ・カスマ（Corporate Appraisal System by
Multi Variate Statistical Analysis, NEEDS‒CASMA）と日経プリズム（Private
Sector Multi angular Evaluation System, プリズムという）を踏まえた総合評価方法
であり，2010 年 4 月に初回ランキングを公表した。

　これ以前の日経ニーズ・カスマは初期の多変量解析法による企業評価シス

152 ｜ 第 I 部　会計記号による表示

テムである。多変量解析法とは相互に関連する多数の測定データを統計的に分析し，複雑なデータを簡潔に要約し，データの背後にある現象の構造を明らかにする手法である[4]。そのポピュラーな回帰分析（regression analysis）は2種類のデータに高い相関がある場合，回帰式を作成し，原因と考えられる説明変量と結果となる被説明変量との間に一方的な因果関係を推定する[5]。日経ニーズ・カスマは1979年に第1回のランキングを発表し2006年9月で終了した。

　またプリズムは，日本経済新聞社と日経リサーチが共同開発した「多角的企業評価システム」で1996年から2009年まで行われた[6]。プリズムは，カスマの指標に環境対策，消費者への対応，従業員や株主の処遇，社風，社会的公正など定性面を取り入れた評価システムである。専門家が優れた会社とみなす企業群について「柔軟性・社会性」「収益・成長力」「開発・研究」「若さ」の4項目を使用した評価モデルを作り，調査データや財務諸表から得点を算出し順位付けをした。プリズムは財務指標以外に企業の文化支援活動であるフィランソロピー，従業員のボランティア活動，自然環境保護運動の理解，資源のリサイクル，チャリティ活動等を問う。

　さて，現在実施されているナイセスは，①投資家，②消費者・取引先，③従業員，④社会という4つのステークホルダーに着目し企業を総合的に評価する。それは4つのステークホルダー指標を補完し，企業の革新性や将来性をみる潜在力の指標を追加した，5側面評価システムである。ナイセスは全上場企業等の約1,000社を対象企業とする。財務データ，アンケート回答データ，時価総額の増減，配当の状況，利益率，消費者の認知度，売上高の大きさ，女性の活用，従業員の定着率，定年人材の活用，雇用の確保，納税額，環境対策側面別ランキング，潜在力，そして総合ランキングというプロセスである。ナイセスは優良企業群ベンチマークとして比較され，各社の企業価値向上のために利用される。

　5側面の測定指標は以下のものがある。

①投資家指標には，配当，株式時価総額，内部留保，使用総資本利益率，財務情報公開，資本構成，増資の7指標が利用される。

②消費者・取引先指標には，売上高，広告宣伝・広報，粗利，認知度（全体），認知度（属性別）の5指標が利用される。

③従業員指標には，ワークライフバランス，育児・介護，女性の登用，定着率，多様な人材の活用の5指標が利用される。

④社会指標には，雇用，納税，社会貢献，公的団体への人材供給，環境への配慮の5指標が利用される。

⑤潜在力には，設備投資，人材育成，研究開発など将来に向けた企業活動のデータに，日本経済新聞記者による評価が加算される。

　ナイセスはこれら5つの側面から点数化しランキングしたものである。ナイセスは企業の良し悪しを財務業績で判断するだけでなく，働く従業員や一般の消費者にとって良い会社であるかどうかも指標として取り入れている。これにより職場環境が優れている会社の社会貢献度も分かる。

注

1　『日本経済新聞』2005年1月17日付参考。
2　『日本経済新聞』2003年12月24日付参考。
3　谷江武士，2011年7月「東京電力の経営分析──責任をもって原発被害の賠償を」『KEIZAI』参考。
4　本多正久・島田一明，1999年『経営のための多変量解析法』産能大学出版部，1頁参考。
5　同上書，34〜35頁参考。
6　『日本経済新聞』1996年2月26日付参考。

第Ⅱ部
証券投資と企業価値評価

第7章 証券投資と財務指標

> **学習目標**
>
> 　本章の目標は資本市場の機能，債券と株式価値の決定，会計利益による EPS と ROE，株価情報を組み込んだ財務指標（時価総額，配当利回り，株価収益率，株価純資産倍率）を理解することにある。

1　投資家による証券分析

(1) 証券投資と投資家

　証券投資は，株式，債券，投資信託などに投資し，現在の消費の効用を放棄し，将来により多くのキャッシュと消費を手にすることを期待する自己責任の行為である。投資家は，証券投資の見返りに利子や配当あるいは株式売却益を受け取る。わが国では証券投資の活性化を目的にして個人投資家を増やすため，英国の制度を模倣したニーサ（Nippon Individual Savings Account）が 2014 年 1 月から導入された。ニーサとは，少額投資非課税制度であり，株式や投資信託の一定利益額に対して非課税である。

第 7 章　証券投資と財務指標　**157**

一口メモ：賢明なる投資家

　グレアム（Benjamin Graham）の『賢明なる投資家』（The Intelligent Investor, 1972）では，その監修者がグレアムの投資哲学を次のように述べている[1]。

1　投資とは，詳細な分析に基づいて行うものであり，元本を保全して，適切なリターンをあげることである。この条件を満たさないものを投機という。

2　将来のことは不明であるから，投資家は手元資金をすべてひとつのバスケットにいれてはならない。その安全で堅実な範囲を超えて冒険を挑んだ人は，精神的に大きな困難を背負うことになる。

3　投資家と投機家の相違は，その人が相場変動に対してどのような態度で臨むかという点である。投機家の関心事は株価の変動を予測して利益を得ることであり，投資家の関心事は適切な証券を適切な価格で取得し保有することである。

4　安全域の原則を確固として守ることによって，十分なリターンを得ることが可能である。安全域の原則は，割安銘柄に適応することでさらに明白なものとなる。割安銘柄は株価がその株式の本質的価値よりも安い状態にあるわけであり，その差が安全域である。

(2) ファンダメンタル分析とテクニカル分析

　証券分析には，企業価値の増加要因となる売上高や利益を把握するファンダメンタル分析（fundamental analysis）と，株価のチャートや取引高，ろうそく足などに基づいて株価を予測し，売買のタイミングを判断するテクニカル分析（technical analysis）がある[2]。ファンダメンタル分析は，企業の価値付けを行い，そのうえで適切な価格（株価）を決定する分析である。株価は投資家が支払う価格であるが，手に入れるものは企業価値である（Price is what you pay, value is what you get.）[3]。投資家がこうした内在的価値（intrinsic value）

158 ｜ 第Ⅱ部　証券投資と企業価値評価

を知る情報源が公表される財務諸表であり，サイレントパートナーといわれる。建築家やエンジニアが基礎的原理の物理学に基づいて建物や機械を安全かつ効果的なデザインをするように，投資家は正しく企業価値を知るには会計やファイナンスの知識が不可欠である[4]。ファンダメンタル分析を重視する者を防衛的投資家とか積極的投資家，心理的要素に基づくテクニカル分析を重視する者を直感的投資家あるいは消極的投資家という。証券分析ではテクニカル分析とファンダメンタル分析の両アプローチは相互に補完的である。

2　資本市場における債券と株式

(1)　金融市場と資本市場

　金融市場（financial market）とは，銀行取引，株式市場，債券市場の総称で，資金の貸借取引が行われ，資金の需要と供給が調整される場である。金融市場は取引される資金が短期か中長期かで短期金融市場（貨幣市場）と中長期金融市場（資本市場）に分類される。また証券市場は証券（株式や公社債）を発行して資金を調達する場であるが，長期資金取引の資本市場と同意語として用いられる。さらに株式市場は発行市場（primary market）と流通市場（secondary market）に分類される。

(2)　金融システムと金利

　わが国の金融システムは，日本銀行を頂点に各種の市中金融機関を下部組織とするピラミッド型として形成されている。そのシステムでは企業，個人，政府が資金を調達する貨幣市場と金融機関相互のコール市場がある。一国の金利は中央銀行が他の銀行に貸し付ける公定歩合（bank rate）によってコントロールされる。2016年1月29日，日本銀行は市中銀行が積極的に貸出や運用に回す効果を狙って，マイナス金利政策を打ち出した。マイナス金利は，

第7章　証券投資と財務指標 | **159**

市中銀行が日本銀行に預金する場合，日銀にお金を預けると金利が取られ，お金を借りると金利がもらえる仕組みである。この政策の結果，10年物の国債利回りが0.1％を下回り史上最低となった。市中銀行は預金を原資に企業に貸し付けるが，その貸付利率は借入先の信用度に応じて変化する。

（3）債券と適正価格の決定

　債券（debt securities）には国債，地方債，社債がある。これらを公社債と総称する。債券は元本とクーポンからなる。債券の保有者は利払い日にクーポンを示し記載額の利息を受け取る。通常，債券の満期が長くなると利回りが高くなる。こうした状態を順イールドという。額面に対するクーポン比率をクーポンレートという。債券価格とクーポンは額面金額に基づいて決定される。債券は100円単位で発行され，元本払戻しの償還日がある。

①債券の適正価格
　例えば，投資家が所有する国債発行価格が100円（額面100円，クーポン5円，償還期間5年，クーポンレート5％）であった。だが，売却時に金利水準が上昇し，クーポンレート6％の国債が100円の価格で発行された，と仮定する。投資家にとって，この時点でクーポン5％の国債価格の適正価格はいくらか[5]。債券の運用金利には単利運用と，毎回受け取る金利を再投資する複利運用があるが，ここでは複利運用を採用する。複利計算による5％クーポン債券の適正価格（理論価格）は当該債券のキャッシュ・フローを6％の金利で割り引いた現在価値である。割引率6％の1円の現在価値の計算は図表7-1（上段）のようになる[6]。各時点の現在価値の合計95.7920円は将来時点6％の複利で運用した金額である（図表7-1下段）。これが5％国債の適正価格となる。

②債券の利回り
　債券の利回り（yield）とは，債券の将来キャッシュ・フローの現在価値と投資金額を等しくする割引率である。前例を参考にすると，5年後の投資額

160 ｜ 第Ⅱ部　証券投資と企業価値評価

図表7-1　割引率6％の現価係数

1年目現価係数	2年目	3年目	4年目	5年目
$1/1.06 = 0.9434$	$1/(1.06)^2 = 0.8900$	$1/(1.06)^3 = 0.8396$	$1/(1.06)^4 = 0.7921$	$1/(1.06)^5 = 0.7473$

【各時点のキャッシュ・フローの現在価値】

1年目	2年目	3年目	4年目	5年目
$5 \times 0.943 = 4.7170$	$5 \times 0.890 = 4.4500$	$5 \times 0.8396 = 4.1980$	$5 \times 0.7921 = 3.9605$	$105 \times 0.7473 = 78.4665$

（出典）藤本容啓，2009年『MBAのための資本市場分析』有斐閣9頁

（債券100，クーポン5円）の現在価値が95.7920となる債券の利回りは次の計算となる。

$$95.7920 = 5/(1+r) + 5/(1+r)^2 + 5/(1+r)^3 + 5/(1+r)^4 + 105/(1+r)^5$$

利回りを表計算ソフトで求めると r＝0.06 となる。債券の適正価格は金利から現在価値を求めるプロセスであるが，債券の利回りはこの逆のプロセスをたどって決定される。r は内部収益率（internal rate of return）として定義される。額面100円の債券を購入し，i年後のクーポンを C_i 円，n年後に元本100円の償還金を受け取る。債券価格P円の利回りrは次の方程式の解となる[7]。

$$P = \sum_{i=1}^{n} \frac{C_i}{(1+r)^i} + \frac{100}{(1+r)^n} \tag{7.1}$$

$C_i/(1+r)^i$ はi年目に受け取るクーポンの現在価値，$100/(1+r)^n$ は償還金の現在価値である。この式の両辺に $(1+r)^n$ を掛けると次式となる。

$$P(1+r)^n = \sum_{i=1}^{n} C_i(1+r)^{n-1} + 100$$

左辺は元利合計である。右辺は毎年手にするクーポンを利率r％で満期まで再投資し，満期時点で償還金と一緒に手にする金額である。

クーポンのない債券を割引債という。割引債はクーポンがない分，安い価格で発行される。発行価格と額面との差額が償還差益である[8]。例えば，割引債の価格（満期3年モノの価格91.51）の利回りを求める。利回りの定義から

次式が求められる。

$$100\text{円} \times \frac{1}{(1+r)^3} = 91.51\text{円}$$

$$(1+r)^3 = 100 \diagup 91.51 = 1.0928 \qquad 1+r = \sqrt[3]{1.0927} = 1.0300$$

$$r = 0.03 \quad \cdots\cdots \text{この割引債の利回りのことをスポット・レートという}$$

(4) 株式の利回りと配当割引モデル

①株式価値

特定の株主が保有する特定の株式の価値を株式価値という。短期の株式価値 P_0 は期末の配当と株価の合計額をある割引率 r で割り引いた金額である。

$$P_0 = \frac{D_1}{1+r} + \frac{P_1}{1+r} \tag{7.2}$$

P_0 は期首の株式価値，D_1 は期末の配当，P_1 は期末の株価，r は割引率（利回り）である。1 年後の P_1 はこの株式を購入する買い手が決定する価格で，次の計算になる。

$$P_1 = \frac{D_2}{1+r} + \frac{P_2}{1+r} \tag{7.3}$$

(7.2) 式に (7.3) 式を代入すると，次式になる。

$$P_0 = \frac{1}{1+r}\left[D_1 + \left(\frac{D_2 + P_2}{1+r}\right)\right]$$

$$= \frac{D_1}{1+r} + \frac{D_2}{(1+r)^2} + \frac{P_2}{(1+r)^2} \tag{7.4}$$

(7.2) 式に (7.3) 式を代入する手続きを繰り返すと，次の一般式にたどり着く。

$$P_0 = \frac{D_1}{(1+r)} + \frac{D_2}{(1+r)^2} + \frac{D_3}{(1+r)^3} + \cdots = \sum_{t=1}^{\infty}\frac{D_t}{(1+r)^t} \tag{7.5}$$

(7.5) 式は配当割引モデル（dividend discount model, DDM）である[9]。(7.2) 式と (7.5) 式の株式価値は理論上同じ結果になる[10]。DDM は株式の理論価

162 ｜ 第Ⅱ部　証券投資と企業価値評価

格と株主が受け取るキャッシュ・フローの配当を割り引いた現在価値に等しいとする考え方である。株式の利回りの決まり方も債券の利回りと同じで，投下した１株の購入額と将来受け取るであろう配当の合計を等しくするものである。債券の利回りと異なる点は株式が配当の決定要因となることである[11]。株式利回り r は配当割引モデルの解であり，配当の現在価値を株価に等しくする値である。それは配当利回りとも呼ばれる。その定率成長モデル式は以下である[12]。

$$P_0 = \frac{D}{r-g}$$

g は年率で配当が上昇していることを示す。D は１期目の配当である。
異なる率の成長パターンは次式である。

$$P_0 = \sum_{t=1}^{T} \frac{D(1+g_1)^t}{(1+r)^t} + \frac{D_{T+1}}{r-g_2} \times \frac{1}{(1+r)^t}$$

高成長 g_1，低成長 g_2，ただし $g_1 > g_2$ である。また，株式投資が３期間にわたり行われ，毎期の配当と３期末にある株価 P_3 で売却される場合, 8.4 式の DDM は次式となる。

$$P_0 = \frac{D_1}{1+r} + \frac{D_2}{(1+r)^2} + \frac{D_3}{(1+r)^3} + \frac{P_3}{(1+r)^3} \tag{7.6}$$

②株式のリスク

株式の利回りの変動性はボラティリティといい，リスクを表現する。リスクの程度は低い順から，複数のシナリオが想定される未来，可能性の範囲が見える未来，全く読めない未来がある[13]。特定のリスクに晒されることをリスク・エクスポージャーという。

(5) 証券取引に関する制度

①証券取引所

金融商品取引所は一般に証券取引所という。それは証券の売買注文を集中

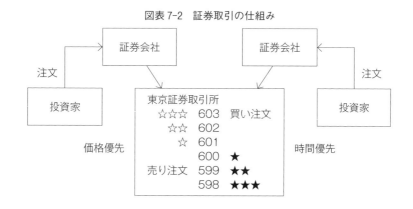

させ，公正な価格で証券が売買できるよう設置された機関である。それは投資家を保護する観点から取引ルールを定め，取引の監視を行い，マーケットで成立する約定値段や売買高などの市場情報を広くリアルタイムに公表する[14]（図表7-2）。

わが国の証券取引所は東京，大阪，名古屋，福岡，札幌にある。東京証券取引所は2013年に大阪証券取引所と経営統合し日本取引所グループ（Japan Exchange Group, JPX）となった。JPXは現物市場の東証，デリバティブ市場の大阪取引所，自主規制機能の日本取引所自主規制法人からなる。東証は証券会社（Broker）を通じて特定の価格で売買を指示する指値注文と数量のみを特定した成り行き注文（market order）の市場である。指値注文が「板」と呼ばれる相場を形成する。板は流動性を高めるために価格優先と時間優先にしたがって取引を成立させる。取引は1995年5月から全面的にコンピュータ処理に移行した。取引の清算機能は日本証券クリアリング機構が担当する。証券取引所で売買取引が成立すると，その日を含めて4日目に株券の受渡しと代金の支払が行われる。有価証券の保管や振替等の決済は証券保管振替機構で行われる。東証には第一部と第二部以外に，ベンチャービジネス向けのジャスダック（かつての店頭市場）とマザーズがある。

金融庁は2008年4月に有価証券報告書開示システムにXBRL（拡張可能な事業報告言語）を導入した。上場企業はXBRLと自社の既存システムとを連

携して財務報告書を作成，開示，交換，加工ができる。ちなみに，世界の主要取引所（2015年2月段階）は上場数からニューヨーク証券取引所，ナスダック（NASDAQ OMX），東京証券取引所，以下上海証券取引所，ユーロネクスト，香港証券取引所，深圳証券取引所，トロント証券取引所，ドイツ証券取引所，ボンベイ証券取引所と続く。

②金融デリバティブ市場

　金融デリバティブ取引は70年代にシカゴ・マーカンタイル取引所で誕生した。わが国では，1985年，東証が長期国債を対象とした先物取引を開始し，1988年には大阪証券取引所と東証は株価指数先物を扱った。デリバティブには相対取引の店頭デリバティブと市場デリバティブがある。取引規模では店頭リバティブが大きい。

　デリバティブ取引には「先物取引」「スワップ取引」「オプション取引」がある（第3章参照）。先物取引には，通貨先物取引，金融指標等先物契約，商品先物取引，長期国債先物，超長期国債先物，T-BOND先物取引，日経平均先物がある。日経平均先物の代表が株価指数先物である。スワップ取引は予め決められた条件に基づいて将来の一定期間にわたりキャッシュ・フローを交換する取引である。金利スワップ，通貨スワップ，為替スワップ等がある。オプション取引はある原資産について予め決められた将来の一定の日あるいは期間に，一定のレートあるいは価格で取引する権利を売買する取引である。原資産を買う権利のオプションをコール，売る権利のオプションをプットという。国債先物オプション取引，TOPIXオプション取引，株券オプション取引がある。

③投資信託とGPIF

　投資信託（mutual funds）とは「投資信託及び投資法人に関する法律」（2000年改正）に基づいて，投資家から集めたお金を1つの大きな資金としてまとめ，専門家が株式，債券，デリバティブなどに投資運用し，その運用成果を投資家の投資額に応じて分配する仕組みの金融商品である。それは信用に基

> **一口メモ：リーマン・ショック**
>
> 　2008 年 9 月のリーマン・ショックの引き金は個人向け住宅融資のサブプライムローンの崩壊にあった。サブプライムローンの特徴は最初の数年は金利が低いが途中から上がる仕組みにある。当初，住宅価格が上昇し続け，担保価値が上がり借入を増やすことができた。だが，米連邦準備理事会（FRB）は，住宅ブームの景気過熱を警戒して 2004 ～ 2006 年に市場金利を上げ続けた結果，ローン金利が上昇し，住宅価格が下落，ローンの返済ができない事態が起きた。にもかかわらず，投資銀行（リーマン・ブラザーズ・ホールディングス）は数百のサブプライムローンをまとめて 1 つの資産として証券化し，別の金融商品として金融機関や投資家に販売した。だが多数が焦げ付いて利子が見込めなくなり，証券価値が暴落し世界同時株安が発生した。

づいて他人に一定の目的に従い財産の管理・処分をさせるため財産権を移す。投資信託は自己責任の世界である。

　信託銀行は，貸付信託，金銭信託など資金の長期貸付を主要業務とする。金銭信託とは金銭を受け入れて運用し，信託終了の場合に金銭を受益者に交付する。特定金銭信託は金銭信託のうち株式や債券などの有価証券で運用する。個人マネーは東京証券取引所に上場する不動産投資信託（REIT）に流入する。日本株の最大買い手は日銀で，2016 年 12 月半ばまで上場投資信託（ETF）の購入額が 4 兆 3,000 億円を超えた。日銀の ETF 買いは株価を下支えする効果があるが，業績などに関係なく幅広い銘柄を購入するため株価形成を歪める[15]。また，「年金積立金管理運用独立行政法人」(Government Pension Investment Fund, GPIF) は，2014 年 10 月，国民からの年金 137 兆円の基本ポートフォリオ（資産構成割合）を国内債券 60％→ 35％，国内株式 12％→ 25％，外国株式 12％→ 25％，外国債券 11％→ 15％に見直した。見直し前には短期資産 5％が含まれる。GPIF と日銀は信託銀行等を通じて間接的に株式を保有し，株主名簿には記載されないが，東証一部上場企業の 4 社に 1 社の実質的な筆頭株主になっている（『日本経済新聞』2016 年 8 月 29 日付参考）。

④上場と廃止

上場（going public）とは，企業が証券取引所に株式を公開し，広く資金を調達するシステムである。新規株式公開（initial public offering, IPO）とは，一定の条件を満たした会社が新しく株式を公開することをいう[16]。上場会社になるメリットは多額の資金を安全かつ低コストで獲得でき，投資家から社会的な信頼を手に入れ，有能な社員を確保できることである。デメリットとしては，財務諸表等の作成コストがかかり，創立者はその支配権を喪失することもある。証券取引所はいろいろな理由から上場継続を不適と判断する。東証ルールでは大株主が保有する少数特定持株数が発行済みの80%を超えると猶予期間を経て上場廃止になる。上場会社が自主的に廃止する場合もある。整理銘柄とは上場廃止が決まったものをいう。上場廃止リスクがある銘柄は監理銘柄に割り当てる。これら以外に確認中，審査中，特設注意等がある。

(6) 株価の読み方

株式取引には以下に示す決まり事や特有の言語あるいは記号がある（図表7-3）。銘柄は企業名で略称される。始値とは一日の最初に取引された株価，高値とは立会時間（9時〜15時）の中で最も高い株価，安値とはもっとも安い株価，終値とは最後に取引された株価である。これらを四本値と呼ぶ。一日の取引で最初に成立した取引を寄り付きという。相場がある水準からもとの水準に戻ることを往って来いという。立会外取引とは時間外取引のことである。立会外取引は決定した終値などを基準に一定範囲内の価格で大口取引ができるため，自社株買いや機関投資家による複数銘柄を一度に売買するバスケット取引などに使われる。市場外取引とは，取引所を通さずに当事者が相対で取引する。前日比とは株価の高安を示し，前日の終値との比較で，「△」高い，「▲」安い，「0」変わらず，「—」商いできず，又は前日比なし，となる。売買高（出来高）は市場の人気度を示し株価より重要視されることがある。売買高の無記号が1,000株である。売買単位1株，10株，50株の銘柄を一株という。不動産投信は一口，日経300投信は千口という。配当落

図表 7-3　東証第一部の株価

【2016 年 6 月 3 日】　　　　　　　　　　　　　　　　　　　　　　　　　　　　（万株）

銘柄	始値	高値	安値	終値	前日比	売買高（出来高）
キッコマン	3815	3905	3815	3895	△ 85	503
キユーピ	2926	2956	2900	2956	△ 36	434.9
日清食 HD	5470	5660	5460	5660	△ 170	261.2
永谷園	1216	1240	1207	1237	△ 20	39

ちとは配当を受ける権利がなくなった状態，新株落ちとは新株を購入し株式を無償でもらう権利がなくなった状態をいう。カは買い気配値（bid price），ウは売り気配値（ask price），ケは最終気配。成り行き注文は，市場を通さず売買したい株数だけを指し，価格は特に指定しないで発注する。始値が決まるためには成り行き注文がすべて売買される必要がある。指値注文ではその値段より高い買い注文と安い売り注文をすべて整理する必要がある。始値から終値までの間に株価が決まる仕組みをザラ場方式という。

①日経平均株価指数

日経平均株価指数（日経平均株価という）は，日本を代表する株価指数であり長期にわたり株価を比較できる点に特徴がある。2000 年 4 月 15 日，日経平均株価を構成する株式 225 銘柄を選定基準とし 30 銘柄を入れ替えた。改訂理由に産業構造の変化がある。新興産業の台頭を促す一方，長引く不況で企業競争力の優劣が顕在化し，株価形成にも影響が広がっていた。ちなみに 1989 年 12 月 29 日の日経平均株価が 38,957 円の最高値をつけた。

②東証株価指数

東証株価指数（Tokyo Stock Price Index, TOPIX）は一部上場（2016 年 10 月 17 日 1989 社）のすべての銘柄の時価総額を加重平均計算したものである。これはマーケットの動きだけなく，大口投資家等のベンチマークとしても使われる。TOPIX の単位は円ではなくポイントであり，基準時 1968 年を 100 ポイントとする。

第Ⅱ部　証券投資と企業価値評価

> **一口メモ：ビッド・アスク・スプレッド**
>
> ビッド・アスク・スプレッド（bid -ask spread）とは，指値売り注文のな
> かで最も低い気配値（best ask price）と指値買い注文の中でもっとも高い
> 気配値（best bid price）との乖離をいう。それは市場における情報の非対称
> 性の程度と市場の流動性を示す尺度となる。優先基準に基づいて，約定時点
> ごとにその時点で有効であった一般気配情報にもとづいてビッド・アスク・
> スプレッドが計測される。取引約定時点での最良売り気配値が 498 円，最良
> 買い気配値が 495 円であると，ビッド・アスク・スプレッドは（498-495）
> ÷（498＋495÷2）＝0.00604 と計算される[17]。

$$TOPIX = \frac{現在の時価総額（円）}{基準時時価総額（円）} \times 100\%$$

TOPIX は日経平均株価指数に比べてより的確に株式市場の動きを表す。
例えば，1,200 ポイントは基準値の 12 倍を意味する。取引単位は TOPIX1
ポイント×1 万円。TOPIX が 1,000 ポイントであれば，最低取引単位は 1,000
万円となる。TOPIX オプションや TOIX 連動型投資信託などは，東証に上
場して取引される。その事後収益率とは，投資家が過去に購入し，現在保有
している株式の収益率（1 年前の TOPIX1000 と現在 1,200 ＝ 20%）をいう。一方，
予想収益率とは，投資家が現在保有していないが，これから購入しようと考
えている株式の収益率である。例えば，現在の TOPIX1,200 を基準にして，
1 年後の予想 1,250 の予想収益率は，（1,250 － 1,200）／1,200 ＝ 4% となる。投
資家にとり現在の株価が下落すると，予想収益率は上昇する。この予想収益
率の平均値が期待収益率となる[18]。

③ JPX 日経インデックス 400

これは 2014 年 1 月からスタートしたもので，日経新聞，日本取引所グルー
プ，東京証券取引所が共同する新しい株価指数で 400 銘柄（東証一部 386 銘柄，
東証二部 1 銘柄，マザーズ 2 銘柄，ジャスダック 11 銘柄）を選定する。その株価指

数は ROE，営業利益，時価総額などを基準に選定される。ただし 3 年間の ROE がマイナス企業は原則除外される。銘柄は毎年 8 月末に入れ替える。

3　株価と経験則に基づく財務指標との関係

　投資家は，投資対象の株価や企業価値を知るために経験則（heuristics）に基づく財務指標として 1 株当たり利益（EPS）や自己資本利益率（ROE）以外に株価収益率（price-earnings ratio），株価純資産倍率（price-to-book ratio），配当利回り，時価総額等に注目しバリュー株を発見する [19]。これらは企業価値と株価との比較による判断である（図表7-4）。

(1) EPS と ROE

　投資家は対象とする株式価値の目安として EPS や ROE を利用する。EPS（当期純利益／発行株式数）は将来の配当と企業価値を予測する基礎となり，企業間の収益性の比較を可能にするものである。企業グループにおける将来の EPS（予想連結純利益／発行株式数）は今期予想の連結純利益を株式数で割った数字で，株価が相対的に割安か割高かを判断する際に使われる。ROE は，企業が株主の自己資本から何パーセントの利益をあげているかという資本の効率性を示す（第 5 章参照）。

(2) 株価収益率

①株価収益率（PER）の計算
　PER は，1 株当たり株価に対する EPS あるいは時価総額に対する当期純利益の割合として計算される。連結決算を行う企業の PER には当期純利益として連結当期純利益が用いられる。

170 ｜ 第Ⅱ部　証券投資と企業価値評価

図表 7-4 「クローズアップ　日経平均株価」

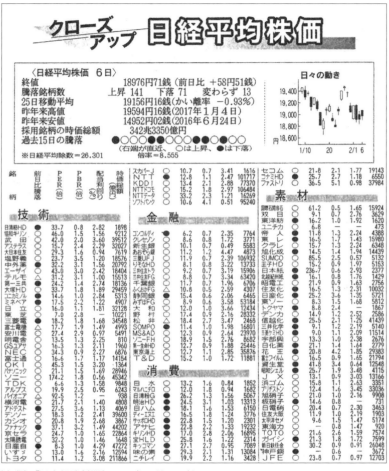

（出典）『日本経済新聞』2017 年 2 月 7 日付

$$A：株価収益率（PER）＝\frac{1株当たり株価}{1株当たり利益（EPS）}$$

★1株当たり利益（EPS）＝当期純利益／発行株式数

$$B：PER＝\frac{時価総額（株価×発行株式数）}{当期純利益}$$

ただし，株価はある一定期間の平均株価が用いられる。

例えば，T社の過去の平均株価が2,000円，当期純利益が10,000,000円，発行株式数が100,000株であった。A式を使うと，PER＝｜2,000円／（純利益10,000,000円／100,000株）｜＝20倍となる。PER20倍は，投資家が会社の利益1円に対して1株20円を支払うことを意味する。仮にPERが10倍であるとすれば，利益1円につき10円を支払うことになる。PERは株価が利益の何倍まで買われているかを示す指標で，単にレシオと呼ばれる。PERは産業によって異なるが，レシオが異常に高いことは株価が割高である兆候を示す。

②予想PER

予想PERは，株価を予想EPSで割って計算する。例えば，M社の現在の株価が1,600円，予想の連結純利益1,000,000円，発行株式数10,000株であるとする。EPSは1,000,000円／10,0000株＝100円／株，PERは1,600／100＝16倍である。M社による業績予測の発表から業績を上方修正する場合（連結利益が1,600,000円に増加），PERは10倍となる。他方，業績を下方修正する場合（連結利益が800,000円に減少），PERは20倍となる（図表7-5）。

業績を上方修正するとEPSが160円／株に増加し，株価が1,600円のまま変動しなければPERは10倍となる。PER16倍と比較すると，予想株価が割安感となる。逆に，EPSが80円／株に低下すると，PERが20倍に上昇し割高感となる。このようにPERは予想利益によって大きく左右される。

PERは万能薬ではない。利用する場合に次の点に注意を払う必要がある。

(a) 当期純利益は一過性の要因のノイズを含み，会計操作の可能性がある。投資家は経常利益や当期純利益に不自然さがあれば，それを取り除いて計算する必要がある。また営業外損益や特別損益の影響を受けない営業利益を利用する調整PER方法も講じられる。

(b) 景気循環株のPERは割安な株価を表すとはかぎらない。景気の動向を受けて業績が大きく左右される景気循環株（紙パルプ，化学，製鉄，海運）は，景気が良くなると多くのモノが売れ，原料，設備等への投資が増え株価が上がる。不景気になると在庫調整など生産が落ち込む。これに対して，

図表 7-5　PER の予想

PER＝1,600 円／100 円＝16 倍	△業績上方修正　EPS＝160 円 株価 1,600 円と仮定とする	PER＝10 倍 （割安感）
	▲業績下方修正　EPS＝80 円 株価 1,600 円と仮定する。	PER＝20 倍 （割高感）

　電気，ガス，鉄道など景気にあまり左右されない株式をディフェンシブス
トックという。

(c) 得意先の押し込み販売が日常茶飯事に行われ，来期分の売上を先取りの
　ケースがある。投資家はこうした会計操作を見抜くために売上債権や棚卸
　資産が売上に比べて異常に高いかを確認する必要がある。

(d) 株安の罠（バリュートラップ）とは，割安株を購入しても，さらに企業収
　益が落ち込み株価がさらに下落する場合をいう。

(3) 株価純資産倍率

　株価純資産倍率（price-to-book ratio, PBR という）は，株価を 1 株当たり純資
産（book value per share, BPS）で除すか，あるいは株式時価総額を純資産額で
除して計算される。PBR はストックから株価の状態を判断する指標である。
PBR が 1 倍であるとき，株価が解散価値と等しいとされ，それが 1 倍以下
の場合に割安株と判断される。PBR は，投資ファンドにおいて企業買収（株
式大量取得）で株価が低迷している割安な企業を探し出す場合に活用される。
しかしながら，継続企業を前提とする PBR は，理論的には 1 倍以上が成長
する目安として判断される。

$$A：PBR＝\frac{1株当たり株価}{1株当たり純資産（BPS）}$$

★　1株当たり純資産（BPS）＝純資産／発行株式数

$$B：PBR＝\frac{時価総額（発行株式数×株価）}{純資産}$$

例えば，Y 社は，発行済株式数 10,000 株，企業の純資産（帳簿残高）5,000,000 円，株価が 1,000 円である。A 式によると，PBR＝1,000／（5,000,000／10,000）＝2 倍となる。純資産は解散価値でもある。理論上，PBR1 倍以下の企業に投資すれば，仮にその企業が解散しても投資額は戻ってくるはずである。したがって，PRB の投資判断の目安は 1 倍を超えているか否かである。Y 社の PBR2 倍は，企業が解散した場合，1,000 円で株式を購入した株主には 500 円しか戻らず，PBR による投資判断は割高となる。仮に，1 株当たり純資産（BPS）が 500 円である企業を株価 400 円で購入した場合，投資額より 100 円多く分配を受けることができ，割安と判断される[20]。このように PBR1 倍割れの割安株を買えば，会社が解散したときに投資以上の金額が戻ってくる計算である[21]。しかしながら，低 PBR 銘柄の特徴は，企業価値が低く，業績不振が続き，放漫経営がつづく企業でもある。PBR は無形資産の価値を反映しないし，資産の質まではわからないという問題もある。

(4) 配当利回り

配当利回りとは，株価に対する年間の配当額の割合を示す指標である。それは 1 株当たり配当金（dividends per share）に対する現在の株価との関係を示す。

$$配当利回り ＝ \frac{1株当たり配当金}{1株当たり株価}$$

例えば，ある会社の株価が 1,000 円，その 1 株当たり配当金が 40 円である場合，配当利回りは 40 円／1,000 円×100％＝4％と計算される。投資家はこれにより年間の配当額を予想し，投資の判断材料にする。株価が下落すると配当利回りは上昇する。配当金はキャピタル・ゲインより確実性が高いが，企業の配当政策の影響を受ける。また，市場全体の配当利回りは，単純平均で算出される配当利回りに，上場会社数によるウエイトを付した加重平均利回りが用いられる。この算出では自社株を除く発行済株式数で計算する。ちなみに，当期純利益のうち配当金として支払われる割合を配当性向という。

成長企業は利益を内部留保に回すことが多く配当性向が低い（第5章参照）。

(5) 時価総額

　株価は株主資本価値を市場において客観的に判断する指標である。上場会社の株主持分である時価総額（market capitalization）は次の計算となる。

　　　　時価総額＝株価×発行株式総数

　時価総額が成長することは，市場が過去の業績（利益やキャッシュ・フロー）のみならず，将来の利益と成長性を期待することを意味する。世界の企業で時価総額が1,000億ドル（10兆円）を超える企業は，2014年12月時点で1位アップル，2位エクソンモービル，3位マイクロソフト，19位にトヨタがランクインする（Financial Times Global 500）。時価総額は株価と発行株式総数によって決まることから，株式発行数が少ない企業の高株価が直ちに企業価値あるいは企業業績の良し悪しに結びつくものではない。市場は株価を過大あるいは過小評価することから，企業価値（あるいは株主資本価値）は株価とはイコールではない。東証の時価総額は2015年2月末時点で4,751,890（百万ドル），対世界比7.21％である。その合計額は1989年12月のバブル期を遙かに超えている。

　以上，こうした経験則に基づく財務指標は，将来の予想（長期キャッシュ・フローや割引率等）が不要で直感的に理解しやすいことから，実際に多くの場面で利用される。

注

1　土光篤洋監修，増沢和美・新美美葉訳，2000年『賢明なる投資家』Pan Rolling，参考。

2　Penman, S. 2010, *Financial Statement Analysis and Security Valuation* Forth Edition, McGraw- Hill International Edition.

3　Penman, S., 2011, *Accounting For Value*, Columbia Business School, p.7.

4　Ibid. p.1.

5　藤本容啓，2009年『MBAのための資本市場分析』有斐閣，4〜5頁参考。

6　同上書，9頁参考。

7　同上書，11頁参考。

8　同上書，19〜21頁参考。

9　同上書，88頁参考。

10　Ross, Stephen A., Randolph W. Westerfield, and Jeffrey F. Jaffe, 2010, 大野薫訳，2012年『コーポレートファイナンスの原理　第9版』金融財政事情研究会，415〜453頁参考。

11　藤本容啓，2009年　前掲書，88頁参考。

12　同上書，418頁の図表を参照。

13　岡田正大「経営学はいま」『日本経済新聞』2013年12月4日付参考。

14　東京証券取引所グループ『東京証券取引所のご案内，Guide to TES』（2008年版）。

15　『日本経済新聞』2016年12月25日付参考。

16　2015年11月4日，日本郵便は政府が全株保有継続するが，日本郵政，ゆうちょ銀行，かんぽ生命保険の3社は東京証券取引所に株式を同時上場した。日本郵政はゆうちょ銀行とかんぽ生命の親会社である。日本郵政の売出価格は1,400円，終値は1,760円，時価総額7兆9,200億円となった。ゆうちょ銀行の売り出し価格が1,450円，終値が1,671円，時価総額7兆5,195億円となった。かんぽ生命保険の売り出し価格が2,200円，終値が3,430円，時価総額2兆580億円であった。配当利回りは日本郵政が3.3％，ゆうちょ銀行が3.4％，かんぽ生命が2.5％になる。メガバンクは2％台から3％台。東証一部上場企業の平均は2％。株価純資産倍率はゆうちょ銀行が0.47倍，かんぽ生命が0.67倍，日本郵政は0.41倍である（『日本経済新聞』2015年11月5日付）。政府は郵政3社の売却で得た資金を東日本大震災の復興財源に充てる。金融2社は完全民営化を目指すが，日本郵政株は3分の1超の保有が政府に義務づけられている。

17　須田一幸・山本達司・乙政正太，2007年『会計操作』ダイヤモンド社，200頁参考。

18　根岸康夫，2006年『現代ポートフォリオ理論講義』金融財政事情研究会，2〜5頁参考。

19　ペンマン，S. H., 杉本徳栄・井上達男・梶浦昭友訳，2005年『財務諸表分析と証券評価』白桃書房，4〜5頁参考。

20　「なるほど株式・この言葉」『日本経済新聞』2007年6月7日付参考。

21　『日本経済新聞』2010年10月18日付参考。

第8章 株式評価とポートフォリオ理論

学習目標

　本章は，証券投資の行動規範となるポートフォリオ理論，実証理論の CAPM，効率的市場仮説というファイナンスの基本概念を理解することに目標を置く。

1　合理的投資行動とポートフォリオ

(1) 株式のリターンとリスク

　株式収益率（rate of return＝r，リターンという）は次の計算となる。

$$r = \frac{p_1 + d_1}{P_0} - 1 \tag{8.1}$$

　P_0 は期首の株価，p_1 は期末の株価，d_1 は期末に受け取る配当である。リターンには将来の「予想収益率」と過去の実績を示す「事後収益率」がある。例えば，現在の株価が1,000円，1年後の株価が1,100円，配当が50円になると予想すると，その予想収益率 r は ｛(1,100＋50)／1,000｝－1＝0.15（15％）と計算される。P_0 は現在の株価で既知だが，将来の期末の株価や配当は確率で推計される。したがって，期初時点の予想収益率 r は不確実である。こうしたリターンの合計の平均値を「期待リターン」という。期待リターンは

第8章　株式評価とポートフォリオ理論　｜ **177**

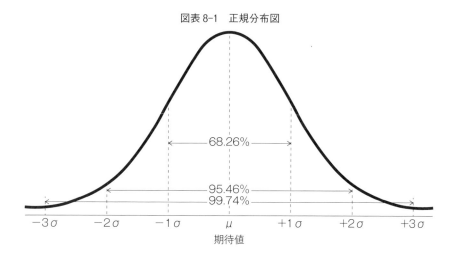

図表8-1 正規分布図

平均収益率ともいう。

　各リターンと期待リターン（r̄）との散らばり度合がリスクである。その統計量を分散（variance, σ^2）あるいは標準偏差（standard deviation, σ）という。このリスクに応じて加えられるリターン部分をリスク・プレミアムという。リターンの確率分布は図表8-1の正規分布を描く。証券投資でリスクとリターンという特性を使って投資対象を選択する方法を「2パラメータ・アプローチ」という[1]。

　正規分布の信頼区間は「平均μの期待リターン−標準偏差σ」から「平均μの期待リターン＋標準偏差σ」まで68.26%となる。平均の上下2標準偏差（±2σ）の範囲は95.46%、3σの範囲は99.74%の確率で入る[2]。

　離散型の分散σ^2は次の計算となる。ただしr_iは生起するリターン、r̄は期待リターン、P_iは確率である。

$$\sigma^2 = \sum_{i=1}^{n} (r_i - \bar{r})^2 P_i$$

特定の範囲に属する確率の連続型の分散は次の計算となる。

$$\sigma^2 = \int_{-\infty}^{\infty} (r - \bar{r})^2 F'(r) dr$$

図表 8-2　証券 j の分散と標準偏差

確率 Pi	証券 j の収益率 ri	収益率の偏差	偏差の二乗	偏差の二乗×確率
好景気 1/3	20	10	100	33.33
並 1/3	15	5	25	8.33
不景気 1/3	−5	−15	225	75
期待リターン r̄	10%	Σ　偏差の二乗の期待値（分散）＝116.67 標準偏差＝10.80%		

（出典）井出正介，高橋文郎，1992 年『ビジネス・ゼミナール企業財務入門』日本経済新聞社，61 頁参考，一部補筆

図表 8-3　証券 k の分散と標準偏差

確率 Pi	証券 k の収益率 ri	収益率の偏差	偏差の二乗	偏差の二乗×確率
好景気 1/3	10	5	25	8.33
並 1/3	0	−5	25	8.33
不景気 1/3	5	0	0	0
期待リターン r̄	5%	Σ　偏差の二乗の期待値（分散）＝16.67 標準偏差＝4.08%		

（出典）同上

　分散 σ^2 は 1 未満では値が小さくなり，1 より大きいと分散値は非常に大きくなる。それを是正するために分散の平方根である標準偏差 σ が利用される。例えば，次の 2 つの証券の期待リターンと分散と標準偏差（図表 8-2 と図表 8-3）を比較する。両者を比較すると，証券 j の方が収益率の変動が大きい。このように株式の種類には景気変動と連動して上下する景気循環型（海運業界），逆に不況期に上昇し好況期に下落する景気逆行型（製薬業界），景気無関係型（公益事業）がある。これ以外はその中間にある。

　さて，分散は，例えば株式のリターン分布が 0.1370，0.3580，0.4514，−0.0888 であると仮定すると，次の計算となる[3]。

$$\sigma^2 = \frac{1}{T-1} \left[(R_1 - \bar{R})^2 + (R_2 - \bar{R})^2 + (R_3 - \bar{R})^2 + (R_4 - \bar{R})^2 \right]$$

$$= \frac{1}{3} \left[(0.1370 - 0.2144)^2 + (0.3580 - 0.2144)^2 + (0.4514 - 0.2144)^2 \right.$$
$$\left. + (-0.0888 - 0.2144)^2 \right] = 0.0582$$

標準偏差のリスクは次の計算となる。

$$\sigma = \sqrt{0.0582} = 0.2412 \text{ あるいは} 24.12\%$$

(2) ポートフォリオ理論

　投資家はリスクを低めるために異なる種類の複数証券に投資する。そうした一体化した分散投資をポートフォリオ（portfolio）という。ポートフォリオは危険を分散する投資の組み合わせを意味する。マーコウィッツ（Markowitz, H.）は1952年に「平均分散モデル」を発表し「投資家は資本市場においてリスクの高い証券よりも低い証券を選好し，リスク証券を保有するにはそれに応じたプレミアムを要求する[4]」という命題を証明した。ポートフォリオ理論は証券投資の規範理論となっている。

①ポートフォリオの期待リターン
　ポートフォリオの期待リターンは，投資の総資産額に占める「組入比率」（比率合計＝1）で変化する。例えばn個の資産（証券）の組入比率をXi（i＝1, 2, ……, n），各資産の期待リターンを$\bar{r}_i$とすると，そのポートフォリオの期待リターン$\bar{R}_p$は各証券の期待リターンの組入比率の加重平均値となる。

$$\bar{R}_p = \sum_{i=1}^{n} X_i \bar{r}_i$$

②共分散と相関係数
　次の図表8-4は，2つの異なる証券jとkの収益率（リターン）と期待リター

図表 8-4

確率	証券j 収益率	証券jの 偏差	証券kの 収益率	証券kの 偏差	偏差の積	偏差の積 ×確率
1/3 好景気	20	10	10	5	50	16.67
1/3 並	15	5	0	-5	-25	-8.33
1/3 不景気	-5	-15	5	0	0	0
期待リターン $\bar{r}$	10%		5%		共分散 = 8.33, 相関係数 = 0.189	

（出典）井出正介，高橋文郎，1992 年『ビジネス・ゼミナール企業財務入門』日本経済新聞社，67 頁参考，一部補筆

ンからの偏差を $r_j - \bar{r}_j$ と $r_k - \bar{r}_k$ と表現する。2つの証券における相関の度合いを示す尺度が共分散（covariance）である。共分散 S_{jk} は 1）各経済状態の収益率と期待リターンの偏差を求め，2）各経済状態で得られた偏差の積に確率をかけたものを合計する。

$$S_{jk} = \sum_{i=1}^{n} (r_j - \bar{r}_j)(r_k - \bar{r}_k) \tag{8.2}$$

S_{jk} はデータ（j_1, j_2……j_n, k_1, k_2……k_n）に対して次の計算となる。

$$S_{jk} = \frac{(j_1 - \bar{j})(k_1 - \bar{k}) + (j_2 - \bar{j})(k_2 - \bar{k}) + \cdots\cdots((j_n - \bar{j}_n)(k_n - \bar{k})}{n-1}$$

S_{jk} が各経済状態において同じ方向に動く場合を正の相関，逆方向に動く場合を負の相関という。その相関の度合は相関係数（correlation coefficient）で示される。相関係数 C_{jk} は j と k の共分散を各標準偏差で割って計算される[5]。

$$C_{jk} = \frac{\sigma_{jk}^{2}}{\sigma_{jj}\ \sigma_{kk}}$$

上記の相関係数は次の計算となる。

$$C_{jk} = \frac{共分散8.33}{証券jの標準偏差10.80 \times 証券kの標準偏差4.08} = 0.189$$

相関係数は＋1から−1までの範囲にある。相関係数ゼロは2つの変数が互いに無関係を意味する。相関係数＋1は2資産の収益率が完全に連動している状態，相関係数−1は2資産の収益率が逆に動く状態を示す。投資家は

ポートフォリオ・リスクを小さくし，ポートフォリオ効果をあげるには，負の相関関係となる証券の組入比率を選択することである。

(3) 平均分散モデル

　現代ポートフォリオ理論において平均と分散のみに着目した理論を「平均分散モデル」という[6]。その「最適ポートフォリオ」とは，リスク回避的な投資家の効用を最大にする投資機会の集合である。投資家はリターンが同じであれば，リスクの小さい投資を選択し，リスクが同じであれば，リターンの大きい投資を選択する行動をとる。ポートフォリオのうち実現できるリスク・リターンの組み合わせの全体を「実行可能領域」という。その形状には次の3つのパターンがある[7]。パターン1は危険資産（株式や社債のようなリスク証券）の組み合わせで，組入比率が0以上，パターン2は安全資産（預金や国債のような無リスク証券や金融資産）を含む資産の組入比率が0以上，パターン3は空売りが可能で組入比率に制約がない形状となる。

　ポートフォリオにはリスクが最小になる共通の特徴があり，これを「効率的ポートフォリオ」（efficient portfolios）という。効率的ポートフォリオが描く曲線を「効率的フロンティア」という[8]。効率的フロンティアとは，複数の証券によるポートフォリオを構築する場合，ある水準の期待リターンにおいてもっとも低いリスク，あるいはある水準のリスクにおいてもっとも高い期待リターンをもつポートフォリオをいう。

①パターン1：リスク証券のみのポートフォリオ

　2つの証券1と証券2がある。各証券の期待リターンを $\bar{r}_1$ と $\bar{r}_2$，分散を σ_1^2，σ_2^2，共分散を σ_{12} とする。投資家は証券を w_1 と w_2 の組入比率で保有する。$w_1 + w_2 = 1$ である。ポートフォリオの期待リターンは次式となる[9]。

$$\bar{r}_p = w_1 \bar{r}_1 + w_2 \bar{r}_2$$

　ポートフォリオのリスク（分散と標準偏差）は次式となる。ただし，C_{12} は相関係数を示す。

182 ｜ 第Ⅱ部　証券投資と企業価値評価

図表 8-5 相関係数 C_{12} が変化した場合のポートフォリオの期待リターンとリスクの関係

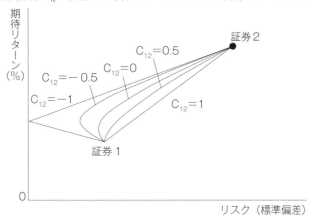

（出典）新井富雄，渡辺茂，太田智之，2014 年『資本市場とコーポレート・ファイナンス』中央経済社，68 頁一部補筆

$$\sigma_p^2 = \sigma_1^2 w_1^2 + \sigma_2^2 w_2^2 + 2c_{12}\,w_1 w_2\,\sigma_1\sigma_2$$
$$\sigma_p = [\,\sigma_1^2 w_1^2 + \sigma_2^2 w_2^2 + 2c_{12}\,w_1 w_2\,]^{0.5}$$

ただし，$w_1 + w_2 = 1$，$w_1, w_2 \geqq 0$

　例えば，証券 1 の期待リターン 12％とリスクの σ 18％，証券 2 の期待リターン 3％とリスクの σ 12％，証券 1 の組入比率 70％，証券 2 の組入比率 30％，相関係数を -0.8 と仮定する。ポートフォリの期待リターンとリスク（分散と標準偏差）は次の計算となる[10]。

$$\bar{r}_p = (12\% \times 0.7) + (3\% \times 0.3) = 9.3(\%)$$
$$\sigma_p^2 = (18\% \times 0.7)^2 + (12\% \times 0.3)^2 + 2 \times (-0.8) \times (18\% \times 0.7) \times (12\% \times 0.3)$$
$$= 99.14\%$$
$$\sigma_p = \sqrt{99.14} \fallingdotseq 10.0\%$$

　このように 2 証券によるポートフォリオの期待リターン $\bar{r}_p$ と標準偏差 σ_p の関係は，図表 8-5 の効率的ポートフォリオとして描ける。

（a）相関係数 $c_{12} = 1$ の場合

　この効率的ポートフォリは一番下位の直線上にあり，証券 1 の組入比率が

大きくなるにつれて証券2に重なる。このポートフォリオにはリスク分散効果はない。

（b）相関係数 $C_{12} = 0.5$ の場合

　この効率的ポートフォリオは，相関係数1の効率的フロンティアの上位に位置する。証券1と証券2のリターンが等しい時，ポートフォリオのリスクは2つの資産の加重平均から小さくなる。このケースではリスク分散効果がある。

（c）相関係数 $C_{12} = -1$ の場合

　このケースは一番左側にある効率的フロンティアを描く。証券1の組入比率を証券2へ移していくと，期待リターンは上昇しリスクが減少する。期待リターンが2つの証券リターンの加重平均値に等しくなる状態でリスクがゼロとなる。この点から証券2の組入比率を増やすと，リターンとリスクは直線的に増加し，最終的には証券2の点と重なる。

（d）ポートフォリオが3証券（相関係数1未満）の期待リターンとリスク

　3証券に投資を拡大すると，ポートフォリオの期待リターンとリスクは次式となる（図表8-6参照）。

$$\bar{r}_p = w_1\bar{r}_1 + w_2\bar{r}_2 + w_3\bar{r}_3$$

$$\sigma_p^2 = w_1^2\sigma_1^2 + w_2^2\sigma_2^2 + w_3^2\sigma_3^3$$

$$+ 2(w_1w_2\sigma_1\sigma_2c_{12} + w_1w_3\sigma_1\sigma_3c_{13} + w_2w_3\sigma_2\sigma_3c_{23})$$

　証券1と証券2のポートフォリオをP曲線，証券2と証券3のポートフォリをQ曲線とする。P曲線のポートフォリオAとQ曲線上のポートフォリオBの組入比率を変化させると，リスク分散効果が働き，曲線Lが描ける。L曲線の点Aは同じ平均収益率をもつ曲線Pや曲線Qの点よりリスクが小さくなる。P曲線上のポートフォリA'とQ曲線上の別のポートフォリB'を組み合わせると曲線Mが描ける。3証券の効率的フロンティアは次のようになる[11]（図表8-7参照）。

（e）n証券（相関係数1未満）の期待リターンとリスク

　このポートフォリオの期待リターンは次式となる（図表8-8参照）。

図表8-6 3つの証券のポートフォリオ（相関係数1未満のケース）

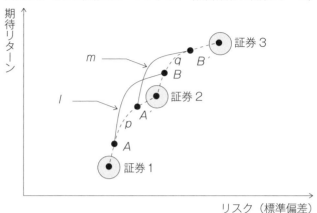

（出典）藤本容啓，2009年『MBAのための資本市場分析』有斐閣，156頁一部補筆

図表8-7 3つの証券の効率的フロンティア

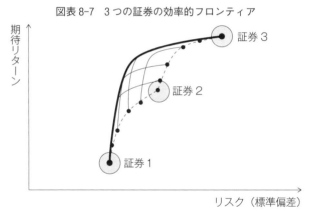

（出典）藤本容啓，2009年『MBAのための資本市場分析』有斐閣，157頁一部補筆

第8章 株式評価とポートフォリオ理論 | 185

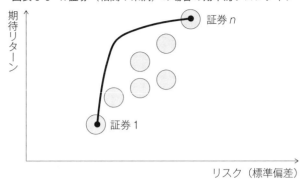

図表 8-8　n 証券（相関 1 未満）の場合の効率的フロンティア

（出典）藤本容啓，2009 年『MBA のための資本市場分析』有斐閣，157 頁一部補筆

$$\bar{r}_p = \sum_{i=1}^{n} w_i \bar{r}_i$$

このポートフォリオのリスク（分散）は次式となる（図表 8-8 参照）。

$$\sigma_p^2 = \sum_{i=1}^{n} \sum_{j=1}^{n} w_i w_j \sigma_{ij} = \sum_{i=1}^{n} \sum_{j=1}^{n} w_i w_j c_{ij} \sigma_i \sigma_j$$
$$= \sum_{i=1}^{n} w_i^2 \sigma_i^2 + \sum_{\substack{i=1 \\ j \neq i}}^{n} \sum_{j=1}^{n} w_i w_j c_{ij} \sigma_i \sigma_j$$

② パターン 2：n 証券（相関係数 1 未満）に安全資産を追加

パターン 2 はパターン 1 に安全資産を組み入れたポートフォリオである。投資家は安全資産をあるレートで貸し付けたり借入れが自由にできる（図表 8-9 参照）。安全資産の収益率を $\bar{r}_0$，点 B の期待リターンを $\bar{r}_B$，分散を σ_B^2 とする。安全資産の組入比率を x_0，ポートフォリオ B の組入比率を $1-x_0$ とする。ポートフォリオのリターンは次の計算となる[12]。

$$\bar{r}_p = x_0 r_0 + (1-x_0)\bar{r}_B$$

この分散は次の計算となる。

$$\sigma_p^2 = x_0^2 \times 0 + 2x_0(1-x_0) \times 0 \times \sigma_B \times 0 + (1-x_0)^2 \sigma_B^2$$
$$= (1-x_0)^2 \sigma_B^2$$

図表8-9　パターン2の効率的フロンティア

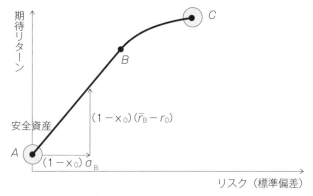

（出典）藤本容啓，2009年『MBAのための資本市場分析』有斐閣，158頁一部補筆

投資家は点Aからパターン1の効率的フロンティアに接線を引き，さらに接点Bから証券nの点cまで効率的フロンティアを描ける。投資家は，点Aの安全資産と接点Bで表される直線ABのポートフォリオに投資ができ，安全資産を利用して資金を借入れ，それをBの右側に投資することが可能である。投資家は1）ポートフォリオBを選択し，2）ポートフォリオBと安全資産を組み合わせる投資機会を選択する。投資家は危険資産のみのポートフォリオより高い効用を実現することができる。

③パターン3

パターン3は，安全資産を含み，組入比率に制約がなく，株式の空売りが許されるポートフォリオである（図表8-10参照）。空売りとは株式市場が一時的に下げの流れの中で証券会社から株を借りて高いうちに売却し，その株が値下がりした時点で買い戻して利益を得る方法をいう。

効率的フロンティアは点Aを通る直線，実行可能な点Xは安全資産 w_0 と株式ポートフォリオBの $1-x_0$ をもつ。点Xの組入比率をk倍したポートフォリオX'も組入比率の制約はなく，ポートフォリオのリターンとリスクはk倍したものとなる。パターン3の効率的フロンティアはパターン2

第8章　株式評価とポートフォリオ理論 | 187

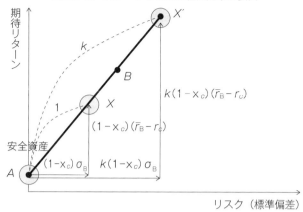

図表8-10 パターン3の点の組入比率の拡大

(出典)藤本容啓，2009 年『MBA のための資本市場分析』有斐閣，161 頁一部補筆

より左側に位置する場合もある[13]。

以上，さまざまなポートフォリオのパターンを示したが，投資家にとって最善の投資手法は存在しない。どのようなポートフォリオを選択するかは，投資家のリスク選好度に依存して決まる。

2 資本資産評価モデル

(1) CAPM の概要

1960 年代半ば，シャープ（W. Sharpe）とリントナー（J. Lintner）等が提唱した理論株価モデルを「資本資産評価モデル」（capital asset pricing model, CAPM）という[14]。CAPM は，ポートフォリオ理論を資本市場理論に拡張し，危険資産と期待リターンの間の需要と供給をバランスさせる数量的関係（均衡価格）を想定した実証理論である[15]。CAPM は株式の資本コストを推定する場合に利用される（第8章参照）。それは，1）すべての投資家が各証券の「期待収益率」「危険資産」「相関」について同じ予測の同質的期待をもち，同じ

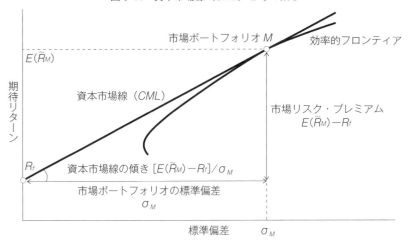

図8-11 資本市場線（CML）とその傾き

（出典）新井富雄，渡辺茂，太田智之，2014年『資本市場とコーポレート・ファイナンス』中央経済社，78頁

ポートフォリオを保有し，2）投資家は通常最適な行動をし，均衡点では証券に対する需給が一致する，という仮定を追加する[16]。

この同質的期待の世界では，すべての投資家はリスク・フリーレート R_f と市場ポートフォリオ M を結ぶ直線の投資機会を選択する（図表8-11）。この直線を資本市場線（capital market line, CML）という。CML 上のポートフォリオ M を「市場ポートフォリオ」という[17]。市場ポートフォリオの組入比率は，市場全体の時価総額に対する各銘柄の株式時価総額の割合である。すべての投資家が危険資産の同一ポートフォリオを選択するならば，そのポートフォリオの期待リターン $E(\widetilde{R}_p)$ は，CML としての次式となる。

$$E(\widetilde{R}_p) = R_f + \left[\frac{E(\widetilde{R}_M) - R_f}{\sigma_M}\right]\sigma_p$$

CML の傾きはマーケット・リスク・プレミアムをリスク（市場ポートフォリオの標準偏差 σ）で割ったものである。CML の傾きにポートフォリオのリスク σ_p を乗じたものがポートフォリオのリスク・プレミアムである。それは安全資産に対する追加的に求めるリターン率である。

第8章 株式評価とポートフォリオ理論 | **189**

$$\text{CMLの傾き} = \frac{E(\widetilde{R}_M) - R_f}{\sigma_M}$$

さて，こうした状況で個別証券あるいはポートフォリオのリスクとリターンの関係を表現したのが，CAPM である。CAPM は次のことを仮定する[18]。①市場利子率に影響を及ぼす富裕な借り手と貸し手が資本市場に存在しない。②取引コストや税金が存在しない。③借り手と貸し手は市場利子率に基づきその財産の限度枠いっぱいまで借入れたり貸付けたりすることができる。④すべての投資家は将来の株価に関して同じ分布をもつ。

CAPM は，次式として表現されるが①先ず株式市場全体の期待リターンを推定し，②次に個別証券の期待リターンを推定するプロセスをたどる。

$$E(\widetilde{R}_i) = R_f + \beta_i[E(\widetilde{R}_M) - R_f]$$

①市場全体の期待リターン

株式市場全体の期待リターン $E(\widetilde{R}_M)$ は次の式から推定される。

$$E(\widetilde{R}_M) = R_f + \text{マーケット・リスク・プレミアム}$$

R_f は安全資産の金利，マーケット・リスク・プレミアムは $E(\widetilde{R}_M) - R_f$ となる。将来のマーケット・リスク・プレミアムを正確に推定するのは困難であることから，CAPM は過去の平均リスク・プレミアムを利用する[19]。

②個別証券の期待リターンとベータ

市場全体の期待リターンを推計した後，個別証券の期待リターン $E(\widetilde{R}_i)$ を求める。リターンを決定する β_i は投資対象の株価変動と TOPIX などの市場指数との連動性を示す指標である。その計算は投資金融機関で行われる。$E(\widetilde{R}_i)$ は証券 i の期待リターンとベータが線形関係にある。証券の感応度が高いほど，その β 値が高く，リスク・プレミアムも高くなる。$\beta_i = 0$ の場合，この証券はリスク・フリーと同じ。$\beta_i = 1$ の場合，証券リターンは市場の期待リターンとなる。$\beta = 2$ の場合（図表8-12，A社），マーケット全体が5%上昇すると期待されれば，個別証券のリターンは10%まで高くなると

190 | 第Ⅱ部　証券投資と企業価値評価

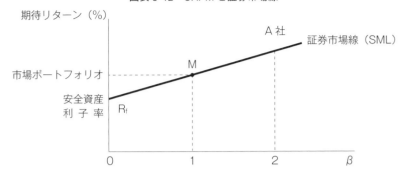

図表 8-12　CAPM と証券市場線

予想される。ベータは個別証券と市場ポートフォリオ間の共分散と市場ポートフォリオのリスクによって規定される。

$$\beta_i = \frac{\mathrm{Cov}\, i, M}{\sigma^2 M}$$

資本市場線に対して、安全資産と個別証券のベータを結ぶ直線を「証券市場線」（securities market line, SML）という。SML の傾きは市場ポートフォリオのリスク・プレミアムを示す。

(2) 実際のポートフォリオ効果

投資家が実際にポートフォリオ投資において、上場銘柄をランダムに増やしていくと、共分散のボラティリティの幅を次第に小さくすることができる。だが、やがて銘柄数を増やしてもボラティリティが減らない現象が起きる。このような観察結果から、証券市場の全体リスクは、特定の株式に影響する「非システマティック・リスク」と回避不能な「システマティック・リスク」に分解できる（図表 8-13）。非システマティック・リスクはランダムに選択した株式ポートフォリオによって減少するが、GDP、金利、インフレという経済全般の不確実性に基づくシステマティック・リスクは回避できない。従って、投資家はシステマティック・リスクにのみ左右される。

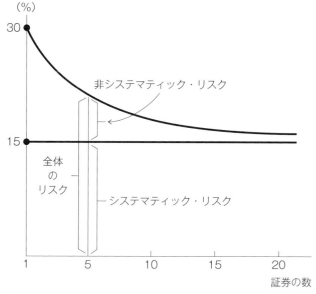

図表8-13 投資分散によるポートフォリオ・リスクの減少

（出典）E.F. Brigham, 1978 *Fundamentals of Financial Management*, The Dryden Press, p.85

3 効率的市場仮説

　効率的市場仮説（efficient market hypothesis, EMH）とは「証券の価格が公開情報で決まり，常に価格が利用可能な情報を完全に反映している市場」（E.F. Fama, 1970）[20]である。効率的市場は，①入手可能な情報を十分に反映している市場で，②株価が新情報に即座に反応する市場である。EMHは，公開された情報の裁定取引という考え方を認めず，一部の投資家が巨額の利益を手にしたり，特別な投資で儲けることができないことを論じる。株価はすべての投資家がもっている知識や期待を反映し，ランダムウォークすると考えられている。そして，ファーマ（E.F. Fama）は，資本市場には3つの効率性，つまり①ウィーク型（weak form），②セミ・ストロング型（semi strong form），

ストロング型（strong form）があることを検証した[21]。

①は，市場が公開された過去の株価チャートに対してのみ効率的であり，投資家は過去の株価情報を分析してもそれによって超過収益を手にできない。

②は，それに加えて公開情報（会計情報，経営者予測情報等）について効率的であり，投資家が公開情報を分析しても超過収益を手にできないほど効率的である。

③は，一般に公開されていないインサイダー情報についても市場が効率的であり，投資家は，それによって超過収益を手にできない状態をいう。

EMH はポートフォリオ理論及び CAPM と一体化して証券投資の実務に広がった。EMH を認めたポートフォリオの投資戦略を「受動的ポートフォリオ投資」といい，投資家は市場で平均的投資収益を求める。それに対して，EMH に整合しない「アノマリー現象」（合理的に説明できない現象）を活用して市場平均以上の投資収益を求めるのが「積極的ポートフォリオ投資」である。EMH において，投資家が市場平均を超える投資収益を獲得することができないとすれば，市場が情報に対して効率的ではなくなる矛盾が生まれる。しかし，アノマリー現象が多く報告されても，そのことにより直ちに EMH を棄却あるいは会計情報の有用性を否定するものではない[22]。

注

1 Dwight, B. Crane and others, *The Global Financial System: A Functional Perspective*, 1995, the President and Fellows of Harvard College, 野村総合研究所訳『金融の本質』2000 年 3 月，NRI 野村総合研究所，339〜340 頁参考。

2 藤本容啓，2009 年『MBA のための資本市場分析』有斐閣，144 頁参考。

3 Ross, Stephen A., Randolph W. Westerfield, and Jeffrey F. Jaffe, 大野薫訳『コーポレートファイナンスの原理　第 9 版』金融財政事情研究会，483 頁参考。

4 Markowitz, H. M. 1952, 'Portfolio Selection' *Journal of Finance*, 1959 *Portfolio Selection Efficient Diversification of Investments*, Basil Blackwell.

5 藤本容啓，前掲書，144〜146 頁参考。

6 同上書，149 頁参考。

7 同上書，150〜167 頁参考。

8 同上書，151〜152 頁参考。

9　新井富雄・渡辺茂・太田智之，2014 年『資本市場とコーポレート・ファイナンス』中央経済社，64〜65 頁参考。

10　根岸康夫，2006 年『現代ポートフォリオ理論講義』金融財政事情研究会，56 頁参考。

11　藤本容啓，前掲書，156 頁参考。

12　同上書，158 頁参考。

13　同上書，160 頁参考。

14　Sharpe, W.F. 1970, *Portfolio Theory and Capital Markets*, McGraw-Hill.

15　Ibid. p. 77.

16　ボディ，ツヴィ／ロバート・C・マートン，大前恵一郎訳，1999 年『現代ファイナンス論』ピアソン・エデュケーション社，378 頁参考。

17　藤本容啓，前掲書，182 頁参考。

18　日本経営分析学会編，2005 年『経営分析事典』税務経理協会，40〜42 頁参考。

19　Ross, Stephen A., Randolph W. Westerfield, and Jeffrey F. Jaffe, 前掲書，550 頁参考。

20　藤本容啓，前掲書，206 頁参考。

21　根岸康夫，前掲書，292 頁参考。

22　藤本容啓，前掲書，136 頁参考。

第9章 企業価値評価

> **学習目標**
>
> 　企業価値評価の方法にはインカム・アプローチ，マーケット・アプローチ，コスト・アプローチがある。本章は主にインカム・アプローチの DCF 法における企業価値評価方法を理解することに目標がある。

1　企業価値の創造

(1)　企業価値

　企業の経済活動の主たる目的は，希少な経済資源を利用して財貨やサービスを市場に供給し，対価としてキャッシュ・フローや利益を持続的に創出し，企業価値を高めることにある。企業価値とは，ストックとしての会計上の資産にオフバランスを含めたすべての資産の時価総額である。また，企業価値は事業活動から生み出されるキャッシュ・フローの現在価値の合計である。

　さて，経営者はこうした事業活動を資本予算に組み込む。資本予算とは各種の投資プロジェクトに経済的評価を加え，その採否を決定する一連のプロセスをいう。それは資本計画であり，設備投資，研究開発投資，新市場の開拓，M&A 等を対象とする。資本計画の内容は「資本の需要」「資本の供給」「資本の配分」そして「資本の利用」の側面からなる。資本の需要とは，投

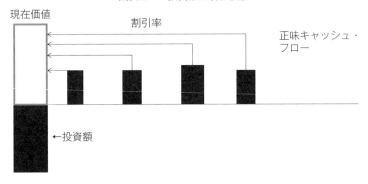

図表9-1 投資額と現在価値

資に必要な資本の大きさを予測すること,資本の供給とは,資金調達の時間と資本調達コスト等を決定すること,資本の配分とは,利用できる資金を代替的投資案に割り当てることである。資本の利用とは投資決定のことである。投資家もこうした資本計画が企業価値にどのような影響を与えるかを見極める必要がある。

(2) 現在価値と割引率

予算においては,投資プロジェクトは事業投資による現時点の支出に対し,収入の将来キャッシュ・フローを,ある割引率で割り引いた現在価値との差額として正味現在価値（NPV）がプラスの場合に採用される（図表9-1参照）。それに対する金融投資は金融市場が常に正常に機能している場合,利鞘を稼ぐ裁定取引の余地はほとんどなく,理論的にはその NPV はゼロと考えられる[1]。

NPV を計算するには貨幣の時間価値（time value of money）を考慮する必要がある。時間価値には将来価値（future value, FV）と現在価値（present value, PV）がある。将来価値計算には複利価値と単利価値がある。単利価値の計算は（$FV = P_0 \times 1 + r$）,複利価値の計算は $FV = P_0 \times (1+r)^t$ となる。P_0 は現在のキャッシュ,r は利子率,t は任意の期間,$(1+r)^t$ は割引率を示す。PV

図表 9-2　NPV と資本コスト（割引率）との関係

	現時点	1 年目	2 年目	3 年目	4 年目	合計
CF	△600	100	200	250	300	250
①NPV 20%	△600	83.3	138.89	144.51	144.2	△89.1
②NPV 10%	△600	90.91	165.29	187.97	205.48	49.65

は将来のキャッシュ・フローの現在価値で次の計算となる。

$$PV = P_t \diagup (1+r)^t = P_t \times 1 \diagup (1+r)^t$$

　上記の r は金利であるが，投資プロジェクトでは要求利益率の資本コストとして利用される[2]。例えば，投資プロジェクトの支出キャッシュ・フロー 600，その結果次の正味キャッシュ・フロー（1 年目 100，2 年目 200，3 年目 250，4 年目 300）が期待される。割引率を①20％と②10％と仮定した場合の NPV は図表 9-2 の計算になる。NPV は割引率に左右される。投資プロジェクは，割引率 r が 20％であれば不採用，10％であれば採用される。また将来の不確実性（リスク）は割引率に組み込むことができる。

2　企業価値の評価方法

　資本市場において企業に関するファンダメンタル価値（企業の基本的な価値）の原理が失われた時，米国では 1970 年代のコングロマリットの盛衰，80 年代の敵対的 M&A ブーム，80 年代後半の日本のバブル経済，98 年のアジア金融危機，ドットコム・バブル，2008 年秋のリーマン・ショックが発生した[3]。マッキンゼー・アンド・カンパニー（McKinsey & Company）は「国や地域を問わず，株主価値の創造は，株主をはじめとする多くのステークホルダーの利益を損ねることはなく，その価値創造に熱心な企業ほど，経済の強化，生活水準の向上，雇用機会の創造に貢献する[4]」と指摘する。
　企業価値を評価するアプローチには次の 3 つがある。
①インカム・アプローチは，キャッシュ・フローや利益に基づいて企業価値

を計算する方法である。割引キャッシュ・フロー法（discounted cash flow method, DCF 法），配当割引法，収益還元法，残余利益法等がある。いろいろな評価方法が主張される理由は，企業価値を評価する唯一の利益あるいはキャッシュ・フローは存在しないからである[5]。

②マーケット・アプローチは，市場で決まる株価や取引価額を基準にして企業価値を計算する方法である。市場株価法，類似会社比準法，類似取引比準法，取引事例法がある。

③コスト・アプローチは，評価対象企業を再構築するためにかかるコストに着目して株主価値を評価する方法である。これは純資産に焦点をあてるためネットアセット・アプローチとも呼ばれる。簿価純資産法，時価純資産法あるいは修正簿価純資産法がある。

　企業価値評価には，各評価法を単独に適用する単独法，複数の評価法を採用し，それぞれの評価の重要度を考慮する併用法，そして複数の評価方法を適用し各評価結果を一定の折衷割合で評価する折衷法がある。

(1) DCF 法の考え方

　DCF 法による事業価値は，事業投資から生まれるフリー・キャッシュ・フロー（free cash flow, FCF という）と資本コストの組み合わせによって決まる[6]。DCF 法は，FCF の範囲とそれに適用される資本コストの関係からエンタープライズ DCF 法，エクイティ DCF 法，調整現在価値法（APV 法）に分類される。企業全体に FCF が適用されるエンタープライズ DCF 法は資金提供者が単一ではないと仮定する。以下で概説するエンタープライズ DCF 法を単に DCF 法という。

①企業に関する 3 つの価値

（a）事業価値

　事業価値は事業投下資本の運用から生まれる。そこで貸借対照表項目（図表9-3を参照）を事業投下資本と非事業用資産（あるいは非事業用負債）に区別

198　第Ⅱ部　証券投資と企業価値評価

図表 9-3　貸借対照表項目の分類

余剰現金預金	事業用負債
事業用資産	非事業用負債
	有利子負債
非事業用資産	純資産（資本）

図表 9-4　事業価値，企業価値そして株主資本価値の関係

| (b) 企業価値 | (a) 事業価値 | 純有利子負債 |
| | 非事業投下資本（時価） | (c) 株主資本価値 |

する必要がある。

　事業投下資本とは，事業用資産と事業用負債の純額である[7]。事業用資産は営業資産，事業用負債は営業負債ともいう。非事業用資産は投資有価証券，遊休資産など事業サイクルに影響しない。また有利子負債から余剰現金預金を控除して純有利子負債が計算される[8]。

(b)　企業価値

　企業価値は，事業価値に非事業投下資本の時価を加えた価値である（図表9-4 を参照）。

(c)　株主資本価値

　株主資本価値（equity value）は企業価値から純有利子負債を控除して計算される。

②**事業価値とフリー・キャッシュ・フロー**

　事業価値はフリー・キャッシュ・フロー（FCF）を加重平均資本コストで割り引いた価値の合計額である。

$$V_0 = \sum_{t=1}^{\infty} \frac{\text{FCF } t}{(1 + \text{WACC})^t}$$

　V_0 は事業価値，FCF t は t 年後のフリー・キャッシュ・フロー，WACC（weighted average cost of capital）は加重平均資本コストである。事業価値の計

第 9 章　企業価値評価　**199**

図表9-5 事業価値の計算

算は次の図表9-5 からイメージできる。

DCF 法における FCF は次の計算になる。

FCF = EBIT × (1 - 実効税率) +
　　　減価償却費 - 設備投資 - 正味運転資本増減額

利子税金控除前利益 (earnings before interest and taxes, EBIT という) は，営業利益に相当する。ただし営業外損益であっても FCF に影響を与える項目，例えば主要な事業の不動産賃貸収入は EBIT に含められる。また，EBIT に (1 - 実効税率[9]) を乗じたみなし法人税を控除したものが，利子控除前税引後利益 (earnings before interest after taxes, EBIAT という) であり，これを税引後営業利益 (net operating profit after taxes, NOPAT) あるいは NOPLAT (net operating profit less adjusted tax) ともいう (第5章参照)。

FCF は次式に書き換えることができる。

FCF = NOPAT + 減価償却費
　　　- 設備投資(資本的支出)　　}　純投資
　　　- 正味運転資本増加額

FCF は売上高の増加，売上原価と販売費及び一般管理費の減少から営業利益の増大として創出される。設備投資はキャッシュ・フローを減少させる。売上債権，棚卸資産の削減，仕入債務の拡大などによる正味運転資本の圧縮がキャッシュ・フローを増加させる。実効税率の低減も FCF の増加に寄与する。

③資本コスト

資本コストとは，ステークホルダーの要求収益率であり，投資の機会費用となる。事業投下資本の資本コストは負債の資本コスト（cost of debt capital，負債コストという）と株主資本コスト（cost of equity capital）とからなる加重平均資本コスト（WACC）である。負債コストにはリスク・プレミアムが含まれない。

$$WACC = 負債コスト \times (1 - 実効税率) \times 負債比率 + 株主資本コスト \times 株主資本比率$$

例えば，有利子負債の社債コスト K_D は次の計算から導かれる。

$$D = \frac{R}{(1 + K_D)} + \frac{R}{(1 + K_D)^2} + \cdots\cdots + \frac{F}{(1 + K_D)^n}$$

D は負債の時価，R はクーポン額，F は満期時に償還される額面額，n は償還期間を示す。負債コスト K_D に 2 種類以上の負債が利用される場合，各資本コストを構成比率で加重平均した値となる。

株主資本コストの推定には，裁定価格理論などいくつかのモデルがあるが，一般には資本資産評価モデル（CAPM）から導かれる（第 8 章参照）。株式市場が均衡状態では，株式 i の株主資本コスト $E(\widetilde{R_i})$ は次式となる[10]。

$$E(\widetilde{R_i})$$
$$= R_f + \beta_i \times [E(\widetilde{R_M}) - R_f] + 固有のリスク$$

(a) R_f は，安全資産のリスクフリー・レートで長期国債の利回りである。

(b) β_i は，投資対象の株価変動とマーケット全体の代理指標（TOPIX）の変動との連動性を示す。β_i は市場全体のマーケット・ポートフォリの値である。投資対象の変動率が TOPIX の変動率と同じであれば，$\beta_i = 1$ となる。株式ベータはビジネス・リスクと財務リスクの影響を含み，レバード・ベータという。それに対して，株式ベータから財務リスクを排除したビジネス・リスクが資産ベータで，アンレバード株主資本コストという。

(c) $[E(\widetilde{R_M}) - R_f]$ は，マーケット・リスク・プレミアムである。$E(\widetilde{R_M})$ は，

株式市場全体の期待リターンである。マーケット・リスク・プレミアムは，R_f を超えた株式市場に求められる超過利回りで，エクイティ・リスクプレミアムともいう。日本のエクイティ・リスクプレミアムは 4％〜6％の範囲にある[11]。2つのパラメーター $E(\widetilde{R}_M)$ と R_f は全銘柄に共通するから，β_i のみが株主資本コストの決定要因となる。

(d) (a) から (c) 以外に CAPM では考慮されない評価対象企業に固有リスクが考慮される[12]。

　例えば，ある株式の $\beta_i = 0.75$, R_f が 1％, $E(\widetilde{R}_M)$ が 5％とすると，$[E(\widetilde{R}_M) - R_f]$ が 4％，固有リスクがないと仮定すると，株主資本コストは 1％ + 0.75×4％ = 4％と計算される[13]。

以上，WACC をあらためて記号化すると，次の計算となる。

$$WACC = \frac{VD}{VD + VE} Rd(1 - T) + \frac{VE}{VD + VE} E(\widetilde{R}_i)$$

VD は有利子負債の時価，VE は株主資本の時価，Rd は負債コスト，$E(\widetilde{R}_i)$ は株主資本コスト，T は実効税率である。負債比率は VD／(VD + VE)，株主資本比率は VE／(VD + VE) として計算される。

　例えば，M 社の資本構成は有利子負債（社債）1,000 と株式の時価総額 3,000 である。Rd はリスクフリー・レート 1.0％に格付け A の信用スプレッド 0.6％を加えると，Rd = 1.0 + 0.6 = 1.6％となる。M 社の β 1.2，マーケット・リスク・プレミアム 4.0％（過去のデータより推定），固有リスク 1％と仮定すると，$E(\widetilde{R}_i)$ は 1.0 + 1.2×4.0 + 1.0 = 6.8％となる。そして，T を 40％と仮定すると，WACC は次の計算になる。

$$WACC = (1／4)(1.6\%)(1 - 0.4) + (3／4)(6.8\%) = 5.34$$

④継続価値

DCF 法における FCF は半永久に継続する，と仮定される。そこで予測期間以降の継続価値（terminal value, TV, 残存価値）は，無限等比数列の和の公式（PA 法）から計算される[14]。

$$TV = \frac{FCFt}{(1+r)} + \frac{FCFt(1+g)}{(1+r)^2} + \frac{FCFt(1+g)}{(1+r)^3} + \cdots\cdots \tag{1}$$

r は割引率，g は継続成長率を示す。(1) 式の両辺に（1＋r）／（1＋g）を乗じる。

$$\frac{1+r}{1+g}\,TV = \frac{FCFt}{1+g} + \frac{FCFt}{1+r} + \frac{FCFt(1+g)}{(1+r)^2} + \cdots\cdots \tag{2}$$

(2) 式−(1) 式

$$\frac{1+r}{1+g}\,TV - TV = \frac{FCFt}{1+g} \tag{3}$$

(3) 式を整理すると，PA 法による TV 式は次のようになる。

$$TV = FCFt／(r-g) \tag{4}$$

以上，FCF に基づく現在価値（PV）の計算には次の 3 つのモデルがある。

(a) 現在価値の基本モデルは，毎期の期待 FCF を資本コストで割り引く。

$$PV = \frac{FCF_1}{(1+r)} + \frac{FCF_2}{(1+r)^2} + \cdots\cdots$$

(b) 成長率がゼロの場合で期待 FCF が毎期一定の定額モデルは，次の計算となる。

$$PV = \frac{FCF}{1+r} \quad 毎期の期待FCFは一定\ (FCF_1 = FCF_2 = \cdots\cdots FCF)$$

(c) 安定成長モデルは，企業価値がキャッシュ・フロー成長型の継続価値式となる。

$$PV = \frac{FCF_1}{(r-g)} \quad 成長率g＜割引率r(WACC)$$

永続的な成長率は資本コスト（WACC）より小さいという制約がある [15]。

⑤企業価値の計算

企業価値は，事業価値に，時価で評価した非事業用資産あるいは非事業用負債の価値を加減して計算される。株主資本価値は，企業価値から株主以外

の投資家の請求権（例えば純有利子負債や非支配株主持分）を控除したものである。理論株価は株主資本価値／発行株式数として計算される。分析者は，理論株価と実際の株価を比較し，割安か割高かを判断する。

(2) DCF 法の計算例

　以下に示す M 社は非事業用資産がなく，資金調達も有利子負債はなく，普通株式のみとする。したがって，M 社の事業価値は企業価値となる。ただし WACC は株主資本コストと等しく 5%，事業活動の成長率は 10% と仮定する [16]。ここでは計画の営業利益が FCF を想定する基礎となる。

① M 社の損益計算書

（単位：万円）

	×1 年度実績	×2 年度計画	×3 年度計画	×4 年度計画
売上高	10,000	11,000	12,100	13,310
売上原価	6,000	6,600	7,260	7,986
売上総利益 売上高総利益率	4,000 40%	4,400 40%	4,840 40%	5,324 40%
販売費・一般管理費	(2,000)	(2,200)	(2,420)	(2,662)
営業利益 営業利益率	2,000 20%	2,200 20%	2,420 20%	2,662 20%
実効税率	40%	40%	40%	40%

②貸借対照表における運転資本

	×1 年度実績	×2 年度計画	×3 年度計画	×4 年度計画
現金預金	1,000			
売上債権	3,000			
棚卸資産	2,000			
仕入債務	(4,000)			
正味運転資本	2,000	2,200	2,300	2,400
正味運転資本の増減		200	100	100

204 ｜ 第 II 部　証券投資と企業価値評価

③FCF の計算

×2 年度の FCF は EBIT2,200 に（1−実効税率 0.4）を乗じて EBIAT1,320 を求め，減価償却費を加算し，純投資額と正味運転資本を調整して求められる。以後，同様の計算が行われる。

(単位：万円)

	×2 年度計画	×3 年度計画	×4 年度計画	×4 年度以降
営業利益	2,200	2,420	2,662	2,662
EBIT（利子・税金控除前利益） 法人税等（40%）	2,200 (880)	2,420 (968)	2,662 (1,064)	2,662 (1,064)
EBIAT(利子控除前税引後利益) ①減価償却費 ②設備投資（①を含む） ③運転資本の（増）減	1,320 1,000 (1,500) (200)	1,452 1,100 (1,650) (100)	1,598 1,210 (1,815) (100)	1,598 1,210 (1,815) 0
FCF	620	802	893	993

④継続価値の見積計算

×4 年度以降の継続価値の計算では継続成長率 0.0%，割引率 5%を仮定する。

割引率（WACC）	（下記⑤の割引率の計算から導かれる）
継続成長率 0.0%	継続価値＝993／(0.05)＝19,860

⑤M 社の事業価値の計算 [17]

(単位：万円)

	×1 年度計画	×2 年度計画	×3 年度計画	×4 年度以降
FCF	620	802	893	19,860
現価係数：$1／(1+r)^n$ FCF の現在価値	0.952 590	0.907 727	0.863 770	0.863 17,139
予測期間の FCF の現在価値合計			2,087	
継続価値の現在価値			<u>17,139</u>	
事業価値			<u>19,226</u>	

（注）少数点以下は切捨て

3　企業価値評価の３つのアプローチ

(1)　インカム・アプローチ

インカム・アプローチの代表的な手法が，先に述べたエンタープライズDCF法である。以下ではこれ以外の手法を概説する。

①エクイティDCF法

エクイティDCF法は「株主資本にのみ帰属するフリー・キャッシュ・フロー」（free cash flow to equity, FCFE）を株主資本コストで割り引いて株主資本価値を求める手法である[18]。

$$VE_0 = \frac{FCFE_1}{(1+ke)} + \frac{FCFE_2}{(1+ke)^2} + \cdots\cdots + \frac{FCFE_n}{(1+ke)^n} + \frac{TV}{(1+ke)^n}$$

VE_0 は株主資本価値，$FCFE_t$ は t 期の株主に帰属する FCF，ke は株主資本コスト，TV は継続価値を示す。株主だけに分配可能な FCFE を求めるために，将来の有利子負債残高の減少は減算，増加は加算される。

図表9-6は，エクイティDCF法による株主資本価値の計算例である。有利子負債の残高は，×１年で前期に100増加，×２年に200増加，×３年に300が減少する[19]。FCFE は，営業利益から支払利息を控除した「利子控除後税引前利益」（EBT）を計算し，そこから法人税等を控除し，税引後利益（EAT）を求め，減価償却費を加算し，資本的支出の設備投資（減価償却費を含む）を控除し，正味運転資本を増減し，有利子負債残高を増減して計算される。次に，各年度の FCFE と継続価値の割引現在価値（割引率5%）を計算する。また偶発債務が予想されればそれを減算する[20]。

②調整現在価値法

調整現在価値法（adjusted present value, APV）は，全額を自己資本によって資金調達したと仮定した場合の事業価値（無負債事業価値）に，負債による

206 ｜ 第Ⅱ部　証券投資と企業価値評価

図表9-6　エクイティ DCF 法による株主資本価値の計算

	×1年度予想	×2年度予想	×3年度予想	×4年度以降
営業利益	1,000	1,200	1,300	
受取配当金 支払利息（控除）	100 (50)	100 (60)	100 (70)	
EBT （利子控除後税引前利益）	1,050	1,240	1,330	
法人税等30%	(315)	(372)	(399)	
EAT（税引後利益）	735	868	931	931
減価償却費	1,500	1,600	1,700	1,700
設備投資	(1,300)	(1,400)	(1,500)	(1,500)
運転資本（増）減	(35)	(50)	(60)	
有利子負債残高増減	(100)	(200)	300	
FCFE	800	818	1,371	1,131
株主資本コスト5%				継続価値22,620
現価係数（r＝5%）	0.9524	0.9070	0.8638	0.8638
FCFE の現在価値	761	741	1,184	19,539
計画期間の FCFE の 現在価値合計	2,686			
継続価値の現在価値	19,539			
FCFE	22,225			
偶発債務	(100)			
株主資本価値	22,125			

（注）小数点以下は切捨て

節税効果（利息支払による税金減少額）の現在価値を加算して事業価値を求める
手法である[21]。

$$V_0(事業価値) = ①無負債事業価値 + ②節税効果の現在価値$$

（a）無負債事業価値

$$= \frac{FCF_1}{(1+ke)} + \frac{FCF_2}{(1+ke)^2} + \cdots\cdots + \frac{FCF_n}{(1+ke)^n} + \frac{TV}{(1+ke)^n}$$

第9章　企業価値評価 | **207**

無負債事業価値は，営業 FCF を株主資本コスト ke（アンレバード株主資本コスト）で割り引いた現在価値の合計である。TV は継続価値を表す。

(b) 節税効果の現在価値

$$= \frac{TS_1}{(1+r)} + \frac{TS_2}{(1+r)^2} + \frac{TS_3}{(1+r)^3} + \cdots\cdots$$

負債による節税効果の現在価値は，将来の節税効果額 TS_t を，そのリスクを反映する割引率 r で割り引いた合計である。この方法は将来の節税効果を予測し別途に計算することから，資本構成を大幅に変更する場合や税率の変更に対して柔軟に適用できる。

③配当割引法

DDM（配当割引法）は配当還元法ともいい，将来の配当予想額を株主資本コストによって割引いて評価する手法である。

$$V_0 = \frac{D_1}{(1+ke)} + \frac{D_2}{(1+ke)^2} + \cdots\cdots + \frac{D_n}{(1+ke)^n} + \frac{TV}{(1+ke)^n}$$

V_0 は株主資本価値，Dn は n 期末の期待配当額，ke は株主資本コスト，TV は継続価値である。これは ke が期間を通じて一定であると仮定される「ゼロ成長モデル」である。これ以外に一定の配当成長率（gd）を無限に維持する定率成長モデル（ただし株主資本コスト＞成長率 g≧0），異なる率の成長パターンである多段階成長モデル（第 7 章参照）がある。DDM は安定配当を行う企業を評価するには適しているが，欠損金を抱えた企業や内部留保を優先する成長企業，配当利回りが低水準の企業には適用が困難になる[22]。

④収益還元法

収益還元法（利益還元法）は，会計上の利益を資本還元率（資本コスト）で割り引いて事業価値を求める手法である。例えば，W 社が経営する賃貸マンションの毎月家賃収入が 12 万円，毎月の維持費用が 5 万円，1 年間の資本還元率を 5％と予想すると，収益還元価値は ｛(70,000 円×12 ヶ月)／5％＝16,800,000 円｝ と計算される。収益還元法は同額の予想収益を永久に還元す

図表 9-7　収益還元法：過去 3 期の平均に基づく EBIT から株主資本価値を計算

	×1 年（実績）	×2 年（実績）	×3 年（実績）	想定収益の分析
売上高	20,000	22,000	24,000	22,000
売上原価	(15,000)	(16,000)	(17,000)	(16,000)
売上総利益	5,000	6,000	7,000	6,000
販売費管理費	2,500	3,000	3,500	3,000
営業利益	2,500	3,000	3,500	3,000
受取利息	50	40	60	50
支払利息	(80)	(80)	(80)	*
経常利益	2,470	2,960	3,480	
税引前利益	2,470	2,960	3,480	EBIT 3,050
法人税等（40%）				(1,220)

＊WACC を還元率として利用する場合，
　想定損益に支払利息は含めない。

EBIAT	1,830
WACC	(5%)
事業価値	36,600
非事業用資産	1,000
有利子負債	(2,000)
株主資本価値	35,600

ることから，想定収益と還元率をどのような値にするかが重要になる[23]。

(a) WACC を還元率として利用するケース（図表 9-7 参照[24]）

　この手法は，DCF 法と同じく EBIT（利子税金控除前利益）を基礎とする。

　　　　株主資本価値
　　　　＝EBIT×(1−実効税率)／(WACC−継続成長率)＋非事業用資産
　　　　−有利子負債

(b) 株主資本コストを還元率として利用するケース

　　　　株主資本価値
　　　　＝将来のEBT×(1−実効税率)／(株主資本コスト−継続成長率)

　還元率に株主資本コストを利用する場合，エクイティ DCF 法と同じく利

第 9 章　企業価値評価　209

子控除後税引前利益（EBT）を基礎にする。

⑤オールソン・モデルと残余利益法

オールソン（J. Ohlson 1995）は，DDMとクリーン・サープラス関係に基づいて残余利益評価モデル（residual income valuation model）を展開する[25]。DDMは次式となる。

$$P_0 = \sum_{t=1}^{\infty} \frac{dt}{(1+r)^t} \tag{1}$$

P_0は株主資本価値，dtはt期の配当，rは株主資本コストを示す。

クリーン・サープラス関係は次式となる。

$$B_t = B_{t-1} + x_t - d_t \tag{2}$$

t期末の純資産簿価B_tは，資本の拠出や払戻がないと仮定すると，前期末の純資産簿価B_{t-1}にt期の利益x_tを加算し，t期の配当額を控除した金額である。（2）式はdt＝$B_{t-1} + x_t - B_t$と変換される。これを（1）式に代入すると，次の残余利益評価モデルが導かれる。

$$P_0 = B_0 + \sum_{t=1}^{\infty} \frac{x_t - rB_{t-1}}{(1+r)^t} \tag{3}$$

$x_t - rB_{t-1}$は，当該期間に得られる利益x_tからrB_{t-1}（期首株主資本に資本コストを乗じた正常利益）を控除した残余利益である。つまり，株主資本価値P_0は期首の純資産簿価B_0に残余利益（$x_t - rB_{t-1}$）の現在価値を加算した額となる。残余利益から推定する企業価値は，t期を無限と仮定すればDDMの企業価値計算と変わらない。オールソン・モデルは，貸借対照表に公正価値を取り入れるほど，企業価値の未認識の主観的のれんの割合が小さくなる。投資家は企業価値の要素である主観的のれんを誤って予測する可能性を減らし，意思決定を改善することになる[26]。オールソン・モデルはキャッシュ・フローではなく，会計利益を予測して企業価値を推定する点に特徴がある。

この考え方を応用した次の2つのモデルがある。

（a）営業残余利益法

　営業残余利益法は，エンタープライズの観点から現在の営業資産の簿価に
将来の営業残余利益の現在価値合計を加えて事業価値を計算する手法であ
る[27]。

$$V_0 = OA_0 + \frac{ORI_1}{(1+kw)} + \frac{ORI_2}{(1+kw)^2} + \cdots\cdots + \frac{ORI_n}{(1+kw)^n} + \frac{TV}{(1+kw)^n} \quad (1)$$

　V_0 は第 1 期首（評価時点）の事業価値，OA_0 は第 1 期首の営業資産（事業用
資産）の簿価合計，ORI_t は t 期の営業残余利益，kw は加重平均資本コスト，
TV は n＋1 期以降の残余利益を n 期末時点で割り引いた継続価値を示す。

　営業残余利益 ORI は次の計算となる。

$$ORIt = NOPATt - OAt\text{-}1 \times Kw \quad\quad\quad (2)$$

　NOPAT は税引後営業利益である。ORI は正常な利益（OAt-1×kw）を
上回る利益であるが，下回る場合もある。この方法は NOAPT を利用し，
会計上の利益の予測値と関連づけて評価する点に特徴がある[28]。投下資産利
益率（ROIC）＝NOPAT／事業用資産を採用すると，（2）式は次式に書き直
せる。

$$ORIt = 期首の事業用資産 \times (ROIC - Kw)$$

　$ORIt$ は期首の事業用資産に対する超過利益であり，広義ののれんに該当
する。営業残余利益法は営業残余利益 ORIt を現在価値に割り引くことに
よってのれんを算定することになる[29]。

（b）株主資本価値を直接に計算する残余利益法

$$VE_0 = NA_0 + \frac{RI_1}{(1+Ke)} + \frac{RI_2}{(1+ke)^2} + \cdots\cdots \frac{RI_n}{(1+ke)^n} + \frac{TV}{(1+ke)^n}$$

　VE_0 は第 1 期首（評価時点）の株主資本価値，NA_0 は第 1 期首の純資産簿価，
RIt は t 期の株主に帰属する残余利益，ke は株主資本コスト，TV は n＋1
期以降の残余利益を n 期末時点に割り引いた継続価値である。

　株主に帰属する残余利益 RI は次の計算となる[30]。

図表 9-8　計画年度の株主資本価値の評価

(単位：万円)

	×1年1.1	×2年1.1	×3年1.1	×4年1.1
税引後純利益　　　NI	1,000	1,200	1,440	1,440
期首の株主資本　　NA	5,000	6,000	7,200	7,200
株主残余利益　　　RI	750*	900	1,080	1,080
株主資本コスト5%の現価係数	0.952	0.907	0.863	0.863
残余利益の現在価値	714	816	932	932
4年以降の現在価値	18,640			
3年目までの現在価値合計	2,462			
評価日の株主資本価値の合計	21,102			

＊　株主残余利益＝1,000 −（5,000×0.05）＝750
（注）小数点以下切捨て

$$RI_t = NI_t - NA_{t-1} \times ke$$

　残余利益 RIt は，税引後純利益 NI_t から，t-1 年度の株主資本 NA に株主資本コスト ke を乗じた積を控除した差額である。税引後純利益には非支配株主持分は含まれないが，評価差額金や換算差額の増減は残余利益に含まれる。この手法は税引後純利益を予測値として関連づけながら評価する点に特徴がある。

　図表 9-8 は，M 社の株主に帰属する残余利益の計算であり，事業年度末日×1 年 1 月 1 日，評価日も同日，株主資本コスト 5％，ターミナル年度の成長率は 0％と仮定する[31]。

　以上，残余利益法の特徴は次の点にある。

(i) DCF 法では，会計上の利益がプラスであるにもかかわらず，FCF がマイナスとなる場合がある。またリターンの ROIC が低下していても，規模の拡大が FCF を増加させることが可能である。これに対して，残余利益法では，企業の収益性と事業価値との関係が明示的である。営業残余利益は ROIC と WACC の大小関係に連動する。営業残余利益が事業価値に影響し，収益性の低下が事業価値の低下に関係する[32]。

（ii）DCF 法における事業価値に占める継続価値が大きいのに対して，営業
残余利益の継続価値の割合が小さく，継続価値の見積もりの違いに左右さ
れにくい[33]。

以上，各種インカム・アプローチによる企業価値計算の方法を概説した。
企業価値評価において現実に利用する情報は，相互に整合的な場合は少な
く，将来の利益やキャッシュ・フローの状況，資本構成の変化，割引率の判
断に多くの主観的判断が働き，異なる企業価値評価になる。

（2）　マーケット・アプローチ

マーケット・アプローチは，評価対象企業が上場会社であれば市場株価，
非上場会社であれば，類似した市場株価や類似取引事例を基礎にして企業価
値を評価する手法である。

①市場株価法

市場株価法は，上場企業の株価を基準に一定期間における株価の平均値を
もって「1 株当たり株主資本価値」を評価する方法である。これは株式市価
法あるいは市場株価平均法ともいう[34]。実際に取引される株価は，企業の成
長性，収益力などを反映した価格である。この方法は合併比率や株式交換比
率を計算する場合に多く利用される。例えば，直近日の株価 1,500 円，1 ヶ
月平均 1,450 円，3 ヶ月平均 1,400 円，6 ヶ月平均 1,350 円などの株価の加重
平均値が用いられる。最大値と最小値（1,500 と 1,350）の範囲で設定される。
ただし，株価推移が異常な場合，異常値を検証するイベント分析が行われる。
イベント分析とは対象企業の市場株価や出来高の推移と対象企業が公表する
プレスリリースや報道機関による報道を照らし合わせて，その株価への影響
を分析し株価に異常な変動がないかを分析する方法である[35]。

②類似会社比準法

類似会社比準法は非上場会社の株式を評価する場合に利用される。これは

> **一口メモ：マルチプル（倍率）の種類**
>
> ■1株当たり収益指標
>
> ・税引後利益倍率＝事業価値／税引後利益，・EBIT 倍率＝事業価値／EBIT（利子税金控除前利益）・EBITDA 倍率＝事業価値／EBITDA，・売上高倍率＝事業価値／売上高
>
> ■1株当たり純資産
>
> 簿価純資産と時価純資産が利用される。
>
> ■財務数値以外
>
> 資源発掘会社＝事業価値／資源埋蔵量，インターネットプロバイダー＝事業価値／インターネットポータブル利用者数，ケーブル TV 会社＝事業価値／加入者数，コンビニエンスストア業＝事業価値／店舗数，証券会社＝事業価値／顧客預り資産がある。

類似上場会社法ともいい，対象企業と類似する上場企業の株式時価総額あるいは事業価値を，1株当たり税引後利益等の財務数値で除して「株価倍率」（マルチプルという）を算定し，その株価倍率を評価対象企業の財務数値（1株当たり税引後利益）に乗じて株主資本価値（あるいは事業価値）を評価する方法である[36]。業種や経済環境においてさまざまなマルチプルが使われる（一口メモ参照）。赤字会社のマルチプルはマイナスになる。

この株価倍率による株主資本価値の算定は，次のステップを踏む。

(a) 類似する上場会社（実務的には5社から10社程度）を選択する。

(b) 類似企業の株価倍率を計算するには，株式時価総額あるいは事業価値を算定し，次に類似企業の1株当たり税引後利益を準備する。株式時価総額は類似企業の株価×発行済株式数（自己株式を控除），事業価値計算は株式時価総額＋（有利子負債＋非支配株主持分）－（現金預金＋非事業用資産）として計算される。株価倍率には実績株価倍率か予想株価倍率が利用される。予想数値は会社ホームページや会社四季報からも入手できる。

(c) 株価倍率は類似企業の株価倍率の平均値または中央値に基づき決定され

214 ｜ 第Ⅱ部　証券投資と企業価値評価

る。

（d）対象企業の株主資本価値の算定

特定した株価倍率と対象企業の財務数値（例えば，1株当たり税引後利益）を乗じて事業価値または株主資本価値を算定する。複数事業を営む企業を評価するには，事業ごとの株価倍率を用いた事業価値の評価を行う。

③類似取引比準法

この方法は，類似会社比準法と同じくマルチプルを用いて企業価値を評価するが「類似するM&A取引事例」の取引価額を用いて取引倍率を計算する。取引対象となった企業や事業の財務数値は多くの場合に入手困難か，入手ができても限定的な範囲（売上高）となることがある。状況に応じて採用の可否が判断される[37]。

④取引事例法

取引事例法は，評価対象会社の株式について過去に取引がある場合，その取引情報に基づいて，評価対象企業の株式を評価する方法である。M&Aにおいて取引事例が用いられる。

（3）ネットアセット・アプローチ

①簿価純資産法

簿価純資産法は，すべての財産の帳簿価値と将来キャッシュ・フローの現在価値が等しく，実際収益率が期待利益率（r）に等しいと仮定し，企業価値を計算する手法である。

総資産から総負債を差し引いた帳簿差額が純資産である。この数値は客観性があるが，土地などの資産評価やオフバランスの無形資産の価値が評価されない欠点をもつ。また各資産の簿価は時価と乖離しているため，この方法を直接に企業価値評価に使用することは少ない[38]。

②時価純資産法と修正簿価純資産法

　時価純資産法は，すべての資産・負債を時価で評価して企業価値を算定する手法である。それは1株当たりの時価純資産額をもって株主価値とする。しかし，企業が保有する多くの資産や負債をもれなく時価で評価することは困難である。そこで土地や有価証券等の主要な資産の含み損益だけを時価評価することが多い。これを修正簿価純資産法という。実務においては時価純資産法と修正簿価純資産法を併用することが多い[39]。時価には再調達原価と正味売却価額がある。継続事業体を前提にする場合，再調達原価を用いることが合理的である。ただし，非事業用資産と負債は正味売却価額で評価することが実態に即している。現金預金は修正不要，営業債権は貸倒引当金を調整した回収可能額，有価証券は時価で評価する。棚卸資産は正味売却価額か再調達原価で評価する。有形固定資産は時価で評価する。営業債務を含む流

図表9-9　N社の貸借対照表

（単位：万円）

	簿価	時価		簿価	時価
現金預金	1,000	1,000	支払手形	1,200	1,200
受取手形	800	800	買掛金	3,000	3,000
売掛金	1,200	1,200	前受金	400	400
有価証券	700	900	短期借入金	3,000	3,000
棚卸資産	3,000	2,900	社債	13,000	13,000
その他	500	500	長期借入金	1,000	1,000
貸倒引当金	(200)	(200)	退職給付債務	2,000	2,000
建物	1,000	2,500	引当金等	400	400
機械設備等	50,000	45,000	負債合計	24,000	24,000
無形固定資産	800	1,300	純資産	56,300	58,800
投資有価証券	20,000	25,000	―	―	―
関係会社株式	1,500	2,000	―	―	―
資産合計	80,300	82,800	負債・純資産合計	80,300	82,800

（注）再調達原価による評価では税効果会計が適用されない[40]

動負債，固定負債は時価と簿価がほぼ等しい。

例えば，N 社の純資産は図表 9-9 のとおりである。株式発行数 100,000 株である[41]。簿価純資産法による 1 株当たり株価＝ 56,300（万円）／100,000 株＝5,630 円／株，修正時価純資産法による 1 株当たり株価＝58,800（万円）／100,000 株＝5,880 円／株である。このようにネットアセット・アプローチは将来の価値を含まない評価方法であり，M&A 等限定された取引に利用される（第 10 章参照）。

以上，企業価値の評価方法は多種多様であるが，分析者は評価の目的や対象となる企業の事業の特性や財産状態，環境，将来性に関して何れが適しているかを判断する必要がある[42]。

（4）無形資産の価値評価

無形資産は，特許権，商標権，借地権などの法的権利，ソフトウエア，優秀な人的資源，組織力，対外信用，ノウハウ，ブランドなどである。その多くは投資家が主観的に価値を判断する主観のれんであり，貸借対照表に計上されない。会計上，それは M&A において取引された段階で，客観的なキャッシュ・フローの裏付けがあって，のれんとして資産計上される。しかしながら，企業価値評価においては，無形資産も重要な価値創出のドライバーとなる。DCF 法は将来のキャッシュ・フローの現在価値合計から企業価値を導出する方法であるが，直接的に無形資産を算出しないことから，それをいかに顕在化するかが問われる（第 10 章参照）。

注

1　笠原真人，2015 年『企業価値評価の考え方と実践がよ〜くわかる本』秀和システム，21〜22 頁参考。
2　同上書，170 頁参考。
3　スコット，ウィリアム・R.，太田康広・椎葉淳・西谷順平訳，2015 年『財務会計の理論と実証』中央経済社，5〜11 頁参考。
4　マッキンゼー・アンド・カンパニー，2012 年『企業価値評価　バリュエーション

の理論と実践　第 5 版（上）』ダイヤモンド社，12 頁参考。

5　Marshall, A. 1890, *Principles of Economics*, Vol.1 New York: Macmillan. p.142.

6　マッキンゼー・アンド・カンパニー，前掲書，4 頁参考。

7　日本公認会計士協会編，2013 年『企業価値評価ガイドライン』日本公認会計士協会出版局，269 頁参考。

8　KPMGFAS，2014 年『図解でわかる企業価値評価のすべて』日本実業出版社，24 〜 25 頁参考。

9　実効税率とは法人の実質的な所得税負担率である。日本の場合，法人税，住民税及び事業税の所得に対する税率を合計したものである。実効税率 ＝｛（法人税率 ×1.1）＋（法人税率 × 住民税率）＋事業税率｝÷（1 ＋事業税率）で計算される。2013 年 1 月現在，日本の実効税率（東京都）は 35.64％ である。米国（カリフォルニア州）は 40.75％ である。

10　マッキンゼー・アンド・カンパニー，前掲書，39 頁参考。

11　同上書，80 頁参考。

12　KPMGFAS，2014 年，前掲書，117 頁参考。

13　砂川伸幸・笠原真人，2015 年『はじめての企業価値評価』日本経済新聞出版社，79 頁参考。

14　同上書，104 頁参考。

15　同上書，27 〜 28 頁。

16　KPMGFAS，2014 年，前掲書，103 頁参考。

17　同上書，119 頁参考。

18　同上書，126 頁参考。

19　同上書，127 頁参考。

20　同上書，128 頁参考。

21　日本公認会計士協会編，前掲書，50 〜 51 頁参考。

22　日本公認会計士協会東京会編，2015 年『財務デュー・ディリジェンスと企業価値評価』清文社，67 〜 68 頁参考。

23　KPMGFAS，2014 年，前掲書，132 頁参考。

24　同上書，134 頁参考。

25　Ohlson, J.A., Spring 1995, 'Earnings, Book Values, and Dividends in Equity Valuation,' *Contemporary Accounting Research* Vol.11, No.2, pp. 661-687 CAAA.

26　スコット，ウィリアム・R.，前掲書，225 〜 230 頁参考。

27　日本公認会計士協会編，前掲書，52 頁参考。

28　株式会社プルータス・コンサルティング編，2016 年『企業価値評価の実務　第 3 版』中央経済社，165 頁参考。

29　同上書，166 頁参考。

30　日本公認会計士協会編，前掲書，53 頁参考。

31　ランドホルム，ラッセル／リチャード・スローン，深井忠・高橋美穂子・山田順平訳，2015 年『企業価値評価　eVal による財務分析と評価』マクグロウヒル社，297 頁参考。

32　Penman, S., 2011, *Accounting for Value*, Columbia Business School Publishing 及びペンマン，S. H.，杉本徳栄・井上達男・梶浦昭友訳，2005 年『財務諸表分析と証券分析』白桃書房参考。

33　株式会社プルータス・コンサルティング編，前掲書，166〜168頁参考。

34　株式会社KPMGFAS，2011年『企業価値評価のすべて』45頁参考。

35　同上書，50頁参考。

36　同上書，55頁参考。

37　同上書，78頁参考。

38　日本公認会計士協会編，前掲書，69頁参考。

39　株式会社KPMGFAS，2011年，前掲書，152〜159頁参考。

40　同上書，166頁参考。

41　日本公認会計士協会編，前掲書，71頁参考。

42　同上書，170頁〜172頁参考。

第10章 | M&A と企業結合会計

> **学習目標**
>
> 本章は M&A の意義と目的，その形態と手法，買収の企業価値と価格の決定方法，企業結合会計の考え方，M&A の資金調達，買収の防衛策を理解することを目標に置く。

1　経営戦略による M&A

(1) M&A の意義と目的

　企業の合併や買収等を総称して M&A（mergers & acquisitions）という。今日，技術革新が激しい産業界（新素材，エレクトニクス，生命工学分野）だけでなく，多くの企業が経営戦略を遂行する重要な選択肢として M&A に取り組んでいる[1]。かつて，日本では M&A をタブー視する傾向にあった。合併はほとんど話合いで行われ，買収とか乗っ取りとは区別された。97 年の独占禁止法における純粋持株会社の解禁，99 年と 2000 年の商法改正で株式交換制度や株式分割制度の導入から，わが国の M&A は拡大した。ただし，会社法第 135 条は子会社による親会社株式の取得を禁止する。M&A の成功には，異なる企業文化を受け入れられる土壌と活気溢れる金融市場の存在と，労働組合や金融機関の協力が不可欠である。

一口メモ：富士フイルムの実例

　富士写真フイルム（旧称）は，2000 年時点，写真フイルムの売上高 8,000 億円，営業利益 1,000 億円であった。その後デジカメやスマートフォンが出現し，当社は事業転換を図り，社名を「富士フイルムホールディングス」に変更した。富士フイルムは，その事業構造の転換で総額 7,000 億円を投じ，持続的な成長を遂げた。2004 年以降の M&A はメディカルシステムでグローバル化し，当社の 2013 年度連結売上高 2 兆 4,400 億円，営業利益 1,380 億円である[2]。

　M&A は企業がスピーディに事業転換を図り企業価値を高める経営戦略として展開されている。その目的は買い手と売り手で分かれる。買い手の目的はシナジー効果を実現して企業価値の増大を図ること，それに向けて①経営資源を確保し，②技術開発の時間と費用を節約し，③過小評価されている企業を買収し，④事業分野の多角化を図ること等にある。売り手の目的は不採算事業のリストラや破綻企業を再生させる，あるいは事業継承のためである[3]。

(2) M&A の形態と手法

　M&A において類似の事業を行っている会社との経営統合を水平的 M&A という。水平的 M&A は共通の資材を購入し原価の削減と利益率の向上をはかるシナジー効果が得られる。それに対してメーカーによる原材料領域の川上や販売領域の川下による縦方向の経営統合が垂直的 M&A である。M&A は管理部門のコスト削減による収益性の向上，生産設備の集約化と効率化による設備投資の削減，運転資本管理の共通化による資本効率の実現を図ることができる[4]。

　M&A は企業再編の手法の違いから①買収，②合併，③企業分割に分類される。その企業形態は蜘蛛の巣状態として存在し，企業結合と呼ばれる（図

222 ｜ 第Ⅱ部　証券投資と企業価値評価

図表 10-1　M&A の形態

①買収		②合併		③企業分割（事業対象）	
(a) 株式取得　(b) 事業譲渡		(a) 吸収合併　(b) 新設合併		(a) 新設分割　(b) 吸収分割	
i　株式譲渡　　　全部譲渡 ii　新株引受　　　一部譲渡 iii 株式交換 iv 株式移転					

表 10-1)。

①買収

　買収とは，買収企業が被買収企業の株主から株式を買い取って新たに株主となることである。それは (a)「株式取得」と (b) 営業の譲り受けという「事業譲渡」に分類される。買収には，被買収企業の株式を 100% 取得し，親子関係の支配を構築する完全企業買収と，一部は株式取得であるが資金供与，事業取引，取締役派遣を行う不完全企業買収 (alliance) とがある。その手法には個別交渉と公開買付 (take over bid, TOB) がある。金融商品取引法では特定株式の三分の一超を取得する場合 TOB を行使する必要がある。TOB は不特定多数の株主から市場を通さず株を買い集める手法である。買収企業はあらかじめ価格や株式数，期間，目的などを事前に公表し，すべての株主は平等に株式売却のチャンスが与えられる。被取得企業が子会社または関連会社として存続する場合，連結会計の対象となる。個別交渉には，経営者による企業買収 (management buy-out, MOB)，委任状奪取 (プロクシー・コンテスト)，従業員による企業買収 (employee buy-out, EBO) がある。また，買収企業の資産を担保にして借入を行い，その資金を利用して買収するレバレッジド・バイアウト (leveraged buy out, LOB) がある。

(a) 株式取得

　株式取得の形態には，株式譲渡，新株引受，株式交換，株式移転がある。

i) 株式譲渡

　株式譲渡とは，被取得企業の株式を買収する手法である。株式公開会社の

第 10 章　M&A と企業結合会計 | **223**

株式譲渡は証券市場内で行われる。証券市場外では株式非公開会社に対して行われる。

ii) 新株引受

これは買い手企業が買収先企業による新株を第三者割当増資等の方法で引き受ける。株式を取得する点で株式譲渡と同じだが，買い手が新株引受権を手に入れる点で異なる。

iii) 株式交換

株式交換は，買い手企業が新たに発行する自社株式を被買収企業の株式と交換する制度である。買い手企業は，買収される企業の一部株主が反対しても株式交換によって強制的にすべての株式を交換し完全子会社にできる。株式交換は，銀行借入などの資金調達の必要がなく，大型買収でも機動的に手掛けられる利点があり，M&Aの拡大を支えている[5]。既存する2社の株式を交換することによって，1社を完全親会社，もう1社を完全子会社とすることができる。完全親子会社を作る手続きは株式交換日などを記載した株式交換契約書を作成し，双方で株主総会の特別決議による承認を得る。株式交換に反対する株主には株式買取請求権，新株予約権の買取請求権が認められている。

iv) 持株会社への株式移転

株式移転とは，既存の会社（複数可）が完全親会社となる持株会社を設立し，自らがその完全子会社となる方法である。完全子会社の全株主は，株を完全親会社に提出し，代わりに完全親会社発行の株を取得し，完全親会社の株主になる。完全子会社は上場を廃止し完全親会社（持株会社）が上場する。

（b）買収による事業譲渡

事業譲渡とは，他の会社の事業の全部あるいは一部を買い取ることをいう。会社法施行前までこれを営業譲渡といった。この特徴は合併や会社分割のような画一的な組織的契約ではなく，通常の売買契約として対象資産や負債を自由に選択できる。譲受会社は対象事業に「デュー・ディリジェンス」（due diligence，正当な注意義務及び努力）を行い，粉飾や簿外債務の有無等をチェックする。譲受会社は，債務や契約上の地位を譲り受けるが，債権者や

従業員の個別の同意，退職の負担金が発生する。事業譲渡の手続きは，当事者間で秘密保持契約を締結し，譲受会社のデュー・ディリジェンスを経て終了する。

②合併

(a) 合併の定義

合併とは，複数の会社が会社法上の手続きを経て1つの企業になることである。合併方法には，被合併会社が独立性を失う吸収合併と，複数の企業が消滅し新たな企業が成立する新設合併がある。実際には大部分の合併が吸収合併である。その理由は，新設合併が上場手続きや株券の新たな発行など手続きが複雑であり，組織統合に時間がかかるからである。株式取得は現金を対価とする方法以外に，新たに自社株を発行し，自社の新株引受権，社債等も認められている。

(b) 合併に対する法規制と手続き

合併は，会社法，独占禁止法，金融商品取引法，各種業法等によって規制される。独占禁止法は，競争の実質的制限を生じる合併を禁止し，一定の大規模な合併では公正取引委員会へ届出を義務づける。上場会社は情報開示の観点から一定規模の合併では臨時報告書の提出が義務づけられる。合併決定の情報はインサイダー取引規制の対象となる。その合併の手続きは，原則，当事者間の株主総会で特別決議による承認を受ける。また，債権者保護の視点から異議ある債権者には弁済する必要がある。反対株主は株式買い取り請求権が行使でき，価格の調整ができなければ裁判所に決定を求めることができる。合併の効力は契約で定めた日に発生し，存続会社の変更登記，解散会社の解散登記が行われて手続きが終了する。消滅会社の株主に交付される対価は存続会社の株式だけでなく，金銭による吸収合併（cash-out merger）が可能となった。

(c) 三角合併

三角合併は，海外企業が日本法人を通じて自社株を対価にした日本企業を買収する手法である。対価は存続会社の親会社の株式とする。消滅会社の株

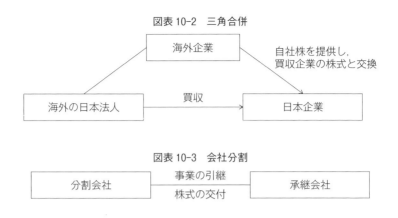

主は,存続会社の親会社の株主となる。これを三角合併という(図表10-2)。

③会社分割

　会社分割は,既存の事業会社(分割会社という)が所有する事業の一部または全部を,他の会社(承継会社という)に移転することにより,既存の事業会社を2つ以上に分割する手続きである。会社分割には①新設分割と②吸収分割がある。①新設分割とは,事業に関する権利義務の一部等を分離し,新会社を設立する方法である。②吸収分割とは,事業に関する権利義務の一部等を承継会社に承継させる方法である。承継会社が分割会社に対して承継会社の株式を交付して会社が分割される(図表10-3)。

　会社分割は,事業譲渡に類似しているが,譲渡対象が事業に対する株式であること,対価たる株式が譲渡会社の株主に与えられる点で異なる。会社分割は大規模組織がさまざまな非効率や限界を克服するダウンサイジングの試みである。分割には①スピン・オフ(spin-off),②スプリット・オフ(split-off),③スプリット・アウトがある[6]。①スピン・オフは,会社の一部門を独立させ,子会社の株は親会社の株主に分配される。それは新設子会社に親会社が現物出資し,子会社株式を親会社株主に比例配分する会社分割方式といえる。②スプリット・オフは,スピン・オフと同様に,親会社が事業分社の分離にともない設立した子会社の株式を,親会社の一部の株式と交換して取得する。

親会社が減資を行い，親会社の株主は当該子会社の株式を取得する会社分割の方式である。③スプリット・アウトは，企業を複数に分割し既存の当該企業を消滅させる株式分割方式である。

2　M&A における買収価格の決定

(1) M&A（買収）のシナリオ

買収は一般にどのように行われるのか，そのシナリオを見ておこう[7]。先ず，買い手は M&A の目的を明確にし，そのうえで対象企業を選定する。選定の段階では対象企業に関するさまざまな情報を集める。これには不良債権や簿外債務の問題を回避するため金融機関等を利用することも多い。2015年段階，日本の M&A は売り手市場にあり，相対取引やオークションという方法がとられる[8]。売り手企業がオーナー企業か否か，上場会社か非上場企業かどうかが問題となる。非上場企業のニーズはほとんど後継者の不在である[9]。対象企業が決まると，売り手企業とのトップ会談が行われる。その後，両社はそれぞれが銀行等の仲介者とアドバイザリー契約を結ぶ。仲介者は双方の代理人になってはならない。

買い手による初期分析は，①事業分析（事業系統図，SWOT 分析，シナジー効果分析），②財務分析（P/L 増減分析，B/S 増減分析，財務比率分析），③リスク分析（ターゲット企業のリスク，M&A のリスク）のプロセスを踏む。①の事業系統図では商流（取引の流れ）を理解することである。SWOT 分析とは，組織の外部環境や内部環境の強み（strengths），弱み（weaknesses），機会（opportunities），脅威（threats）という 4 つのカテゴリーから要因を分析し，資源の活用を図る経営戦略手法の 1 つである。シナジー効果分析には，売上増幅効果と原価削減効果がある。②の財務分析は，ターゲット企業の収益構造の変化を時系列的に見る。③グループ会社との関係などのリスク分析（リスク分析表の作成）が行われる。こうした初期分析を経て，次の企業価値評価が行われる。

第 10 章　M&A と企業結合会計 | **227**

図表 10-4　M 社の企業価値

（現在価値／単位：億円）

買収額	1 年	2 年	3 年	4 年	5 年	6 年	7 年	8 年	9 年	10 年	継続価値
FCF	10	10	10	10	10	10	10	10	10	10	30
現価係数	.9524	.9070	.8638	.8227	.7835	.7462	.7107	.6768	.6446	.6139	0.6139
現在価値	9.524	9.070	8.638	8.227	7.835	7.462	7.107	6.768	6.446	6.139	18.417

(2)　M&A における企業価値評価

　デュー・ディリジェンスの結果を受けて，買い手は買収先の企業価値を評価する。企業価値評価は第 9 章で概説したインカムアプローチ，マーケットアプローチ，そしてコストアプローチに基づいて行われる。どのアプローチを採用するかで被買収企業の企業価値評価額は異なる[10]。買い手の買収価格は売り手の売却価格でもある。その交渉は買い手の評価額が売り手より高い場合に成立する。単独で事業を行うスタンドアローンに比べて，M&A は工場の集約化による生産性の上昇，原材料等のコスト削減，売上増と FCF の増加というシナジー効果が生まれる。

　以下の例示では，①エンタープライズ DCF 法，②類似会社比準法における EV／EBITDA 倍率，③時価純資産法の併用法を取りあげる。

①エンタープライズ DCF 法（図表 10-4）

　Y 社は，買収先企業 M 社の企業価値評価にエンタープライズ DCF 法を採用した。予想期間 10 年間，その翌年からの継続価値は FCF の簡便法で評価した。ただし，M 社には有利子負債がなく，事業価値が株主本資本価値となる。M 社の FCF は営業利益に減価償却費を加え，純投資を控除した純額 10 億円である。WACC は 5％と仮定する[11]。

　図表 10-4 の結果，買収後の M 社の企業価値合計は 95.633 億円である。

②類似会社比準法

　Y 社は，M 社の企業価値評価に類似会社比準法を採用した（第 9 章参照）。

228 ｜ 第Ⅱ部　証券投資と企業価値評価

マルチプルには「事業価値（EV）／利子税金償却費控除前利益（EBITDA）」倍率を利用する。これはある企業を買収した際に買収後，被買収企業が生み出す利益によって，買収した時の株式時価総額と返済しなければならない有利子負債を何年で回収できるかを示す[12]。

$$EV／EBITDA倍率＝（株式時価総額＋有利子負債）／（税引前利益＋支払利息＋減価償却費）$$

　事業価値（EV）とは株式時価総額と有利子負債の時価の合計である。EBITDA とは，具体的には支払利息，税金，減価償却費等を控除する前の営業利益である。EBITDA は各国の税制，金利，減価償却の方法における違いを排除できるため，国際間の収益性比較にも多く利用される指標である。M 社に類似する会社 X 社の EV は 100 億円，EBITDA が 10 億円であるとする。EV（100）／EBITDA（10）＝10 倍となる。このケースでは 10 年で回収できると判断される。この倍率が相対的に低いほど，株価は割安と判断される。M 社の当期純利益が 8 億円であるとすると，M 社にマルチプル 10 倍を適用すると，株主資本価値つまり企業価値は 80 億円と計算される。

③時価純資産法

　Y 社が採用するこのモデルは，純資産を株主資本価値として時価で把握する方法で，清算価値を前提として買収価値を計算する。

$$Vs＝TA－TL$$

　Vs は株主資本価値，TA は総資産の時価，TL は総負債の時価を示す。例えば，Y 社の TA が 120 億円，TL（有利子ゼロを除く）が 20 億円であるとすれば，Vs は 100 億円（＝企業価値）となる。

　企業買収価値は，全株式数を取得するだけでなく有利子負債も引き継ぐ。ただし，時価に修正する手続きではブランドや技術力など含み損益やのれんは反映されない。

　以上，企業買収の企業価値は，エンタープライズ DCF 法では 95 億円，

類似会社比準法では 80 億円，時価純資産法では 100 億円が計算された。エンタープライズ DCF 法の 95 億円，類似会社比較法の 80 億円は，時価純資産法の 100 億円より下回る結果となった。これは広義ののれんがマイナスであり，M 社が継続するより清算したほうが，価値が大きい会社であるということになる。しかしながら，継続企業を前提として評価するエンタープライズ DCF 法や類似会社比準法による評価額で買収することが合理的である場合，時価純資産評価より低い価格で買収が成立することもある。

3　企業結合会計

(1) 企業結合会計基準

企業結合とは「ある企業又はある企業を構成する事業と他の企業又は他の企業を構成する事業とが 1 つの報告単位に統合されることをいう。なお，複数の取引が 1 つの企業結合を構成している場合には，それらを一体として取り扱う」（企業会計基準第 21 号「企業結合に関する会計基準」）。その一部が連結会計である。企業結合は，法的な形態に関係なく，合併，買収，会社の分割，共同支配企業の形成，子会社株式の取得等の企業結合と考えられるすべての取引に適用される。その会計処理にはパーチェス法と持分プーリング法がある。しかし，持分プーリング法は IFRS の考え方と一致しないことから，企業結合会計基準はパーチェス法で統一して会計処理することにした。

(2)　パーチェス法

パーチェス法はいったん投資を清算し，改めて当該資産と負債への新規投資を行った現物出資とみなす会計思考である。企業結合の多くは実質的には新規の投資と同じであって，交付する現金及び株式等の投資額を取得価額として他の結合企業から受け入れる純資産を評価する会計処理と整合する。

230　第Ⅱ部　証券投資と企業価値評価

①取得原価の算定

パーチェス法における取得原価は原則として取得対価となる。支払対価が現金以外の資産の引き渡し，負債の引受あるいは株式の交付の場合には支払対価となる財の時価と，取得した純資産の時価のうち，より高い信頼性をもって測定可能なほうで算定する。

②取得原価の配分

先ず買収対象事業（企業）の買収価格（取得原価）が決定される。次に，企業結合契約（クロージング）が締結された後，一括して資産や負債の取得あるいは移転が行われる。M&Aの取得原価を資産と負債に配分する作業が「取得原価の配分」（purchase price allocation, PPA）である[13]。PPAにおける識別可能な資産と負債は，企業結合日における時価を基礎に算定される。時価とは，観察可能な市場価格に基づく価額，時価がない場合には合理的に算定された価額で，清算取引ではなく，独立した第三者間取引に基づく公正な評価額である。この配分によりのれん及び個別の無形資産などを認識することによって，企業結合による会計取引を財務諸表に適正に反映させることができる[14]。PPAはあくまで会計処理目的の評価であり，通常，企業買収後1年以内（四半期決算を行う企業は四半期決算を行う時期まで）に行われる。

一口メモ：持分プーリング法

持分プーリング法は，合併を当事会社の株主持分が株式交換を通じて法人格と法人格が合体したもの（人格合一説）と考える。存続会社は消滅会社の資産，負債，資本を帳簿価額のまま引き継ぐ。被合併会社の株主は保有してきた株式に代わり，合併会社の株式が新たに交付されて株主となる。合併会社の株主と被合併会社の株主は合併後の会社に対する持分（interest）を共有（pooling）する。持分プーリング法では帳簿価額で記帳され，無形資産やのれんが認識されないために，買収企業をいくらで購入したのか貸借対照表には計上されない。

企業結合会計基準は，取得原価の配分方法を次のように規定する。

・取得原価は，被取得企業から受け入れた資産及び引き受けた負債のうち企業結合日において識別可能なもの（識別可能資産と負債）の企業結合日の時価を基礎として，当該資産及び負債に対して企業結合日以後 1 年以内に配分する（第 28 項）。

・受け入れた資産に法律上の権利など分離して譲渡可能な無形資産が含まれる場合には，当該無形資産は識別可能なものとして取り扱う（第 29 項）。

・取得後に発生することが予測される特定の事象に対応した費用又は損失であって，その発生の可能性が所得の対価の算定に反映されている場合には，負債として認識する。当該負債は，原則として，固定負債として表示し，その主な内容及び金額を連結貸借対照表及び個別貸借対照表に注記する（第 30 項）。

・取得原価が，受け入れた資産及び引き受けた負債に配分された純額を上回る場合は，その超過額はのれんとして会計処理し，下回る場合には，その不足額は負ののれん発生益として第 33 項に従い会計処理する（第 31 項）。

③無形資産の価値評価

（a）定義

IFRS と連携する国際評価基準審議会（International Valuation Standards Council）が発行する国際評価基準は，無形資産を「その経済的特性によって現れる非貨幣性資産であり，物質的実体をもたず，その所有者に権利と特典を与え，通常その所有者の為に収入を創出するもの」と定義する。また IFRS はそれを「物資的実体のない識別可能な非貨幣性資産」という。無形資産とは通常の資産の認識要件（所有と支配，過去の取引，測定可能性）を満たし，次の 2 つの特性のいずれかを有する資産である。①法的権利を構成し，当該権利に基づいて将来獲得可能な経済的便益については法的に保護されている（契約と法的要件）。②他の資産から分離して譲渡可能である（分離要件）。無形資産の所有者は，無形資産を単独で，あるいは関連する契約，資産もしくは負債と組み合わせて売却し，貸与することができる [15]。無形資産の原価配分は定額

232 ｜ 第Ⅱ部　証券投資と企業価値評価

法によるが，耐用年数には無期限もある。

(b) 種類と分類

　無形資産は，特許権，商標権，借地権などの法的権利，ソフトウエア，人的資源，組織力，対外信用，ノウハウ，ブランドなどである。その多くは主観的に価値が判断される主観のれんであり，貸借対照表に計上されない。会計上，それは M&A において取引されて初めて客観的なのれんとして資産計上される。

　その無形資産は内容によって次のように分類される[16]。マーケティング関連無形資産（商標，商号，サービスマーク），顧客関連無形資産（顧客リスト，注文または製品受注残高），芸術関連無形資産（演劇，オペラ，バレエ，文学作品，絵画，映画，フィルム，音楽テープ　ビデオ及び視聴覚データ），契約関連無形資産（使用許諾書，ロイヤルティ及び使用禁止契約），技術関連無形資産（特許技術，データベース，秘密製法）である。しかし，会計はこれらのすべてを無形資産に計上するものではない。人材関連無形資産（研修プログラム，顧客サービス能力等）や戦略関連もしくは企業関連（知的資本，組織的インフラ等），マーケットシェア等は，無形資産とは認識されない。

(c) 評価方法

　無形資産の評価方法には，①マーケットアプローチ，②インカムアプローチ，③コストアプローチがある。①マーケットアプローチは，類似の無形資産の売買事例に基づいて見積価格を決定し倍率を決定する方法である。類似資産比準法がある。②インカムアプローチは，無形資産の価値から将来生み出される一連の経済的便益の現在価値の合計である。商標権などに関するロイヤルティ免除法，超過収益法（事業収益から運転資本，有形固定資産，その他の無形資産，人的資産を控除したもの），企業価値差額法がある。③コストアプローチは，買収企業が対象資産を複製する場合の複製原価あるいは代替する再調達原価で測定する方法である[17]。

④のれんの計上

取得原価から無形資産を含む識別可能な資産と負債の認識額を控除した金

額が会計上の「のれん」として認識される（第3章参照）。

取得原価＞時価ベース純資産　　「のれん」として資産計上
取得原価＜時価ベース純資産　　「負ののれん発生益」(特別利益)と
　　　　　　　　　　　　　　　　　　して計上

　のれんと負ののれん発生益は相殺して表示できる。ただし，その金額に重
要性が乏しい場合，のれんまたは負ののれん発生益は事業年度の費用または
利益として処理することができる。日本の会計基準ではのれんの償却額は
「販売費及び一般管理費」に計上される。
　日本の企業結合会計とIFRSとの大きな違いの1つがのれんの会計処理で
ある。日本の会計基準ではのれんは定額法で償却する。のれんの減損テスト
は減損の兆候がある場合に行う。それに対して，IFRSはのれんを毎期減損
テストする。のれんの償却費が計上されないため，日本基準に比べて利益が
大きく計上される。

(3) 企業結合の会計処理

①合併の会計処理
　合併会計は，交付株式数を決定し，合併後貸借対照表を作成する。株式交
付数を決定するには，企業価値の評価と合併比率を決定することが前提にな
る。合併比率とは消滅会社の株式1株が存続会社の何株に相当するかという
当割合である。各社の1株当たりの企業価値評価額は，企業価値／発行済株
式総数として計算される。合併比率は，1株当たり企業価値（消滅会社）／1
株当たり企業価値（存続会社），交付株式数は，合併比率×消滅会社の発行済
株式総数として計算される。
EX.　A社（存続会社）はB社（消滅会社）を吸収合併した。A社はB社の株
式と引き換えにA社株式を発行し，B社の株主に交付した。合併直前のB
社の諸資産は4,600万円（時価5,000万円），諸負債2,000万円（時価2,200万円），
交付したA社株式の時価は4,000万円である。増加した資本のうち2分の1

234｜第Ⅱ部　証券投資と企業価値評価

を資本金，残りを資本準備金とする。

【A社の仕訳】

諸資産	5,000	/	諸負債	2,200
のれん	1,200		資本金	2,000
			資本準備金	2,000

　存続会社は消滅会社の株主に存続会社の株式を交付するが，新株でなく保有する自己株式を交付することもある。また，存続会社と消滅会社との間に債権（売掛金）と債務（買掛金）がある場合には，それらが相殺される。

②株式交換の会計処理

　株式交換とは，既存の会社間で完全親子会社の関係を作る手法である。この場合も交付株式数を決定するため合併比率と同様に株式交換比率が求められる。

・各社の1株当たりの企業価値評価額＝企業価値評価額／発行済株式総数
・株式交換比率＝1株当たりの企業価値評価額（完全子会社）／1株当たりの企業価値評価額（完全親会社）
・交付株式数＝株式交換比率×完全子会社の発行済株式総数
　一部保有の場合＝株式交換比率×完全子会社の発行済株式総数×(1－保有割合)

EX.　C社はD社の発行済株式100%を株式交換によって取得した。C社は株式交換に際して新株（1株当たり資本組入額600円）10,000株を発行し，D社株式1,200万円と交換した。

【C社の仕訳】

D社株式	1,200	/	資本金	600
			株式交換剰余金	600

　株式交換は株主構成が変わるだけで，財政状態には変化がない。そこで，D社の株式は同社の純資産として受け入れられる。

③株式移転の会計処理

　株式移転とは，既存の会社，例えばE社とF社が発行している株式をすべて新たな会社G社に移転し，その代わりにG社の株式をE社とF社の株主に割り当てる方法である。この場合も合併や株式交換と同じく，株式移転比率を求めて交付株式数が決定される。

・交付株式数＝株式移転比率×完全子会社の発行済株式総数

　完全子会社が複数の場合，E社を取得企業と見立て，F社を被取得企業と仮定する。

・取得企業の株式（取得原価）＝取得企業の純資産の額（帳簿価額）

・被取得企業の株式（取得原価）＝交付する株式の時価等（移転時）

　完全親会社G社は新設なのでG社の株価は存在しない。G社のかわりにE社が取得企業となる。

EX.　既存の会社E社（取得企業）とF社は，新たな会社G社を設立し，G社を完全親会社とする株式移転を行った。諸資産はE社200，F社160，諸負債はE社100，F社80，資本金はE社100，F社80である。G社は，E社の株主に対して20株，F社の株主に10株を交付した。株式移転時のE社の株式の時価@10円であった。増加した資本はすべて資本金に組み入れる。移転時のG社の仕訳をする。

　　　　　E社株式　200*　　／　　資本金　200
　　　　　*取得企業の株式100＋被取得企業の株式（@10円×10株）＝200

④事業分離の会計処理

　会社分割は，会社の事業（全部あるいは一部）を他の会社に移転することをいう。事業を移転する側を「分割会社」，事業を受け入れる側を「承継会社」という。また，会社分割にはすでに存在する会社に事業を移転する「吸収分割」と，新たに会社を設立してその会社に事業を移転する「新設分割」に分類される。

i) 分割会社の会計処理：簿価引継法

その処理は，吸収分割によって移転した事業に対する投資が継続していると判断するか，あるいは清算されたと判断するかで異なる。投資が継続している場合，承継会社が分割会社の関連会社や子会社となり，簿価引継法が適用される。対価として取得する株式の取得原価は，移転した事業の帳簿価額となり，移転損益は計上されない[18]。

EX. H社（分割会社）は，I社（承継会社）に半導体事業部門の帳簿価額（諸資産800と諸負債200）を移転した。対価としてI社が発行する株式は100株である。I社の資本組入額は600である。

【分割会社の会計処理】

諸事業負債　200　／　諸事業資産　800

I子会社株式　600

【承継会社の会計処理】

諸事業資産　800　／　諸事業負債　200

資本金　600

ii) 会社分割の会計処理：売買処理法

承継会社が分割会社の関連会社や子会社ではない場合，その移転投資は，清算されたとみなし売買処理法が適用される。対価として取得した株式の取得原価は，受け取った承継会社の株式の時価となる。移転した事業の帳簿価額と受け取った承継会社の株式の取得原価との差額は，移転利益（特別利益）あるいは移転損失（特別損失）となる[19]。

EX. J社（分割会社）はI社（承継会社）に半導体事業部門の諸資産800（時価900）と諸負債200（時価300）を移転した。対価としてI社が発行する株式は100株（時価@70円）である。I社の資本組入額は700である。

【分割会社の会計処理】

諸事業負債　　　200　／　諸事業資産　800

その他有価証券　700　　　　移転利益　　100

【承継会社の会計処理—パーチェス法を適用】

諸事業資産　900　／　諸事業負債　300

のれん　　　　100　　　資本金　　　700

4　買収の防衛策

M&A には非友好的な乗っ取り（raider）がある。そうした敵対的な買収に対する買収防衛として次の方法がある。

①ポイズンピル（poison pill, 毒薬条項）とは，敵対的買収に対抗し，既存の株主に時価を下回る価格で株式を引き受ける権利を与え，買収者の支配権を弱める防衛策である。発行済み株式を増やすことで買い占め比率が下がるため，ポイズンピルは買収意欲を削ぎ，買収者の議決権比率を希薄化することができるが株主平等の原則に反するとの批判がある。

②ゴールデンパラシュートとは，買収後に取締役が解任されることが多いが，その取締役の退職慰労金の額を高額に設定することにより買収後の出費が多くなり，買収を思いとどまらせる手法である。

③黄金株とは，合併など株主総会で決議に関する重要事項に対して一株で拒否できる株式で友好的な第三者に与える。日本では国際石油開発の黄金株を政府が保有する。

④ MBO とは，経営陣が自社株式を取得し事業譲渡などによって所有者になることである。すかいらーくグループは 2006 年 6 月，MBO を実施し全株式を取得した。創業一族と経営陣は特別目的会社を設立し，SPC がすかいらーくの TOB を実施した。買付価格は 6 月 7 日の終値の 2075 円を 15 〜 20%上回る水準。発行済み株式の 66.7% まで買付し，TOB に応じなかった少数株主から株式を買い取った[20]。

その他の方法として，友好的な会社に買収してもらうホワイトナイト，会社の重要な資産を友好的な関連会社などに売却し企業価値を下げて買収のメリットをなくす焦土作戦，企業買収を行わないように乗っ取りや説得を行うグリーンメイル，逆買収等がある。

5　M&A のリスク

買い手は M&A に際して売り手のリスクを見抜く必要がある。その方法の１つがデュー・ディリジェンスである。東京商工リサーチによると，2014年度，在庫の隠蔽や利益の水増しといった不適切な会計処理を開示したのは42 社。例えば，LIXIL（リクシル）グループは中国で水栓金具を手がけていた子会社 J の M&A における不正を発見した。J 社は 14 年に買収した独グローエの子会社で，フランクフルト証券取引所に上場し，大手会計事務所グラント・ソントン・グループの監査証明もあった。リクシル社は創業者に会い，工場を見て，財務諸表も確認し，デュー・デリィジェンスを行った。しかし，J 社は監査直前に銀行預金を増額するなど巧妙な手口で偽装した[21]。

注

1　落合誠一「合併等対価の柔軟化と M&A 法制の方向性」『企業会計』2007 年 8 月号 27 頁参考，中央経済社。
2　砂川伸幸・笠原真人，2015 年『はじめての企業価値評価』日本経済新聞出版社，52 頁参考。
3　日本公認会計士協会東京会編，2015 年『財務デュー・ディリジェンスと企業価値評価』清文社，6 頁参考。
4　砂川伸幸・笠原真人，前掲書，114〜115 頁参考。
5　「ボーダフォンの買収」『日本経済新聞』2004 年 3 月 11 日付参考。
6　伊藤邦雄・中條祐介共著，2005 年『連結会計とグループ経営』中央経済社 227〜232 頁参考。
7　木俣貴光，2015 年『企業買収　海外事業拡大を目指した会社の 660 日』中央経済社参考。
8　同上書，15〜18 頁参考。
9　同上書，28 頁参考。
10　日本公認会計士協会編，2013 年『企業価値評価　改訂版』日本公認会計士協会

出版局，346〜347 頁参考。

11　砂川伸幸・笠原真人，前掲書，98〜99 頁参考。

12　伊藤邦雄，2014 年『新・企業価値評価論』日本経済新聞出版社，255〜256 頁参考。

13　日本公認会計士協会東京会編，前掲書，270 頁参考。

14　株式会社プルータス・コンサルティング編，2016 年『企業価値評価の実務　第
　　3 版』中央経済社，354 頁参考。

15　デロイトトーマツファイナンシャルアドバイザリー合同会社，2016 年『M&A
　　無形資産評価の実務　第 3 版』清文社，147 頁参考。

16　同上書，148〜149 頁参考。

17　同上書，151 頁参考。

18　福島三千代，2012 年『サクッとうかる日商 1 級簿記商業簿記・会計学 3 テキスト』
　　ネットスクール，84〜89 頁参考。

19　同上書，参考。

20　『日本経済新聞』2006 年 6 月 8 日付参考。

21　『日本経済新聞』2015 年 11 月 17 日付参考。

第11章 資本構成と配当政策

> **学習目標**
>
> 企業の財務政策には，多種多様の資金調達の組み合わせ，利益処分を巡る配当と内部留保の割合，資本構成，利潤の平準化等がある。本章はそのうち資本構成と配当政策が企業価値にどのような影響を及ぼすのかを考察する。

1 資本構成

2016年1月，わが国はゼロ金利時代に入った。経営者は資本コストを低め，安全な資金を調達する財務政策を成功させる必要がある。企業の財務政策の決定は，財務管理の最高責任者（CFO），財務部長（トレジャラー）と経理部長（コントローラー）が行うが，その中心が負債調達と株式によるエクイティファイナンスの資本構成と配当の決定である。

(1) MM理論の資本構成無関連説

ファイナンスのテーマの1つは，企業価値を最大にする資本構成つまり最適資本構成があるか否かである。財務理論（corporate finance）の革命は1958年のモジリアーニとミラー（F. Modigliani and M.H. Miller, MM理論という）から始まる[1]。

第11章 資本構成と配当政策 | **241**

①第1命題

　MM理論は「税のない世界では，資本構成のいかんにかかわらず企業価値は一定である」という第1命題（無関連命題）を証明した[2]。それは，完全市場の下で収益性を所与とすると，企業の市場価値はバランスシートの貸方の資本構成を変えても，借方の資産は影響を受けないことから資本構成に無関係である，とする。MM理論は，資本市場について①取引コストがなく，②完全競争の状態にあり，③市場の参加者は情報を均等にもち，④資金の借入利子率と貸付利子率が等しい，という完全市場の仮定を置く。これらの仮定は，現実には存在しない実験室の仮定である。

　例えば，事業内容が同一であるが，資本構成だけが異なる2つの企業がある。株主資本だけの企業価値をV_0，株主資本と負債から資本構成されている企業をV_1とする。$V_0 \neq V_1$である。さて，投資家は同じ財（株式）が2つの異なる価格で売られている場合，価格が低い株式を買い，逆に価格が高い株式を売る。買いと売りを同時に行えば，元手となる資金がなくとも裁定利益が得られる。こうした裁定取引は裁定利益がゼロになるまで行われる。裁定利益がゼロとなる状態で2つの企業の株価は等しくなる。完全市場では$V_0 \neq V_1$が裁定取引によって$V_0 = V_1$となり，企業価値が資本構成と無関連であるということである[3]。

②第2命題

　さて，MM理論の第2命題は，第1命題を前提にして，株主が負担する株主資本コスト（リスク）はレバレッジの負債資本比率（D/Eレシオ）に比例する，というものである。リスクは「ビジネス・リスク」と「財務リスク」（負債を用いることから株式に帰属するキャッシュ・フローに生じる追加的変動性）とに区別できる。負債はビジネス・リスクを負担しない。株式のビジネス・リスクは資本構成に占める負債の割合が高まるにつれて増大する。株式は，増大するリスクに見合うだけ期待リターンが増大しなければ保有されない。

　ところで第1命題から，企業全体の資本コストである加重平均資本コスト（WACC）は，資本構成とは無関係に一定でなければならない[4]。これは資本

コストが低い負債の比率が高まるのに対して，株主資本コストが増大することを意味し，次式が導かれる[5]。

$$企業全体の資本コストRa＝WACC＝D／（D＋E）・Kd＋E／D＋E・Ke$$

上記の式を解くと，株主資本コストは次式となる。

$$Ke＝Ra＋（Ra－Kd）D／E$$

Ke は株主資本コスト，Ra＝WACC は加重平均資本コスト，Kd は負債コスト，E と D は株式と有利子負債の時価，D/E は負債資本比率である。第1命題から，企業価値は資本構成とは無関係に一定であり，企業に対する請求権も一定であることから，第2命題では，企業全体の資本コストであるWACC は常に一定であり，株主資本コストは，負債の割合が高まるにつれて直線関係で上昇する。

(2) 最適資本構成

①法人税による節税効果

MM 理論は，完全市場という仮説の下では企業価値が資本構成とは無関連であることを証明した。だが，現実には有利子負債の金利費用が税務上の損金として認められ，その節税効果だけ企業価値が増大する。有利子負債の導入で加重平均資本コストが低下し，企業価値を増大させる（第8章参照）。負債を D，負債利子率を r，法人実効税率を t，負債に貸倒リスクがないと仮定すると，節税額の現在価値は PV＝tD と計算される。節税効果がある企業価値を Vt，負債がない場合の企業価値を V とすると，Vt＝V＋tD となる。最適な資本構成が負債資本比率をある程度まで高めた点で達成できる[6]。

②破綻懸念コスト

さらに，ある一定の負債資本比率を超えると，破綻懸念コスト（cost of financial distress）が発生し始める。それが節税のメリットを上回ると，企業

図表 11-1　最適資本コストの概念図

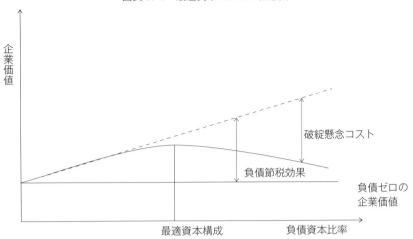

（出典）http://www.i-design-lab.jp/companyvalue/

価値を低下させる。そのコストには，倒産手続費用の直接コストと，破綻の可能性から顧客が製品の購入を躊躇し，取引先が商品の納入をやめ，資金調達ができないために優良な投資プロジェクトを見送る間接的コストも含まれる。したがって，企業価値が減少し始める直前の資本構成が最適資本構成である。最適資本コストは，負債を利用するメリットとデメリットが相反するトレードオフ理論である。どの程度の負債資本比率が最適資本構成に到達するかは，キャッシュ・フローの安定度，破綻懸念コストの大きさなどにより左右される。

破綻懸念コストの現在価値 C_B を考慮に入れると，企業価値 V^* は次の式となる[7]。

$$V^* = V + tD - C_B$$

C_B は負債資本比率の上昇にともないマイナスの影響として増加する。C_B と tD の変化から，企業価値 V^* は図表 11-1 となる。この図表から言えることは，収益が安定している企業ほど高い負債資本比率が許容される。またキャッシュ・フローが安定している電力やガス会社では，負債資本比率が高

くても経営が安定している。キャッシュ・フローが変動しやすい石油採掘では，負債資本比率が比較的低い水準で最適となる。IT 業界では，破綻懸念があると優れた人材集まらなくなるので，許容される負債資本比率は低くなる傾向がある，ということである。

　例えば，写真用フィルム業界では，現在の富士フイルムホールディングスと米国イーストマン・コダックスが 2000 年までそれぞれ世界市場シェアの 37 〜 38 パーセントとほぼ拮抗していた。その後デジタル革命を経て，10 年ほどでアナログフィルムの市場は消滅した。富士フイルムは現在も健在だが，コダックは 12 年に破綻した。その明暗を分けた要因の 1 つが資本構成である。富士フイルムは 00 年末に自己資本比率が 70％，約 8,000 億円の現金を保有し，非効率的な資本構成を維持していた。一方，コダックは株主（自己）資本比率が 24％，負債資本比率（D/E）が 1 倍という資本構成であった。コダックは自社株買いの原資として多額の社債を発行し，意図的に財務レバレッジを上げて最適資本構成と株価の最大化を追求しようとした。それに対して，富士フイルムは事業転換を図るべく，利益の 3 分の 2 を充てて印刷・コピー機，液晶フィルム，医薬品，医療機器などの多角化事業を育てた。21 世紀初めから 12 年間，研究開発に 2 兆円，設備投資に 1 兆 7,000 億円，M＆A に 7,000 億円もの多額の資金を投入した（第 10 章一口メモ参照）。リーダーシップも大きな要因であるが，富士フイルムは余裕のある資本構成と強固な財務体力も重要な役割を果たした[8]。一方，コダックは医薬品，化学，コピー機，精密機器などの事業を売却してフィルム専業になった。コダックは安定した市場を前提にして，伝統的な最適資本構成の考え方に執着した。

　最適資本構成となる負債資本比率の最適点は市場環境により移動する。08 年 9 月のリーマン・ショックに端を発した世界的金融危機後，投資家はリスク回避の姿勢を強め，負債資本比率の高い会社を敬遠する傾向が明確になった。その結果，金融危機前，最適資本構成であった会社も一転，債務超過になるという事態が発生した[9]（図表 11-2 参照）。

第 11 章　資本構成と配当政策 | **245**

図表11-2 リーマン・ショックと最適資本構成の変化

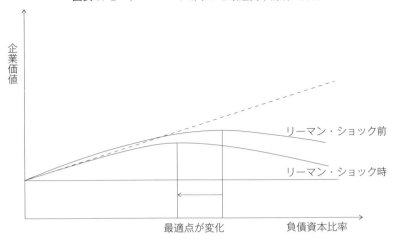

(出典) http://www.i-design-lab.jp/companyvalue/

2　配当政策

　配当政策（dividend policy）とは，配当可能利益（会社法の規定）のうち，配当を株主にどれだけ支払い，どれだけを内部留保して投資資金に振り向けるかを決める財務政策の1つである。配当政策の基本的尺度が配当性向（配当金額／当期純利益）である。ただし，配当政策は，投資政策とは独立し，設備投資の額が確定していることを所与とする。こうした配当政策は株価や企業価値といかなる関係があるのか。配当政策と株価の関係は，①税や取引コストが存在しない完全な資本市場を前提にする場合と，②税や取引コストが存在する現実の不完全な資本市場の場合とに分ける必要がある。

(1)　企業価値無関連説

　資本構成と企業価値との関係と同じく，配当政策に関するMM理論の命

題は，「完全資本市場の下では，投資政策や資本構成を一定として，配当政策の変更は株価に影響を与えない」というものである[10]。MM理論は，①完全資本市場，②投資家の合理的行動，③確実性という3つの基本的仮定から，企業価値無関連の命題を説明する。完全資本市場とは，①各個人がプライステーカーであり，市場価格は個人にとっては所与である。②価格変動に対する規制や制限的な税金は存在しない。③取引コストもなく，取引規模は無限に分割可能であり取引に摩擦もない。④市場への参入あるいは脱退は自由である。⑤市場参加者は市場に関して完全な知識をもち，すべての情報は無料である[11]。また，合理的な投資家にとっては同額の収益を得るならば，配当とキャピタル・ゲインは無差別である。

　完全市場の確実性という仮定では，資金として株式と負債の区別は不要となる。企業が一定の収益力のある投資プロジェクトを保有しているとき，株主資本だけの企業について次のことがいえる。

　例えば，A社の発行済株式数は10,000株である。毎期1,000,000円の税引後利益をあげる。1株当たり利益は1,000,000円／10,000株＝100円である。A社の株式リターン（株主資本コスト）を10％と仮定する。その配当政策は，利益全額を配当に回すものである。しかし，A社が今期（0期）だけ配当政策を変更し，1株当たり配当を100円から200円に増配し，1期以降100円の配当を支払い続けるとする。こうした配当政策の変更はA社の株価にどのような影響を及ぼすのであろうか[12]。

　A社が増配をしないで，100円の配当を毎期続けるとする。株価は将来の配当予想に基づいて決定されると仮定すると，現在の配当落ち前の株価P_0は次のように計算される。

$$P_0 = 100円（配当額） + 100円（配当額）／0.1（株式リターン） = 1,100円$$

したがって，0期の配当が支払われた直後の株価P_1は1,000円になる。また，A社の株式時価総額は配当支払前には1,100万円（1,100円×10,000株），配当支払後に1,000万円（1,000円×10,000株）となる。

　さて，A社は，配当政策を変更して0期の配当を200円に増配する。0期

の配当総額は 100 万円から 200 万円に増加する。しかし，毎期の税引後利益は 100 万円であり，A 社は，差額の 100 万円を新株発行によって賄うことになる。新規株主は A 社株式に 100 万円（株式リターン 10%）を投資し，1 期以降は毎期 10 万円のキャッシュ・フローを受け取る。このことから，既存株主のキャッシュ・フローは 90 万円（1 株当たり 90 円）に低下する。株価は将来の予想配当によって決定されることから，配当政策を変更した場合の A 社の配当落ち前の株価は次のように計算される。

$$P_0 = 200円 + 90円 / 0.1 = 1{,}100円$$

かくして，既存株主の配当落ち前の株価は，配当政策を変更しない場合と変わらない。ちなみに，新規株主への増資の発行価格は配当支払後の 90 円である。増資の発行株式数は 1,000,000 円／90 円＝11,111 株である。新規の株主は 1 株当たり 90 円を投資して 9 円の配当を受け取る。既存の株主のシェアが 10,000 株／11,1111 株に低下し，1 期以降の配当額は 1 株当たり 100 円から 90 円に減少する。投資政策を所与とすると，配当政策を変更しても，株価あるいは企業価値に影響を及ぼさないことになる。このように MM 理論では配当政策と増資とは完全な代替関係にある。しかし，企業は増資を行うとき，適正価格で新株が発行できず，増資を断念し，配当と増資が完全に代替関係にはならないことが指摘される[13]。

(2) 不完全市場のケース

企業は，配当によって株価をコントロールできるならば，株価を最大にする配当政策を選択する[14]。そのような政策を「最適な配当政策」という。資本市場が不完全で税や取引コストが存在する場合，最終的には投資家が受取るキャピタル・ゲインと配当とは完全に代替しない。そうした場合に配当政策が有効となる。①税制の影響としては，現実には配当所得に対して所得税が課税されるし，さらにキャピタル・ゲインに対しても課税され，配当所得とキャピタル・ゲインの税率は異なる。②取引コストの影響がある。取引コ

248 │ 第Ⅱ部　証券投資と企業価値評価

ストとは，株式の売買にともなう手数料である。

（3）わが国の配当政策

　かつて，わが国企業の多くは資本金（額面金額）を基準にした支払配当率を固定化する安定配当政策をとってきた。だが，額面金額が廃止され，かつ株主主権が唱えられて，今日の配当政策には配当性向が利用されている。また，投資家は利益と株価との関係比率である配当利回りにも注目する（第7章参照）。また，配当には情報内容（アナウンスメント効果）があり，株価に影響すると考えられている。増配の決定は，将来の企業の利益増加に関する経営者の確信として理解され，株価が上昇すると考えられている。反対に，減配では株価が下落すると考えられる。

注

1　Modigliani, Franco and M. H. Miller, 1958, 'The Cost of Capital, Corporation Finance and the Theory of Investment', *American Economic Review*, Vol.48, No.3, 261-297.

2　伊藤友則稿「経済教室　企業，負債の活用に節度を」『日本経済新聞』2015 年 8 月 4 日付参考。

3　若杉敬明・斎藤進・丸山宏，1998 年『経営財務』有斐閣，117〜118 頁参考。

4　新井富雄・渡辺茂・太田智之，2014 年『資本市場とコーポレート・ファイナンス』中央経済社，170〜171 頁参考。

5　同上書，171 頁参考。

6　若杉敬明・斎藤進・丸山宏，前掲書，129〜130 頁参考。

7　同上書，131〜132 頁参考。

8　伊藤友則，前掲書，参考。

9　同上書，参考。

10　Miller M. and F. Modigliani, Oct, 1961, 'Dividend policy, Growth and the Valuation of Shares,' *Journal of Business*.

11　若杉敬明稿，1974 年「企業評価と資本コスト」諸井勝之助『現代企業の財務』，有斐閣，122〜123 頁参考。

12　井出正介・高橋文郎，1992 年『企業財務入門』日本経済新聞社，171〜174 頁，参考。

13　花枝英樹『経済学研究』第 68 巻第 4・5 号参考。

14　米沢康博，1974 年「内部留保と配当政策」諸井勝之助『現代企業の財務』有斐閣，156 頁参考。

第12章 企業の失敗

学習目標

　企業の失敗とは何か。本章は危ない会社の見分け方，格付けの意義と金融機関による信用分析を概説し，企業がどのような財務比率の状態にあるとき倒産したのかを考えてみる。

1　企業の失敗

(1)　企業の失敗の意味

　企業の失敗（corporate failure）とは，企業が最終的には倒産という経済的破綻に至る財務上の困難（financial distress）な出来事である。その内部要因には，経営者の資質，新製品やマーケット拡大における戦略的意思決定の失敗，無理な成長戦略と強い権力欲，過剰な事業拡大と誤った買収の判断，不適切な資本構成，非効率的な取締役会といったコーポレートガバナンスの問題がある[1]。外部要因にはイノベーションへの不適応，景気後退による経営の悪化，規制緩和，産業政策と関税保護の変化あるいは利子率の変化等に対応できないことがある。投資家や債権者は公表された財務諸表と財務比率を使って企業の失敗をどの程度予測し，判断できるのかが問われている。

第 12 章　企業の失敗 **251**

(2) 危ない会社

　財務上の困難とは，債務不履行（default），支払不能（insolvency），倒産（bankruptcy），そして債務超過（excess of liabilities over assets）の状態を指す[2]。債務超過は負債の総額が総資産を上回った状態であるが，実際には資産をすべて売却しても負債を返済できない状態をいう。債務超過企業は売上高が大幅に落ち込み，掛売りや金融機関からの借入金が急増し，増資や社債発行が増える。この異常な状態が続くと，会社は財務上の困難に陥り，倒産する可能性が高まる。しかしながら，債務超過は直ちに倒産を意味しない。例えば，IT 企業の多くは債務超過になっても存続し，破綻懸念の状況であるとはみなされない[3]。オフバランスの無形資産を処分可能価値，取替価値，あるいはキャッシュ・フローの現在価値で測定したならば，異なる財務状況が生まれる。こうした会計上の資産概念の曖昧さが債務超過や支払不能概念の有用性を奪う[4]。債務超過とは，ある時点で債務不履行が起きる高い確率状態を意味するにすぎない。

　投資家や債権者は，企業のさまざまなレベルの財務上の困難を予測する必要がある。例えば，倒産は企業がどのような財務比率に陥った場合に発生したのか。単純な仮定では，当座資産が増加し，事業活動からの期待される正味フローが大きくなるにつれて倒産の確率は低下する。反対に，有利子負債額が大きくなる，あるいは事業活動からの資産の正味フローの不安定性が大きくなるにつれて，倒産の確率が高まる。そうした結果から原因を予測する方法にベイズ統計学がある[5]。

　会社の失敗の直接コストは，訴訟等に対処するための法律家に支払う費用である。間接コストは，ブランドの価値を下げ，優秀な人材を失い，販売網を狭め，資本コストを引き上げることにつながる。もし会社が倒産すれば，株主，債権者その他のステークホルダーの利害は激しく対立する。銀行は，直接的コストとして貸付金と利子収入を失うと同時に，他の企業に融資していれば得られたであろう利子等の機会を失うことになる。いずれにしろ，銀行やその他の債権者は倒産会社に担保価値が残っていれば，株主に先んじて

252 ┃ 第Ⅱ部　証券投資と企業価値評価

債権を回収できる。また株主は残余請求権があれば，その持分に応じて配分される。

2 信用分析

(1) 不良債権

　銀行にとっての不良債権とは，破産あるいは倒産などの理由で回収困難になる可能性の高い貸出金をいう。銀行は実質的に債務超過の企業に対して新規の貸付条件を付し，特別な事情がないかぎり貸付を打ち切る。

　銀行法21条は，開示される不良債権を貸付先の返済状況から判断する「リスク管理債権」として次のように定義する。①破綻先債権とは，貸出先の倒産などにより返済を受けることが困難になる可能性の高い貸出金のことである。②延滞先債権とは，貸出先の業績不振などにより，元金または利息の支払いが6ヶ月以上遅滞している貸出金のことである。③3ヶ月以上遅滞債権とは，元金または利息の支払いが遅滞している貸出金で，破綻先債権及び延滞先債権に該当しないものをいう。④貸出条件緩和債権とは，財務的困難に陥った貸出先の再建・支援を図るために貸出金利息の減額，免除，棚上げを実施し元金の返済を繰り延べるなど返済猶予を実施している貸出金である。

(2) 中小企業への融資と分析

　財務諸表（会計数値）には，直接に表現されない企業価値の持続性や成長性に関して空白地帯がある。銀行は，中小企業への融資では税務会計に基づく決算書を眺める偏重をあらため，経営者や従業員の資質，経営プロセスや業務の流れに蓄積されたノウハウ，顧客や取引先や生産販売提携先などを把握することが不可欠である。その意味で銀行は企業の経営資源に関する定性情報の評価に基づいて中長期の持続性，成長性の予測に取り組み，またこれまでの担保中心主義に陥る危険性を回避する必要がある。

図表 12-1　ウォールの指数法

比率	計算式	ウエイト a	基準値 b	対象企業の比率 c	相対比率 d＝c/b	指数値 a×d
流動比率	流動資産／流動負債	25%	200%	220%	110%	27.5
負債比率	自己資本／負債	25%	150%	160%	106%	26.5
固定比率	自己資本／固定資産	15%	250%	220%	88%	13.2
商品回転率	売上高／商品	10%	800%	600%	75%	7.5
売上債権回転率	売上高／売上債権	10%	600%	500%	83%	8.3
固定資産回転率	売上高／固定資産	10%	400%	400%	100%	10.0
自己資本回転率	売上高／自己資本	5%	300%	240%	80%	4.0
指数合計 評価						97.0 −3.0

出典：日本経営分析学会編，2014 年『新版　経営分析事典』税務経理協会，282 頁参考

(3)　ウォールの指数法

　米国の産業合理化の時代，既に単一変数による企業分析には限界があると認識されていた。1928 年，米国の銀行家ウォール（A. Wall）とダニング（R.W. Duning）は，信用分析として複数の財務比率を使った指数法を考案した。この指数法は一般にウォールの指数法と呼ばれている。それは信用分析に向けて経験的に主要な財務比率（例えば，流動比率，固定比率，負債比率，売上債権回転率，商品回転率，固定資産回転率，自己資本回転率）を抽出し，任意にウエイトを付した業界平均値（基準値）と融資先企業の比率を比較して評価する手法である。

　図表 12-1 の融資先の信用度は業界平均値 100 より低いことが判明した結果，融資枠は制限される。ウォールの指数法は，銀行によるウエイトの重視の仕方によって評点が大きく左右されることから，科学的ではなくあまり普及しなかった。だが，この基本的な洞察は重要であり，今日でも分析要因に人的要因や景気循環要因等が加味され，予測力を高める多変量解析として応用されている[6]。ただし，どれだけの財務比率とどの比率（変数）が利用されるべきであるのか，そして各比率にどのようなウエイトが割り当てられるべ

きなのか，という問題は解決されていない。

3　格付け

(1)　格付けの意味

　投資家は証券投資において格付け機関（rating agencies）による格付けを利用する。格付けとは，企業が起債する債券の信用力や元利金の支払能力の確実性を総合的に分析しランキングすることである。それは米国で20世紀初頭に始まった。米国では1929年の大恐慌に際して，格付けの高い企業は社債の債務不履行に陥る確率が低かったことから格付けに対する信頼が高まった[7]。日本では1985年に格付け会社が誕生し，金融庁から指定を受けた格付け機関（民間企業）は信用格付業者と呼ばれ，日本格付研究所（JCR），格付投資情報センター（R&I），Standard & Poor's（S&P：スタンダード＆プアーズ・レーティング・ジャパンと日本スタンダード＆プアーズ株式会社との共同），Moody's Corporation（ムーディーズ・ジャパン株式会社とムーディーズSFジャパンの2社）そして Fitch Ratings Ltd.（フィッチ・レーティングスジャパン）がある。格付けは企業が自主的に行う依頼格付けと，格付機関が独自に行う勝手格付けがある。一般に格付け機関は，対象企業の事業基盤（定性要因），財務比率（定量要因），そして対象債券（あるいは企業）を審査する。

　格付けには債券格付けと発行体格付けがある。債券格付けは，債券が償還されない確率をアルファベット記号で表現したもので，これによってクーポンレートを決める。また，発行体格付けは，債券を発行する企業自体を，企業の財務的基盤や将来性を考慮に入れて格付けすることである。企業は財務目標として高い格付け（例えばシングルA格）を目指す。格付けの表示は「プラス1」「フラット2」「マイナス3」とさらに細分化する（図表12-2）。

　格付けは，同じ債券や発行体に対しても格付け機関ごとに異なる。会社は社債の起債に際して格付けを依頼し，これによって資金調達コストを決定し，担保の要あるいは不要を判断する。格付けは，特別な企業分析の知識が

図表 12-2　債券格付けの符号と定義：R & I

AAA	信用力がもっとも高く，多くの優れた要素がある。
AA	信用力はきわめて高く，優れた要素がある。
A	信用力は高く，部分的に優れた要素がある。
BBB	信用力は十分であるが，将来環境が大きく変化する場合に注意すべき要素がある。
BB	信用力は当面問題ないが，将来環境が変化する場合，十分注意すべき要素がある。これ以下は投資不適格債券（ジャンク債）である。
B	信用力に問題があり，絶えず注意すべき要素がある。
CCC	債務不履行に陥っているか，またはその懸念が強い。債務不履行に陥った債権は回収が十分に見込めない可能性がある。
CC	債務不履行に陥っているか，またはその懸念が極めて強い。債務不履行に陥った債権は回収がある程度しか見込めない。
C	債務不履行に陥っており，債権の回収がほとんど見込めない。

ない情報利用者にもわかりやすく，将来の債務不履行を知ることができる。日本では信用格付けがBB以下のジャンク債（金利が高く設定されるハイイールド債）のマーケットが存在しない。社債市場は適格格付け（BBB以上）のマーケットである。企業は市場環境が悪化すると，社債市場での資金調達が困難になる。

(2) 格付けの現実

　債券格付けは起債会社の信用力を評価し，信用リスクを測る指標となる。1996年に社債発行市場が自由化され，リスク指標の債券格付けが重視されるようになった。適債基準として社債発行規制が生まれ，無担保社債はA以上である。こうした格付けの基礎となる情報は債券のデフォルト（債務不履行）率である。格付けはデフォルトの可能性が低いほど高くなり，反対に可能性が高いほど格付けが低くなる。では，格付けが高い企業は優良企業かといえば，2001年12月2日，連邦破産法第11条（Chapter 11）の適用を申請したエンロン社は，破綻4日前まで格付け機関がその社債を投資適格と見

なしていた現実がある。

4 企業倒産

(1) 倒産の原因

　倒産とは，法律用語ではなく慣用語にすぎない。倒産は企業が法的な整理あるいは私的整理に入った状態，具体的には民事再生手続き，会社更生法の適用，破産手続きあるいは手形の不渡りを出して銀行取引の停止処分を受けることをいう。倒産の発生原因は各国の経済状況によって異なる。国税庁『法人企業の実態』（1972年から2006年までの倒産率）によると，わが国企業の倒産率は，オイルショック後の1974年からバブル経済の入口である1986年まで1％を超えるものであった。その後，法人の数が大幅に増加したにもかかわらず，倒産率は0.5％前後で推移した。倒産の社会的影響は件数以外に負債額の大きさ，企業年齢，企業規模，上場会社と非上場会社の割合という視点から判断される[8]。近年の倒産は企業の年齢や規模に関係しないで発生している。倒産は，実際には企業が現金を生み出す能力が欠如した状態であって，現金を保有していないという意味ではない。したがって，それはキャッシュ・フロー計算書からは直ちに判明しない。倒産は長期にわたる経営活動の結果，資産の換金価値が下落し，信用力を喪失した状態から発生する。

(2) 倒産に対する法的措置

　倒産に対処する法的整理には，将来の事業体の経済的価値がその現在の価値より大であるならば，再編（reorganization）を目指し，資産を生かす価値がないとすれば，清算（liquidation）が採用される[9]。
① 破産法とは，倒産法制の基本となる清算型の手続きで，債務者が債務を完済できなくなった場合，債務者の総財産をすべて債権者に公平に弁済す

一口メモ：JAL の経営の失敗

　JAL は 1951 年 8 月に半官半民体制の日本航空株式会社としてスタートした。80 年代，円高が進み，航空運賃が下がって日本人の海外渡航が増加した。これにより大型機が投入された。87 年 11 月，JAL は完全に民営化され，事業の多角化に取り組んだ。しかしながら，90 年代の湾岸戦争による海外渡航者の減少，燃料コストの高騰，バブル景気の崩壊，海外ホテルなどへの投資と燃料の先物取引の失敗，人件費の高騰が発生し，92 年度決算で 538 億円の経常損失を計上した。その後も赤字体質は変わらなかった。5 期無配かつ赤字の原因を探ると，営業費用の 23％を占める人件費の削減が遅れた。その裏には 85 年に契約した為替予約の失敗がある。JAL は燃料や航空機のドル払い増加をヘッジするために長期為替予約（先物ドル買い）を設定したが，急激なドル安が続き，96 年度まで為替差損は総額 2,200 億円を超えた。JAL はこれを航空機支払に充当し，資産計上して航空機を高く購入した。減価償却費の負担を減らすために償却期間を 10 年から 15 年に延長し，一部の航空機をリースバックした。償却額は減るがリース料が増える。だが，そうした決算対策にも限界があった。2003 年のイラク戦争では燃料が高騰し，3,000 億円の有利子負債を抱えた。聖域なきコスト削減を合言葉に経営統合による余剰人員整理，不採算路線の統廃合，組合対策，給与削減を行い一時的な経営状況は改善したものの，07 年後半の不況，原油高，改善しない人件費から再び経営は悪化した。2010 年 1 月 9 日，日本航空，日本航空インターナショナル，ジャルキャピタルの 3 社は会社更生法の手続きに入った[10]。

ることを目的とする裁判上の手続きをいう。

②　民事再生法とは，債務者の事業または経済生活の再生を目的とする法律で，同じ目的の和議法（2000 年 4 月廃止）を簡素化したものである。この法律は中小企業の再生を想定したが，そごうや平成電電などの大手企業に利用された。従来の経営陣が事業の経営権を失い管財人がその経営にあたる会社更正法とは違い，経営陣の刷新は必須ではない。民事再生手続きでは，

258 | 第Ⅱ部　証券投資と企業価値評価

裁判所の許可を得て事業を迅速に譲渡して事業を守り，その対価を債権者への弁済原資に充てられる。この手続きでは譲渡会社の株主総会決議は不要である[11]。

③　会社更正法は，再建の見込みがある会社の事業の維持，更正を目的とする。再建を目的とする点では民事再生法と共通するが，株式会社だけが対象となる点が異なる。担保権者や株主も更正手続きの対象となることができる。

(3) 倒産の予測

①単変量分析

倒産企業の個別の財務比率にはどのような特徴があるのか。白田佳子の分析によると，以下に示す財務比率が倒産企業の判別に有用であった[12]。

(a) 倒産判別力の高い収益性

> 1　売上高税引前当期利益＝税引前当期利益／売上高×100
>
> 2　総資本経常利益率＝経常利益／（期首・期末平均負債・純資産）×100
>
> 3　総資本税引前当期利益率＝税引前当期利益
> 　／（期首・期末平均負債・純資産）×100

(b) 倒産判別力の高い安全性

> 1　外部負債依存率＝［期首・期末平均（短期借入金＋1年以内返済予定の長期借入金＋長期借入金＋社債＋受取手形割引高］／［期首・期末平均（負債・純資産）＋受取手形割引高］×100
>
> 2　総資本留保利益率＝期首・期末平均留保利益／期首・期末平均総資本×100

留保利益は，純資産−（資本金＋資本剰余金＋新株予約権＋少数株主持分）として計算される。総資本留保利益率は，倒産企業群と継続企業群の差（比率）が外部負債依存率以上に大きく，倒産に至る企業と継続企業では値に違

いがある[13]。また，外部負債依存率と総資本留保利益率の間には，継続企業群においては負の相関関係がある。外部負債依存率が低い継続企業は，総資本留保利益率が高くなる傾向にある。そこで両比率を同時に用いて倒産分析する意味がない[14]。

②多変量解析

　企業の経済状態を判断するには，収益性，財務流動性，活動性，成長性等の多面的な側面から合理的な比率の組み合わせが必要である。ある財務比率は良好傾向を示し，他の比率は悪化傾向を示す。その関係を解決する方法が多変量判別解析（multiple discriminant analysis, MDA）を用いた倒産予知モデルである[15]。

（a）アルトマンのZ値

　倒産予測モデルで有名な方法に「アルトマンのZ値」(1968, Altman's Z-Score）がある[16]。アルトマンは，MDAを用いて米国の製造業で経営に失敗した33社（failed entities）の財務記録をサンプルとして，その産業と経営規模が類似する33社の継続企業（healthy entities）とを比較し，継続企業と倒産企業の間にある財務比率の違いを検証した。そのオリジナル・モデルは22の潜在的に役に立つ比率に着手し，以下の最終的なZ値モデルに5つの比率（流動性，累積的収益力，収益性，レバレッジ比率，総資本回転率）を含めた[17]。ただし，X_1からX_4の変数は百分率，X_5は倍率として算入される。

$$Z（総合指標あるいは点数）= 0.012 \times X_1$$
$$+ 0.014 \times X_2$$
$$+ 0.033 \times X_3$$
$$+ 0.006 \times X_4$$
$$+ 0.999 \times X_5$$

X_1：運転資本／総資産は，対象企業の総資本に対する運転資本との比率である。
X_2：留保利益／総資産は，企業の生涯にわたる累積的収益力の尺度である。

260 ｜ 第Ⅱ部　証券投資と企業価値評価

これは企業が借入金よりむしろ利益の留保によって資金を調達してきた場合のレバレッジの物差しとなる。

X_3：利子税金控除前利益（EBIT）／総資産は，当該企業の資産の生産性の尺度である。この比率は企業資産の真の生産性の尺度となる。

X_4：持分の市場価値／総負債の帳簿価額は，企業の負債がその資産を超過し，そして企業が支払不能となる前，企業資産の価値がどれだけ低下するかを示す。

X_5：売上高／総資産の総資本回転率は，総資産の収益を創出する能力を示す。これは産業部門にまたがる大きな不安定性がありそうな場合，このモデルからしばしば除外される。アルトマンは，この回転率を除くすべての財務比率には予測能力がある[18]，と結論付けた。

　アルトマンによる Z の限界値は 2.675 であった[19]。この値を下回るスコアの企業は倒産する高い蓋然性を示す。1.81 以下の企業はすべて倒産，1.81 から 2.99 未満までのスコアの企業は「危険地帯」（gray area）にある。Z 値が 2.99 あるいはそれ以上のスコアは，健全な企業に属する。その後多くのモデルが開発されたが，このモデルは今なお財務分析者の間でポピュラーである[20]。

　ちなみに，イーバーガング（Uebergang, 2006）は，オーストラリアの上場会社 84 社についてアルトマンの Z スコアをテストし，標本の 1/3 を支払不能になる前 3 期に財務上困難企業として分類し，第二四半期の年次報告書日までに約半数を財務上困難企業に分類した。この事象前の 1 年，2/3 は 1.8 の危険地帯の基準点以下であった。イーバーガングはオーストラリア企業の金融危機を発見する 1 つの手段としてアルトマンの Z スコアを利用することを支持した[21]。

（b）SAF2002

　白田桂子は SAF2002（Simple Analysis of Failure 2002）という多変量判別関数を用いた倒産予知モデルを提唱した。判別関数（discriminant function）とは，企業の倒産危険を示す指標（経常収支比率や財務負担率等）を統計的手法の一次関数に合成するものである。SAF2002 は 42 の識別財務比率一覧から 4 つの財務比率を選択した重回帰式である。これらの企業データ（図表 12-3）は倒

図表 12-3　モデルに組み込む比率の選択

順位	変数	比率名	分割値
1	X_7	総資本留保利益率＝利益剰余金／総資産	<8.86175
2	X_{10}	総資本税引前当期利益率＝税引前当期利益／総資産	<0.58570
3	X_{26}	売上高金利負担率＝（支払利息＋社債利息＋手形売却損）／売上高	>1.05925
4	X_{37}	棚卸資産回転期間＝棚卸資産×12／売上高	>2.00055

（出典）白田桂子，2008 年『倒産予知モデルによる格付けの実務』中央経済社，131 頁参考

産企業（1,436 社）と継続企業（3,435 社）からなる。

　企業データは，総資本留保利益率の値が 8.86175％より低い場合，倒産の可能性がある企業群，それより高い企業は倒産の可能性がない企業として分割される。この分割により倒産の可能性がある企業群に振り分けられた企業は，総資本税引前当期利益率が 0.58570％を下回るか否かで，倒産の可能性が判断される。0.58570％を上回っていると，倒産の可能性は低下する。倒産の可能性がある企業は，さらに総資本税引前当期利益率が 0.58570％を下回り，加えて売上高金利負担率が 1.05925％より高く，売掛金回転期間（X_{36}）が 2.5604 月を上回る場合はほぼ倒産企業と判断される[22]。

　こうして最終的に SAF2002 モデルに採用された財務比率は，①総資本留保利益率，②総資本税引前当期利益率，③売上高金利負担率，④棚卸資産回転期間である。これらの財務比率は経済環境の変化に影響を受けず，企業規模や業種を超えて利用できる。これらの中でもっとも重要な比率が総資本留保利益率である。これは企業の継続的な安定経営を示すからである。次に，総資本税引前当期利益率は資本効率を測定する。また，棚卸資産回転期間は，倒産企業群と継続企業群とでは有意な差はあまりないが，倒産企業群では平均値を過ぎたあたりから大きな値を示す場合が多く，在庫調整不足が表面化して倒産に至る。最後に，売上高金利負担率は，金利がゼロになった頃（1996年）から，倒産企業群と継続企業群との差が明らかになる。継続企業群の指標は，金利水準が低下するにつれて低下するが，倒産企業群のそれは横ばいあるいは上昇傾向にある[23]。売上高金利負担率も棚卸資産回転期間と同じく，

262 ｜ 第Ⅱ部　証券投資と企業価値評価

最小値はゼロである。

倒産予知モデルの SAF 値は次の式となる[24]。

$$SAF値 = 0.01036X_1 + 0.02682X_2 - 0.06610X_3 - 0.02368X_4 + 0.70773$$

上記の式の X_1（総資本留保利益率），X_2（総資本税引前当期利益率），X_3（棚卸資産回転期間），X_4（売上高金利負担率）に，分析対象企業の財務比率を算入して SAF 値を求める。このモデルの倒産に関する判別点（分割）は 0.68 とされている。倒産企業データの 1407 件の 99% が 0.9 以下の SAF 値であった。これに対して，継続企業の 31% 以上が 0.9 より高い SAF 値であった。判別点は，それが高いほど倒産企業群の誤判別率が低くなるが，逆に継続企業群の判別力が低下する[25]。ちなみに，こうした倒産に関する多変量解析には TOCCATA（Tokei Tohmatsu Compact Company Analyzer from Total Angles, トッカータ）がある。これは東洋経済新報社の経済マクロ産業データ及び有価証券報告書のデータベースからデータをダウンロードしてパソコンで分析するシステムである。トッカータは判別関数を使って実際の倒産企業と非倒産企業を分析評価する[26]。

注

1 Rankin, M. Patricia Stanton. Susan McGowan, Kimbery Ferlauto, and Mattew Tilling, 2012, *Contemporary issues in accounting*, John Wiley & Sons Australia, Ltd. p.367.

2 Ross, Stephen, A. Randollph, W. Westerfield, and Jeffrey F. Jaffe, 大野薫訳，2012 年『コーポレートファイナンスの原理　第 9 版』金融財政事情研究会, 1459 頁参考。

3 Beaver, W. H., M. Correia and M. F. McNichols 2011 *Financial Statement Analysis and the Prediction of Financial Distress*, now Publishers Inc. p.4.

4 Ibid. p.4.

5 Ibid. p.4.　倒産の予測と財務比率の関係は尤度比（likelihood ratio）を使って説明される。こうした関係はオッズ比（odds ratio）によっても表現できる。オッズ比はある事象の起こりやすさを 2 つの群で比較して示す。

6 Ibid. p.18.

7 白田桂子，2008 年『倒産予知モデルによる格付けの実務』中央経済社，5～6 頁参考。

8 同上書，35～40 頁参考。

9 アルトマン，E. L.，青山英男訳，1992 年『現代大企業の倒産　その原因と予知モデルの包括的研究』文眞堂，3 頁参考。

10 森　功，2010 年『腐った翼　JAL 消滅への 60 年』幻冬舎，参考。

11 中島　成，2005 年『図解でわかる会社法』日本実業出版社，185 頁参考。

12 白田桂子，前掲書，117～124 頁参考。

13 同上書，124 頁参考。

14 同上書，126 頁参考。

15 同上書，128 頁参考。

16 Altman, E. L., 1968, 'Financial ratios. Discriminant Analysis and the Prediction of Corporate Bankruptcy,' *Journal of Finance*, Vol. 23, No.4. pp.189–209.

17 アルトマン，E. L.，青山英男訳，前掲書，114～116 頁。

18 Beaver, W. H., M. Correia, and M. F. McNichols, op.cit. p.19.

19 Giroux, Gary, 2003, *Financial Analysis A User Approach*, Leyh Publishing, L.L.C., pp.227–228.

20 Rankin, M., Patricia Stanton, and Susan McGowan, op.cit., p.368.

21 Uebergang, M., 2006, 'Predicting corporate failure,' *JASSA*, iss.4, Summer, pp.10–11.

22 白田桂子，前掲書，132 頁参考。

23 同上書，134～149 頁参考。

24 同上書，166 頁参考。

25 同上書，168～169 頁参考。

26 林　寬威・田尾啓一，1989 年『企業活力総合分析』東洋経済新報社，参考。

第13章 グローバル企業の分析

学習目標

本章の目標は，企業のグローバル化に関係する外貨換算会計の考え方（外貨建取引，為替予約等，在外支店及び在外子会社等の財務諸表項目の換算会計），移転価格税制とタックスヘイブン，国際会計基準に準拠した連結財務諸表を理解することにある。

1　経済のグローバル化と企業

「グローバル化とは，資本や労働力の国境を越えた移動が活発化するとともに，貿易を通じた商品・サービスの取引や，海外への投資が増大することによって世界における経済的な結びつきが深まること[1]」である。経済のグローバル化は，情報処理やインターネットなど情報伝達のイノベーションによって推進されてきたが，そのターニング・ポイントは1971年8月15日，ブレトン・ウッズ体制（1945年に発効した為替に関する協定で金1オンスと米＄35を固定し，各国通貨の交換レートを定めた金本位制）の解体にあった。通貨は政府の政策手段となり約束事に基づいた単なる記号となった。そして，1973年には固定相場制が変動相場制に移行した。1999年1月1日に仮想通貨としてEUROが導入され，国際通貨として，米ドル，ユーロ，英ポンド，円が機能してきた。日本では1998年4月には「外国為替及び外国貿易管理法」

第13章　グローバル企業の分析 | **265**

が改正され，外国為替取引が自由化された。

　株価は為替レートの変動により大きなインパクトを受ける。2016年12月15日，外国為替市場では円相場が117円／ドルまで一気に3円近く下落した。その引金は米国FRBの政策金利を0.25%引き上げるという決断にあった。その結果，主要輸出企業20社の2016年度第4四半期（17年1～3月期）の営業利益は4,000億円と3ヶ月で通期利益を7%押し上げた。このように円安は企業収益を押し上げる効果が大きい。反面，円安は，例えばスズキのインドにおける売上高比率の低下を導くような脆さも内包する[2]。

2　外貨建取引の会計

　「外貨建取引等会計処理基準」（以下，外貨建取引会計基準）は昭和54年6月に始まり，平成9年3月期決算から「外貨建取引等の会計処理に関する実務指針」を適用し，平成11年10月22日に「外貨建取引等会計処理基準・同注解」が右ページのように改訂され，現在に至っている。

一口メモ：グローバル企業のあるべき姿

　1999年，アナン元国連事務総長は，責任ある企業市民としての行動を求める「グローバルコンパクト10原則」を提唱した。企業は，原則1「国際的に宣言されている人権の保護を支持，尊重し」，原則2「自らが人権侵害に加担しないよう確保すべきである」。労働の原則3「組合結成の自由と団体交渉の権利の実効的な承認を支持し」，原則4「あらゆる形態の強制労働の撤廃を支持し」，原則5「児童労働の実効的な廃止を支持し」，原則6「雇用と職業における差別の撤廃を支持すべきである」。環境の原則7「環境上の課題に対する予防原則的アプローチを支持し」，原則8「環境に関するより大きな責任を率先して引き受け」，原則9「環境に優しい技術の開発と普及を奨励すべきである」。腐敗防止の原則10「強要と贈収賄を含むあらゆる形態の腐敗の防止に取り組むべき」（2004年6月追加）とする[3]。

前文　I経緯，II改訂基準の要点と考え方，III改訂基準の適用

本文一　外貨建取引

　　1　取引発生時の処理

　　2　決算時の処理　(1) 換算方法　(2) 換算差額の処理

　　3　決済に伴う損益の処理

　　二　在外支店の財務諸表項目の換算

　　1　収益及び費用の換算の特例

　　2　外貨表示財務諸表項目の換算の特例

　　3　換算差額の処理

　　三　在外子会社等の財務諸表項目の換算

　　1　資産及び負債

　　2　資本（純資産）

　　3　収益及び費用

　　4　換算差額の処理

　外貨建取引等会計処理基準注解

　　　　注1～11（外貨建取引に対応）　注12（期中平均相場について）

　　　　注13（子会社持分投資に係るヘッジ取引の処理について）

(1) 外貨建取引の意義と範囲

　外貨建取引とは，貿易，外国企業が発行する有価証券への投資，外貨の貸付や借入等の取引をいう。ドルやユーロといった外貨ベースの外貨建取引は自国通貨（円貨）に換算する必要がある。こうした外貨を自国通貨に交換することを外国為替，外貨を円貨に変更することを外貨換算 (foreign currency translation)，その交換比率を為替相場あるいは為替レート (foreign exchange rate) という。為替レートには直物レートと先物レートがある。直物レートは取引発生時の為替レートであり，資金の受け渡しが取引日から2営業日以内に行われる場合に利用される。為替市場には銀行間で行われる「インター

バンク」（卸売市場）と，企業や個人と銀行が取引する「対顧客市場」がある。銀行が顧客に外貨を売る場合の交換比率を TTS，銀行が顧客から外貨を買う交換比率を TTB という。銀行はインターバンク相場を参考に中値を決める。例えば，相場「107 円 2 銭—107 円 4 銭」とは「銀行間の取引に現在 107 円 2 銭でドルを買いたい人，107 円 4 銭でドルを売りたい人がいる」という意味である。主な為替市場はロンドン，NY，東京である。

　外貨建取引の範囲には，取引価額が外国通貨で表示される物品の売買又は役務の授受，決済金額が外国通貨で表示されている借入又は貸付，外国通貨で表示されている社債の発行，外国通貨による前渡金又は仮払金の支払，又は前受金，仮受金の受入，決済金額が外国通貨で表示されているデリバティブ取引等が含まれる。国内製造業者が商社等を通じて輸出入取引を行う場合，商社等に生ずる為替差損を製造業者等が負担するため，実質的に取引価額が外国通貨で表示されている取引と同等のものは，外貨建取引に該当する。

(2) 取引発生時の会計処理

　外貨建取引は，原則として当該取引発生時の為替レートによる円換算額をもって記録する。その為替レートをヒストリカル・レート（historical rate, HR）といい，銀行間で取引されている直物為替相場（spot rate, SR, 直物レート）や平均相場が適用される。外貨建取引について当該取引発生時の外国通貨により記録することが合理的であると認められる場合には，取引発生時の外国通貨の額をもって記録することを採用することができる。しかし，外国通貨の額をもって記録された外貨建取引には，各月末等の一定の時点において当該時点の SR 又は合理的な基礎に基づいて算定された一定期間の平均相場による円換算額が付される。

（3）決済時の会計処理

　代金の決済は決済時の為替レート（カレントレート，CR）で換算する。取引発生時の為替レート（HR）と決済時の為替レートとの差額を為替差損益という。その会計処理には「一取引基準」と「二取引基準」の考え方がある。一取引基準とは，売買取引と為替決済取引を一体とみなし，決済時に仕入高，売上高の訂正をする方法である。決済が完了するまで取引の額が確定しない現金主義会計である。二取引基準とは，外貨建の売買取引と当該取引から生じる外貨建金銭債権債務等に係る為替差損益の発生は別個のものとみなす。それは売買取引と為替決済取引とを区別し，為替差損益を「営業外損益」として扱う。

　例えば，A社は，①米国のB社より商品1,000ドルを掛で仕入れた。当日の為替レートは120円／ドル，代金は3ヶ月後に決済する。②上記商品の買掛金を小切手で決済した。当日の為替レートは125円／ドルである。

```
一取引基準　①仕　入      120,000  ／  買掛金    120,000
　　　　　　②買掛金      120,000  ／  当座預金  125,000
　　　　　　　仕　入        5,000
二取引基準　①仕　入      120,000  ／  買掛金    120,000
　　　　　　②買掛金      120,000  ／  当座預金  125,000
　　　　　　　為替差損益    5,000
```

　2つの会計処理には最終的な損益計算に違いがないが，外貨建取引会計基準は二取引基準の考え方を踏襲する（以下の取引例はすべて二取引基準で会計処理）。

> **example**
>
> C 社は，×1 年 7 月 1 日，米国の取引先 D 社に 12,000 ドルを貸し付けた。同日の為替レートは 100 円／ドルであった。
>
> 貸付金　1,200,000　／　当座預金　1,200,000
>
> 同年 8 月 31 日，D 社から貸付金 12,000 ドルの返済を受けた。同日の為替レートは 95 円／ドルであった。
>
> 当座預金　　1,140,000　／　貸付金　1,200,000
> 為替差損益　　　60,000

> **example**
>
> E 社は×1 年 4 月 1 日，米国の F 社から商品 10,000 ドルを輸入する契約を締結し，前払金 1,000 ドルを現金で支払った。当日の為替レートは 115 円／ドルであった。
>
> 前払金　115,000　／　現金　115,000
>
> 同年 4 月 20 日，F 社から商品 10,000 ドルを輸入し，前払金を控除した残額を掛とした。当日の為替レートは 110 円／ドルであった。
>
> 仕　入　1,100,000　／　前払金　115,000
> 　　　　　　　　　　　　買掛金　985,000
>
> 同年 5 月 20 日，E 社は掛代金 9,000 ドルを現金で支払った。当日の為替レートは 100 円／ドルであった。
>
> 買掛金　985,000　／　現　金　　　900,000
> 　　　　　　　　　　　為替差損益　　8,500

> **example**
>
> G 社は精密機器 1 台 10,000 ドルを米国のディーラー H 社にドル建で輸出した。取引日の為替レートは 100 円／ドルである。
>
> 売掛金　1,000,000　／　売　上　1,000,000
>
> 決済日，H 社から 10,000 ドルを受け取った。決済日の為替レートは 120 円／ドルであった。
>
> 現　金　1,200,000　／　売掛金　　　1,000,000
> 　　　　　　　　　　　　為替差損益　　200,000

図表 13-1　外国通貨及び外貨建金銭債権債務と CR

資産・負債	帳簿価額	換算後の帳簿価額 CR	為替差損益
現　金	1,000	@110 円×10 ドル＝1,100	100 円（益）
売掛金	2,400	@110 円×20 ドル＝2,200	200 円（損）
買掛金	1,800	@110 円×16 ドル＝1,760	40 円（益）
支払手形	600	@110 円× 5 ドル＝ 550	50 円（益）

（注）為替差損＝△ 10 円

（4）決算時の会計処理

　企業は，決算時において外国通貨，外貨建金銭債権債務，外貨建有価証券及び外貨建デリバティブ取引等の金融商品については原則として以下で説明する会計処理に従う。ただし，外貨建金銭債権債務と為替予約等関係が，金融商品に係る会計基準におけるヘッジ会計の要件を満たしている場合にはヘッジ会計を適用することができる（第 3 章のヘッジ会計参照）。

①外国通貨と外貨建金銭債権債務

　外国通貨及び外貨建金銭債権債務（外貨預金，受取手形，売掛金，未収金，貸付金，未収収益等，負債の支払手形，買掛金，未払金，社債，借入金，未払費用等）は，決算時の為替レート（CR）で換算される。図表 13-1 を参照されたい。その換算差損益は営業外費用あるいは営業外収益として処理する。また，非貨幣項目（資産の棚卸資産，前払金，前払費用，固定資産等，負債の前受金，前受収益など）は取得時の為替レート（HR）で換算する。

②外貨建有価証券

（a）売買目的有価証券は外貨による時価（CC）を，決算時の為替相場（CR）で円換算する。

第 13 章　グローバル企業の分析　**271**

> **example**
>
> 　A社は×1年3月1日，短期売買目的で米国上場株式を500ドルで購入した。同日の為替レートは90円／ドルであった。
>
> 　　　　売買目的有価証券　45,000　／　当座預金　45,000
>
> 同年3月31日（決算日），当該株式の時価は550ドル，同日のCRは95円／ドルであった。時価評価は550ドル×95円／ドル＝52,250円である。
>
> 　　　　売買目的有価証券　7,250　／　有価証券運用損益　7,250
>
> 同年4月30日，当該株式を600ドルで売却した。同日の為替レートは100円／ドルであった。入金は600ドル×100円／ドル＝60,000円である。
>
> 　　　　当座預金　60,000　／　売買目的有価証券　52,250
> 　　　　　　　　　　　　　　　有価証券売却益　　　7,750

（b）満期保有目的債券は，外貨による取得原価を決算時の為替レート（CR）で換算する。償却原価法を適用している場合，外貨による償却原価を決算時のCRで円換算した額とする。換算差額は当期の為替差損益として処理される。

（c）その他有価証券は，原則として外貨による時価（CC）を決算時のCRで換算する。時価を把握することが困難と認められるその他有価証券は，取得原価または償却原価法に基づいて算定した償却原価を決算時のCRで換算する。評価差額は損益として処理せず，貸借対照表の純資産の部の「その他有価証券評価差額金」として計上される。

（d）子会社株式及び関連会社株式は，取得時の為替レート（HR）で換算した原価を貸借対照表価額とする

③外貨建有価証券の減損処理

　売買目的有価証券以外の外貨建有価証券の時価または実質価額が著しく低下し，評価額の引き下げが求められる場合，減損処理が行われる。減損処理には強制評価減と実価法がある。強制評価減は「回復する見込みがある」と認められる場合を除き時価をもって貸借対照表価額とし，評価差額は当期の損失（特別損失）として処理しなければならない。実価法は，市場価格のな

図表 13-2　為替差損益の表示

い株式に適用される。発行会社の財政状態が悪化し，実質価額が著しく低下した時は相当の減額をなし，評価差額は当期の損失として処理しなければならない。

④デリバティブ取引等

デリバティブ取引等による金融商品は，貨幣性項目として外国通貨による時価を，決算時の CR で円換算する。

⑤外貨換算差額の処理と表示

決算時に生じた貨幣性項目の換算差額は当期の為替換算差損益として処理される。為替換算差損益の純額は損益計算書に営業外損益として表示される。図表 13-2 の為替差損益の表示を参照されたい。この為替換算差損益は，上述の外貨建金銭債権債務の決済から生じる為替決済差損益と区別されない。両者は合わせて一般に「為替差損益」と呼ばれる。ただし，著しい為替相場の変動や通貨体制の変更における異常な為替差損益は特別損益として表示される。

(5) 為替予約等の会計

①為替予約の意義

外貨建資産と負債が占める割合が高くなるグローバル企業は，為替変動のリスクに常に晒されることになる。このリスクを回避する方法が「為替予約」(booking exchange rate) である。為替予約とは，為替レートの変動に伴う収入

の減少あるいは支出の増加というリスクを回避（ヘッジ）するために，決済銀行と決済時の円価額を予め約定する相対取引である。為替予約にはヘッジ目的以外に投機目的の取引もある。

　為替予約はデリバティブ取引の一種であり，通貨スワップ及び通貨オプションを含めて一般に為替予約等という。為替予約は，一般には将来の価格変動を現時点で確定し，リスクを固定化するヘッジ取引である。その先物レート（取引日の3営業日以降に資金の受渡が行われる場合）は予約レートともいう。例えば，T社は×2年4月1日に製品を1,000ドルで販売したが，決済は半年後の9月30日である。販売時点の直物為替レートが110円／ドルであったが，近い将来に円高が予想された。そこで販売直後の9月30日を限月（受渡日）とする先物レート（ドル売り円買いの為替予約）100円／1ドルで取引銀行と為替予約を締結した。その結果，T社が受け取る円貨は1,000×100円＝100,000円が固定される[4]。

　こうした為替予約の会計処理には，独立処理（原則処理）及びヘッジ会計としての繰延ヘッジ（第3章を参照）と例外規定の振当処理がある。

②独立処理

　独立処理は，為替予約取引と外貨建取引とを独立した取引とみなし，それぞれ別個の会計処理を行う。為替予約については金融商品会計基準が適用される。為替予約は契約時点では，時価がゼロとして仕訳を必要としない。しかし，時間の経過とともに為替価値が変動することから，決算時には為替予約を時価評価し，その差額を為替差損益で処理する。一方，ヘッジ対象（例えば，外貨建取引金銭債権債務）は決算日レートで換算替えする。為替予約は約定した銀行が時価評価価額を認識し，企業はそれに基づいて記録する。為替予約から生じる為替差損益と，外貨建金銭債権債務から生じる為替差損益とは損益が逆の方向となり，独立処理は為替変動リスクを相殺することになる[5]。

（a）取引日後の為替予約

> **example**
>
> 　A社は，×2年3月1日製品1,000ドルを掛け売上した。決済期限は×2年6月30日である。同年3月15日，円高を懸念し1,000ドルを112円／ドルで売る為替予約を締結した。取引日，予約締結日，決算日，決済日の各為替レートは下記のとおりである[6]。
>
> | | 取引日　3/1 | 為替予約日　3/15 | 決算日　3/31 | 決済日　6/30 |
> |---|---|---|---|---|
> | 直物レート | 115円 | 113円 | 112円 | 108円 |
> | 先物レート | — | 112円 | 110円 | — |
>
> 【外貨建売掛金の会計処理】
> 取引日　　　　　　　　　　売掛金　　115,000　／　売　上　115,000
> 予約締結日　　　　　　　　—
> 決算日：(115－112)×1,000　為替差損益　3,000　／　売掛金　3,000
> 決済日：　　　　　　　　　外貨預金　108,000　／　売掛金　112,000
> 　　　　　　　　　　　　　為替差損益　4,000
>
> 【為替予約の会計処理】
> 取引日　　　　　　　　　　—
> 予約締結日　　　　　　　　仕訳なし
> 決算日：(112－110)×1,000　為替予約　2,000　／　為替差損益　2,000
> 決済日：　　　　　　　　　現金預金　112,000　／　外貨預金　108,000
> 　　　　　　　　　　　　　　　　　　　　　　　　為替予約　2,000
> 　　　　　　　　　　　　　　　　　　　　　　　　為替差損益　2,000

（b）取引日前に為替予約をした場合の独立処理の問題

　外貨建取引の前に為替予約を締結し，仮に決算日にヘッジ手段しか存在しない場合，独立処理では損益計算書にヘッジ手段の評価損益だけが生じるというヘッジとは逆の矛盾が生まれる。

example

　B 社は，1,000 ドルの製品の受注を受け，×2 年 3 月 5 日，決済予定日の 6 月 30 日に 109 円／ドルで売る為替予約を締結した。予定取引は×2 年 4 月 5 日に実行された[7]。

	予約締結日　3/5	決算日　3/31	取引日　4/5	決済日　6/30
直物レート	—	109 円	107 円	105 円
先物レート	110 円	108 円	106 円	—

【外貨建売掛金の会計処理】

為替予約締結日	—			
決算日	—			
取引日	売掛金	107,000	／　売　上	107,000
決済日	外貨預金	105,000	／　売掛金	107,000
	為替差損益	2,000		

【為替予約の会計処理】

為替予約締結日	仕訳なし			
決算日：(110−108)×1,000	為替予約	2,000	／　為替差損益	2,000
取引日	仕訳なし			
決済日	現金預金	109,000	／　外貨預金	105,000
			為替予約	2,000
			為替差損益	2,000

③ヘッジ会計の必要性

　ヘッジ手段の取引を実施した後，決算日をまたいでヘッジ対象の取引が行われた場合，決算時にヘッジ手段の評価差額のみが損益に計上され，ヘッジの意図とは異なる結果となる。こうした場合には，ヘッジの意図と結果を一致させるためヘッジ会計という特殊な会計処理が行われる（第 3 章を参照）。ヘッジ会計は，為替予約（ヘッジ手段）の評価損益を当期の損益（為替差損益）としないで，繰延ヘッジ損益（純資産項目）として損益発生を翌期以降に繰り延べる。これを「繰延ヘッジ会計」という[8]。

ただし，ヘッジ会計の適用を無制限に認めると会計操作の余地が生まれる。そこで，ヘッジ会計の適用要件は次の規定を満たす必要がある。取引前の要件としては，リスク管理方針が存在し，それに従った取引であることである。取引後の要件としては，ヘッジ対象とヘッジ手段から生じる損益が高い程度で相殺されることである。

---

example

　C社は，1,000ドルの製品の受注を受け，×2年3月5日，決済予定日の6月30日に110円／ドルで売る為替予約を締結した。予定取引は×2年4月5日に実行された。

	予約締結日　3/5	決算日　3/31	取引日　4/5	決済日　6/30
直物レート	—	109円	107円	105円
先物レート	110円	108円	106円	—

【外貨建売掛金の会計処理】

為替予約締結日　　　　　　—

決算日　　　　　　　　　　—

取引日　　　　　　　　売掛金　　107,000　／　売　上　107,000

決済日　　　　　　　　外貨預金　105,000　／　売掛金　107,000

　　　　　　　　　　　為替差損益　2,000

【為替予約の会計処理】

為替予約締結日　　　　仕訳なし

決算日：(110−108)×1,000　為替予約　　2,000　／　繰延ヘッジ損益　2,000 1)

取引日：(108−106)×1,000　為替予約　　2,000　／　繰延ヘッジ損益　2,000 2)

　　　　　1)＋2)　　　　　繰延ヘッジ損益　4,000　／　売上高　　　　4,000

決済日　　　　　　　　現金預金　110,000　／　外貨預金　105,000

　　　　　　　　　　　　　　　　　　　　　　　為替予約　　4,000

　　　　　　　　　　　　　　　　　　　　　　　為替差損益　1,000

---

④振当処理

　ヘッジ会計の原則的な処理は繰延ヘッジであるが，一定の条件を満たせ

ば，日本会計基準では実務を配慮した振当処理という簡便な処理が認められる。振当処理を採用するには，金融商品会計基準で要求されている上記のヘッジ会計の適用要件を満たす必要がある。ただし，ヘッジ対象はキャッシュ・フローが固定される金銭債権債務等に限定される。

振当処理の手順は，①外貨建金銭債権債務等を為替予約等の予約レートによって確定する決済時の円貨額に換算する。②予約レートによる円貨額と外貨建金銭債権債務等の取得時または発生時までに生じている直物為替レートの変動による直々差額については，予約日の属する期の損益として処理し，残額の直先差額については予約日から決済日にわたり，合理的な方法により配分し，各期の損益として処理する。ただし，直先差額について重要性が乏しい場合には，期間配分しないで予約日の属する期の損益として処理することも認められている。なお，為替予約の契約が，外貨建取引の前に締結されている場合，実務上の煩雑性を勘案し，外貨建取引及び金銭債権債務等に為替予約等の予約レートにより換算することができる。

(a) 取引発生後に為替予約をした場合の振当処理

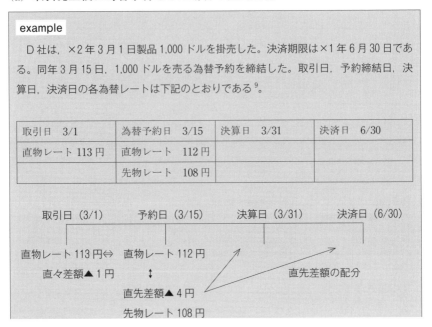

取引日の為替レートと為替予約時の為替レートの間の差額は直々差額1円と直先差額4円の2つから構成される。直々差額1円は当期の為替差損益として処理される。直先差額4円は予約時の直物レートと先物レートによる円換算差額である。

取引日	売掛金	113,000	/	売　上	113,000
予約締結日：直々差額の認識	為替差損益	1,000	/	売掛金	1,000
直先差額の認識	前払費用	4,000	/	売掛金	4,000
決算日：直先差額を月数で按分(4円×1/4)	為替差損益	1,000	/	前払費用	1,000
決済日：前払費用の残額の振替	為替差損益	3,000	/	前払費用	3,000

（b）取引日前に為替予約をした場合の振当処理

　取引日以前に為替予約をした場合，直々差額は発生しないが，直先差額は発生する。振当処理はこれを各期に按分する必要がある。しかし，将来のキャッシュ・フローが固定されていること及び実務の煩雑さを考慮に入れて，外貨建取引及び金銭債権債務等を予約（先物）レートで換算する簡便な振当処理が認められている[10]。

example

　E社は，1,000ドルの製品の受注を受け，×2年3月5日，決済予定日の6月30日に（109円／ドル）で売る為替予約を締結した。予定取引は×2年4月5日に実行された。

	予約締結日　3/5	決算日　3/31	取引日　4/5	決済日　6/30
直物レート	—	109	107	105
先物レート	109円	108	106	—

為替予約締結日	仕訳なし				
決算日（109−108）×1,000	為替予約	1,000	/	繰延ヘッジ損益	1,000
翌期首	繰延ヘッジ損益	1,000	/	為替予約	1,000
取引日 109×1,000	売掛金	109,000	/	売　上	109,000
決済日	外貨預金	109,000	/	売掛金	109,000

　取引銀行で円貨に両替し当座預金口座に入金した。換算差額（為替差損益）は発生しない。

	当座預金	109,000	/	外貨預金	109,000

⑤包括予約の振当処理

　為替予約には，個々の外貨建取引に為替予約を紐づける個別予約と，決済約定の状況に応じて一定期間（週あるいは月）内の決済見込額の全部あるいは一部について包括的に予約する包括予約がある。包括予約は，外貨建金銭債権債務，契約残高及び実現の可能性の確実な見込取引の見込まれる決済期日の状況を対象として締結した為替予約である。

(6) 在外支店の財務諸表項目の換算

①特徴

　在外支店における外貨建取引については，原則として，本店の外貨建項目と同様の処理をする。したがって，基本的に貨幣項目は CR，非貨幣項目は HR で換算することが原則となる。

②外貨表示財務諸表項目の換算の特例

　在外支店が1つの会計単位として現地通貨建の支店財務諸表を作成し，これを本店の円貨建財務諸表と合算して本支店合併財務諸表を作成する場合，以下に示す方法により支店財務諸表を換算することが認められる（外貨建取引会計基準二）。

・貸借対照表項目の特例

　在外支店の棚卸資産や固定資産等の非貨幣性資産項目の額に重要性がない場合には，支店における本店勘定等を除くすべての貸借対照表項目を決算日レートで換算することができる。

・収益及び費用の換算の特例

　収益及び費用は前受金等の収益性負債の収益額及び費用性資産の費用額を除き，収益と費用に期中平均相場を用いることができる（外貨建取引会計基準二. 1）。

③財務諸表の換算手順

（A）先ず，在外支店の貸借対照表の資産，負債に採用している換算方法によ

280 ｜ 第Ⅱ部　証券投資と企業価値評価

り換算する。支店における本店勘定については本店の支店勘定の金額を付す。支店の貸借対照表に生じた円貨建の貸借差額が当期純損益となる。

(B) 損益計算書の収益及び費用をそれぞれ換算し，その円貨建の貸借差額と（A）で計算した円貨建の当期純利益との差額は為替差損益として処理される。

④財務諸表項目の換算

・通貨及び金銭債権債務，有価証券，デリバティブは本店と同様の方法による円換算額とする。

・棚卸資産及び有形固定資産等の取得原価で記録されているものは，HR による円換算額とする。取得原価以外の価額で記録されているものは，当該価額が付けられた時のレートによる円換算額とする。棚卸資産に低価基準を適用する場合，「外国通貨に拠る時価を決算時の為替相場で円換算した額」と「外国通貨による取得価額の取得時の為替相場によって円換算した額」のうちいずれか低い価額を付ける。

・収益と費用の一般項目は，計上時のレートにより換算される。平均レート（AR）も適用できる。また，収益性負債（前受金，前受収益等）の収益額は，発生時の為替相場による円換算額とする。費用性資産（棚卸資産，有形固定資産）の費用額は取得時の為替相場による。

⑤換算差額の処理とパラドックス

在外支店の財務諸表項目を換算した場合，現地通貨の財務諸表に利益が計上されても，円貨に換算した時に損失で計上される，あるいは逆の場合もある。これを換算のパラドックスという。

(7) 在外子会社等の財務諸表項目の換算

外国にある子会社及び関連会社（以下「在外子会社等」という）の財務諸表は，通常，現地通貨で作成される。したがって，日本の親会社が連結財務諸表を

作成する場合、在外子会社等の財務諸表を円貨に換算する必要がある。在外支店の財務諸表の換算にはテンポラル法（外貨による表示が取得原価である項目は取得時または発生時の為替レート、外貨表示額が取得原価以外の金額を表す項目は当該価額が付された為替レートで換算）が適用されるのに対して、在外子会社の財務諸表換算には決算日レート法が用いられる。その理由は、在外子会社等が親会社からある程度の独立性を有するからである[11]。

①換算の手順と換算方法

連結財務諸表の作成または持分法の適用にあたり、在外子会社等の財務諸表項目を換算する手順は、次のプロセスを踏む。

（A）先ず、損益計算書項目を期中平均レートで円貨に換算し、円建の当期純利益を計算する。

（B）次に、円建損益計算書から計算された円建当期純利益を、株主資本等変動計算書に計上し、資本に属する項目を換算して期末剰余金残高を計算する。

（C）最後に、貸借対照表項目を決算日レートで円貨に換算し、株主資本等変動計算書で求められた期末剰余金残高を円建貸借対照表に計上する。通常、貸借対照表の貸借が一致しないため、調整項目として為替換算調整勘定を純資産の部の内訳項目として計上する。

②資産及び負債

資産及び負債の各項目については、決算時の為替レートによる円換算額を付す（外貨建取引会計基準三, 1）。なお、親会社の決算日と子会社の決算日である連結財務諸表日の差異が、3ヶ月以内であれば、子会社の決算日の財務諸表を取り込むことができる。この場合には子会社の決算日レートで換算される。連結会社間の棚卸資産の売買及びその他の取引に係る未実現損益は売却元で発生する。したがって、消去する未実現損益は、原則として取得時の為替レートを使用して換算される。

③資本（純資産）

親会社による株式の取得時における資本に属する項目については，株式取得時の為替レートによる円換算額を付する。親会社による株式の取得後に生じた資本に属する項目（利益剰余金）については，各発生年度の期中平均レート，その他有価証券評価差額金は決算日レートを付する（外貨建取引会計基準三，2）。

④収益及び費用

収益及び費用については，原則として期中平均レート（AR）による円換算額を付する。ただし，決算時の為替レートによる円換算額を付することも妨げない。なお，親会社との取引による収益と費用の換算については，親会社が換算に用いる為替レートによる。この場合に生じる差額は当期の為替差損益として処理する（外貨建取引会計基準三，3）。

⑤換算差額の処理

在外子会社等の財務諸表における各科目に用いる為替レートが異なり，純資産＝資産−負債という等式が成立しない場合がある。そのため換算によって生じた換算差額については，為替換算調整勘定として貸借対照表の資本の部に記載する（外貨建取引会計基準三，4）。この勘定は経営成績とは無関係であり，一種の評価勘定として純資産の部の独立項目として扱われる[12]。為替換算調整勘定は，将来減算一時差異あるいは将来加算一時差異に該当することから税効果会計の対象となる。ただし，予測可能な将来の売却または清算する意思が明確な場合に限られる。

⑥のれんの換算方法

例えば，買収日の子会社の純資産が時価200万ドル，子会社株式300万ドル，その取得日レートが100円／ドルであるとすれば，その差額100万ドルはのれんとなる。そして，そののれんを決算日の為替レート（90円／ドル）で換算すると，換算差額10万ドルは為替換算調整勘定として処理される。

また，のれん償却額は，費用であるために期中平均レートで換算される。償却額における換算差額も為替換算調整勘定で調整される。

⑦非支配株主の存在

非支配株主が存在する場合，連結貸借対照表では，その持分割合に応じて純資産額は「非支配株主持分」という科目に按分される。為替換算調整勘定も他の純資産項目と同様に，非支配株主持分の按分対象となる[13]。

3　移転価格税制と国際課税

(1)　移転価格税制の意味と目的

移転価格税制がわが国に導入されたのは 1986 年である。それは日本の親会社が海外のグループ会社に移転した利益に日本が課税する税制（租税特別措置法第 66 条の 4）の規定である。日本の親会社が原料，部品，半製品，製品などを海外現地法人に供給するとき，その移転価格を高くすれば，日本の親会社の利益は大きくなるが，現地法人の利益は逆に小さくなり，現地法人が納付する税負担が小さくなる。反対に，海外の販売子会社へ製品の輸出価格を下げると，日本の親会社の利益が減り，海外子会社の利益は増える。こうした事業活動のグローバル化と連結経営の浸透に伴って，移転価格税制は，海外子会社への所得移転を防ぐ制度である。

移転価格税制の狙いは，企業グループ内での取引価格の設定が恣意的に行われ，所得が国外に移転・流出することを排除することにある。その課税は，取引価格が第三者間で行われる場合に設定される「独立企業間価格」に基づいて行われる。納税者は，移転価格税制の対象となる取引において，すべて独立企業間価格を基礎にした所得金額を算定することが義務づけられる。通常の税務調査が過去 3 年分であるのに対し，それは 6 年分が対象となる。

例えば，日本の親会社 A が工作機械 Y を米国の現地法人 B 社に輸出する。移転価格税制を適用する前は，製造原価 30 ＋利益 20＝ 移転価格 50 で輸出し

284 ｜ 第Ⅱ部　証券投資と企業価値評価

た。その工作機械 Y は現地で 100 で販売，販売の経費は 20 であった。現地
法人 B 社は，所得 100－(50＋20)=30 を手にした。しかしながら，独立した
企業間では工作機械 Y が 60 で売買されている場合，移転価格税制を適用す
れば，親会社 A 社の所得は 20 から 30 に増額して課税処分されることになる。

　ただし移転価格税制は，運用次第で二重課税となる恐れがある。国内移転
価格の問題において事業部制は企業組織上の 1 つの形態にすぎないが，海外
現地法人は完全な在外子会社であっても事業部制とは異なる別会社であ
る[14]。事業部間の内部振替利益は結果として相殺されるが，現地法人の利益
は日本の親会社の利益とは独立して存在し，それに基づいて海外現地の政府
に税を払うことになる。主観的な国際移転価格に対して課税所得へのアーム
スレングス（独立企業間）の取引の適用が問題になる。

(2) 国際課税とタックスヘイブン

　政治家や富裕層が税率ゼロあるいは極端に低いタックスヘイブン（tax
haven，租税回避地）を使って蓄財や金融取引をしていた実態を暴露したパナ
マ文書が問題となっている（『日本経済新聞』2016 年 4 月 14 日付参考）。租税回避
地を利用した取引は違法ではないが，グローバル化を利用した所得格差を生
み出す原因であり，税負担の公平性を破壊する制度である。タックスヘイブ
ンを使えば，国ごとの税率の差を利用して税率が低い国に利益などを移転
し，課税額を低く抑え，税率を意図的に低めることができる。パナマ，英領
バージン諸島，ケイマン諸島，バハマ，オランダ，アイルランド，リヒテン
シュタイン，モナコなどが該当する。経済協力開発機構（OECD）の推計では，
世界で失われる法人税は年間最大で 2,400 億ドル（約 26 兆円）。全世界の法人
税収入の 1 割に当たる。EU の欧州委員会は 2016 年 8 月 30 日，アイルラン
ドが最大 130 億ユーロ（1 兆 4,800 億円）の違法な税優遇を米アップル社に与
えたとして，優遇分や利息を追徴課税で取り戻すよう同国に指示をした[15]。
OECD と G20 に加盟する国々は新たな国際課税ルールに取り組んでいる。

4　国際会計基準による財務諸表

（1）国際会計基準の特徴

　わが国のグローバル企業は，2016 年 4 月時点で財務報告の会計基準として「日本基準」（J-GAAP）以外に「米国会計基準」（US-GAAP），「国際会計基準」（IFRS）そして「修正会計基準」（日本版 IFRS, JMIS）の選択肢をもつ。2016 年 4 月時点で，上場企業の 128 社が国際会計基準（IFRS）に基づいて連結財務諸表又は四半期連結財務諸表を報告した。このように証券市場における会計情報は IFRS が中心になる可能性が高い [16]。ちなみに，日本企業でIFRS を最初に適用したのは日本電波工業（2010 年 3 月期決算短信）である。

①企業結合会計が原則

　グローバルな企業グループは縦の仕事系列だけでなく横への拡大という多角化を目的として形成される。それは生産と販売を分離し，販売を子会社や関連会社に任せて有機的結合を図るコンビナートの形成，原材料の調達や販売促進のための系列化，M&A を防止する系列化，低廉な労働力を利用した経済協力要請などに基づく発展途上国での現地法人の設立，関税障壁・貿易摩擦の回避を狙った各種提携や現地法人の設立等を目的とする。それゆえに，会計ルールは企業結合会計（連結財務諸表の作成）を原則とする。

②発生主義会計と継続企業

　IFRS は外部利用者の経済的意思決定に有用な情報を提供することを目的とする。IFRS による財務諸表は，これまでの債権者保護を重視する実現原則や慎重原則によって利益の縮小を図る損益計算と異なり，発生主義と継続企業という基礎的前提のもとで作成される [17]。

③のれんの表示

2015 年 3 月期決算で IFRS に切り替えたコニカミノルタが開示した連結純利益は 409 億円と，日本基準の数値より 82 億円増えた。M&A を積極的に展開する企業にとって，のれんは利益が目減りしなくなるという利点がある。ソフトバンクは IFRS で開示した 15 年 3 月期連結決算を仮に日本基準に直すと，のれんの定期償却処理で純利益 (6,683 億円) の 2 割相当 (1,332 億円) が目減りする。ただし，IFRS ののれんは買収先の企業価値を毎期チェックし，想定より収益が上がらない場合には減損損失が求められる。

④研究開発費

IFRS は，開発費の一部を資産として貸借対照表に計上することを認める。アステラス製薬の 2015 年 3 月期の研究開発費は 2,065 億円，営業利益 1,856 億円を上回るが，新薬開発投資のうち約 100 億円を IFRS に基づいてその他の無形資産とし，5％ほど利益を押し上げた。ただし，IFRS は資産計上を認めるには合理的な根拠を必要とする。資産に計上した研究開発費は製品販売後の一定期間内で償却される。開発に失敗すれば，減損損失として処理する。フォルクスワーゲンは車関係の研究開発費 (14 年 12 月期で約 1 兆 8,000 億円) の 35％を資産に計上した[18]。

⑤消えた営業利益

三井物産の決算短信 (2015 年 3 月期連結) は，米国基準から IFRS に切り替え，営業利益をやめて純利益を重視するようになった。半面，ホンダ，ソフトバンク，章末に示すエーザイ等は，営業利益を重視する開示を続ける。IFRS では日本基準の特別損益項目が存在しない。デンソーは，日本基準の決算短信で特別利益や特別損失を開示していたが，その後 IFRS に基づく開示では通常の損益として処理している[19]。

⑥売上高の認識と範囲

売上の認識は日本基準が総額であるのに対して，IFRS が製品の販売額や

サービスの対価として受け取る手数料を認識する純額である。例えば，電通の売上高は2014年3月期（日本基準）で2兆3,039億円であったが，IFRSの売上（取引手数料）では6,597億円と1／3の規模に縮小する。IFRSによる電通の売上は広告主から受けた広告料金総額からメディア各社に支払う広告料金を控除して手元に残った額（取引手数料）になる。電通の2015年3月期のIFRSによる収益は，7,286億円と博報堂DYホールディングス（日本基準）の1兆1,310億円に比べて小さい。このように基準が異なると収益の比較を困難にする[20]。

(2) 連単倍率とセグメント別会計情報

　連結決算は，最終的に表示された数字をみて親会社単独と比較し，どれだけ利益が増減したかを表示する。売上高や利益について親会社単独の数値とグループ連結の数値を比較したのが連単倍率である。

$$連単倍率 = \frac{連結数値}{親単独数値}$$

　連単倍率には，売上連単倍率，利益連単倍率等がある。連単倍率の計算は連結純利益と単独の税引後純利益を用いるのが一般的である。経常利益ベースだと親会社の持ち株比率が20％以上50％以下の関連会社の利益が除外され，グループ全体の収益力が正確に反映されないからである。利益連単倍率が1倍を大きく下回っている場合，単独で巨額損失が発生する黄色信号である。また，子会社の損失は投資家をミスリードする可能性がある。連結と単独とでは，子会社の損失を認識する時期のズレが問題になる。

　企業グループの経営の透明性を図るにはセグメント別のリスクとリターンを克明に表示する必要がある。セグメント別情報とは売上高，売上総損益，営業損益，経常損益，その他の財務情報を事業の種類別，親会社及び子会社の所在地別等の区分単位に分別したものである。セグメント別情報の開示は90年4月以降の連結決算から始まった。投資家はそれによって企業がどの地域で高い利益をあげているかを理解できる。

(3) IFRS 適用会社の財務諸表分析

IFRS 適用会社としてエーザイ株式会社を取りあげる。エーザイは，財務情報の国際的な比較可能性の向上や開示の拡充により，国内外の株主・投資家などさまざまなステークホルダーの利便性を高めることを目的に 2014 年 3 月期から IFRS を適用した。北池晃一郎によれば，製薬業界で IFRS を任意適用している企業は，2014 年 12 月現在，6 社（アステラス製薬，武田薬品工業，第一三共，エーザイ，中外製薬，小野薬品工業）である[21]。

グローバル化する製薬企業の利益剰余金と当期利益に及ぼす項目に①無形資産の計上，減損と償却，②有形固定資産の減価償却方法，③当期利益のみに影響する項目におけるのれんの非償却がある。

①他社から取得する仕掛中の研究開発プロジェクトの支払は，日本基準では企業結合の場合を除き，発生時に研究開発費として費用処理される。それに対して，IFRS では，取得対価自体に経済的便益が企業に流入するという期待が反映されるために，無形資産として計上する（IAS 第 38 号第 25 項）。なお，無形資産は使用可能となった段階から見積耐用年数にわたって規則償却する。研究開発が失敗した場合には減損処理が必要になり，将来の利益を減らすことになる。

②有形固定資産の減価償却方法は IFRS では定額法が採用される。その変更は利益剰余金と当期利益の増加要因となる。これはメーカー全体の業績に影響する。

③製薬業界では多くの買収が行われ多額ののれんが発生している。日本基準はのれんを 20 年以内の一定の年数で規則償却するが，IFRS では償却されないため，減損処理されない限り利益を増加させる原因となる。しかし，のれんの減損は多額リスクを計上しボラタリティを大きくする。アステラス製薬会社ではグループ経営を投資家に適切に説明するために異常項目を含む「コア営業利益」という名称で経営成績を表示する工夫がみられる[22]。

以下に示すエーザイの有価証券報告書の連結財務諸表は，連結財務諸表規則第 93 条の規定により IFRS に準拠して作成されている。

IFRS に準拠した用語を日本基準の用語に直すと，「売上収益」は「売上高」，「税引前当期利益」は「税金等調整前当期純利益」，「当期利益」は「当期純利益」，「資本合計」は「純資産合計」，「基本的 1 株当たり当期利益」は「1 株当たり当期純利益」，「親会社所有者帰属持分」は「自己資本」となる。

290 　第Ⅱ部　証券投資と企業価値評価

図表 13-3　エーザイ株式会社（第 104 期：自　2015 年 4 月 1 日　至　2016 年 3 月 31 日）
主要な経営指標等の推移

回次		国際会計基準			
		第 101 期	第 102 期	第 103 期	第 104 期
決算年月		2013 年 3 月	2014 年 3 月	2015 年 3 月	2016 年 3 月
売上収益	（百万円）	572,616	599,490	548,465	547,922
営業利益	（百万円）	80,364	66,398	28,338	51,935
当期利益	（百万円）	51,911	38,501	43,453	55,045
親会社の所有者に帰属する当期利益	（百万円）	51,674	38,251	43,254	54,933
当期包括利益	（百万円）	101,925	84,496	114,230	16,452
親会社の所有者に帰属する持分合計	（百万円）	484,054	526,320	598,749	573,661
総資産額	（百万円）	1,008,686	973,823	1,053,818	973,987
1 株当たり親会社所有者帰属持分	（円）	1,697.86	1,845.06	2,096.39	2,006.22
基本的 1 株当たり当期利益	（円）	181.31	134.13	151.57	192.23
希薄化後 1 株当たり当期利益	（円）	181.23	134.01	151.37	191.76
親会社所有者帰属持分比率	（％）	48.0	54.0	56.8	58.9
親会社所有者帰属持分当期利益率	（％）	11.4	7.6	7.7	9.4
株価収益率	（倍）	23.17	29.96	56.31	35.22
営業活動によるキャッシュ・フロー	（百万円）	74,287	91,276	76,022	95,617
投資活動によるキャッシュ・フロー	（百万円）	20,925	20,885	△ 18,841	△ 6,701
財務活動によるキャッシュ・フロー	（百万円）	△ 82,095	△ 115,109	△ 59,742	△ 72,944
現金及び現金同等物の期末残高	（百万円）	142,456	153,921	173,335	179,326
従業員数	（名）	10,495	10,419	10,183	9,877

(注 1)　第 102 期より国際会計基準（以下，「IFRS」という）に準拠して連結財務諸表を作成している。
(注 2)　売上収益には消費税等を含まない。
(注 3)　百万円未満を四捨五入して記載。

第 13 章　グローバル企業の分析　**291**

①エーザイの連結損益計算書

(単位：百万円)

	注記	当連結会計年度 （自2015年4月 1日 至2016年3月31日）	前連結会計年度 （自2014年4月 1日 至2015年3月31日）
売上収益	6	547,922	548,465
売上原価	7	△ 194,459	△ 193,595
売上総利益		353,463	354,870
販売費及び一般管理費	7	△ 192,817	△ 194,546
研究開発費	7	△ 122,307	△ 131,907
その他の収益	8	17,661	981
その他の費用	8	△ 4,066	△ 1,061
営業利益		51,935	28,338
金融収益	9	2,024	2,429
金融費用	9	△ 3,485	△ 4,892
税引前当期利益		50,473	25,875
法人所得税	10	4,571	17,578
当期利益		55,045	43,453
当期利益の帰属			
親会社所有者		54,933	43,254
非支配持分		111	200
1株当たり当期利益			
基本的1株当たり当期利益（円）	11	192.23	151.57
希薄化後1株当たり当期利益（円）	11	191.76	151.37

②エーザイの連結包括利益計算書

（単位：百万円）

	注記	当連結会計年度 （自2015年4月 1日 至2016年3月31日）	前連結会計年度 （自2014年4月 1日 至2015年3月31日）
当期利益		55,045	43,453
その他の包括利益			
損益に振り替えられることのない項目			
その他の包括利益を通じて公正価値で 　測定する金融資産	12	1,609	3,365
確定給付制度に係る再測定	12	△ 6,816	4,965
小計		△ 5,207	8,330
損益にその後に振り替えられる可能性の ある項目			
在外営業活動体の換算差額	12	△ 32,660	61,927
キャッシュ・フロー・ヘッジ	12	△ 725	520
小計		△ 33,386	62,447
その他の包括利益合計		△ 38,593	70,776
当期包括利益		16,452	114,230
当期包括利益の帰属			
親会社所有者		16,483	113,949
非支配持分		△ 31	280

③エーザイの連結財政状態計算書

(単位：百万円)

	注記	当連結会計年度末 （2016年3月31日）	前連結会計年度末 （2015年3月31日）
資産			
非流動資産			
有形固定資産	13	104,555	132,999
のれん	14	174,877	183,756
無形資産	14	104,163	127,629
その他の金融資産	15, 27	43,824	42,343
その他	16	7,139	3,372
繰延税金資産	10	91,630	88,995
非流動資産合計		526,188	579,094
流動資産			
棚卸資産	17	73,677	87,641
営業債権及びその他の債権	18, 27	147,664	174,336
その他の金融資産	15, 27	19,542	28,421
その他	16	20,305	10,992
現金及び現金同等物	19	176,830	173,335
小計		438,018	474,724
売却目的で保有する資産	30	9,782	—
流動資産合計		447,800	474,724
資産合計		973,987	1,053,818

（単位：百万円）

	注記	当連結会計年度末 （2016年3月31日）	前連結会計年度末 （2015年3月31日）
資本			
親会社の所有者に帰属する持分			
資本金	20	44,986	44,986
資本剰余金	20	58,232	58,040
自己株式	20	△ 36,231	△ 37,308
利益剰余金		394,974	387,967
その他の資本の構成要素		111,701	145,064
親会社の所有者に帰属する持分合計		573,661	598,749
非支配持分		3,168	3,313
資本合計		576,828	602,061
負債			
非流動負債			
社債及び借入金	21, 27	203,593	205,846
その他の金融負債	22, 27	3,214	2,352
退職後給付に係る負債	23	13,203	7,238
引当金	24	1,189	1,198
その他	25	20,962	25,543
繰延税金負債	10	287	514
非流動負債合計		242,448	242,691
流動負債			
社債及び借入金	21, 27	—	30,235
営業債務及びその他の債務	26, 27	56,399	84,586
その他の金融負債	22, 27	4,221	4,602
未払法人所得税		5,437	3,880
引当金	24	11,143	11,126
その他	25	74,728	74,636
小計		151,927	209,065
売却目的で保有する資産に 　直接関連する負債	30	2,784	—
流動負債合計		154,711	209,065
負債合計		397,159	451,757
資本及び負債合計		973,987	1,053,818

④エーザイの連結持分変動計算書

当連結会計年度（自　2015年4月1日　至　2016年3月31日）

（単位：百万円）

	注記	資本金	資本剰余金	自己株式	利益剰余金	その他の包括利益を通じて公正価値で測定する金融資産	確定給付制度に係る再測定
期首残高（2015年4月1日）		44,986	58,040	△37,308	387,967	—	—
当期利益		—	—	—	54,933		
その他の包括利益合計		—	—	—	—	1,608	△6,695
当期包括利益		—	—	—	54,933	1,608	△6,695
剰余金の配当	31	—	—	—	△42,865		
株式報酬取引	32	—	△216	—	—		
自己株式の取得	20	—	—	△94	—		
自己株式の処分	20	—	367	1,171	—		
振替		—	—	—	△5,087	△1,608	6,695
その他		—	41	—	25		
所有者との取引額等合計		—	192	1,077	△47,926	△1,608	6,695
期末残高（2016年3月31日）		44,986	58,232	△36,231	394,974		

		親会社の所有者に帰属する持分					
		その他の資本の構成要素			親会社の所有者に帰属する持分合計	非支配持分	資本合計
	注記	在外営業活動体の換算差額	キャッシュ・フロー・ヘッジ	その他の資本の構成要素合計			
期首残高（2015年4月1日）		145,475	△411	145,064	598,749	3,313	602,061
当期利益		—	—	—	54,933	111	55,045
その他の包括利益合計		△32,639	△725	△38,451	△38,451	△142	△38,593
当期包括利益		△32,639	△725	△38,451	16,483	△31	16,452
剰余金の配当	31	—	—	—	△42,865	△59	△42,923
株式報酬取引	32	—	—	—	△216	—	△216
自己株式の取得	20	—	—	—	△94	—	△94
自己株式の処分	20	—	—	—	1,538	—	1,538
振替		—	—	5,087	—	—	—
その他		—	—	—	66	△55	11
所有者との取引額等合計		—	—	5,087	△41,570	△114	△41,685
期末残高（2016年3月31日）		112,837	△1,136	111,701	573,661	3,168	576,828

前連結会計年度（自　2014 年 4 月 1 日　至　2015 年 3 月 31 日）

（単位：百万円）

		親会社の所有者に帰属する持分				その他の資本の構成要素	
	注記	資本金	資本剰余金	自己株式	利益剰余金	その他の包括利益を通じて公正価値で測定する金融資産	確定給付制度に係る再測定
期首残高（2014 年 4 月 1 日）		44,986	57,949	△ 38,481	379,210	—	—
当期利益		—	—	—	43,254	—	—
その他の包括利益合計		—	—	—	—	3,364	4,923
当期包括利益		—	—	—	43,254	3,364	4,923
剰余金の配当	31	—	—	—	△ 42,810	—	—
株式報酬取引	32	—	△ 135	—	—	—	—
自己株式の取得	20	—	—	△ 48	—	—	—
自己株式の処分	20	—	226	1,220	—	—	—
振替		—	—	—	8,288	△ 3,364	△ 4,923
その他		—	—	—	26		
所有者との取引額等合計		—	91	1,173	△ 34,497	△ 3,364	△ 4,923
期末残高（2015 年 3 月 31 日）		44,986	58,040	△ 37,308	387,967	—	—

		親会社の所有者に帰属する持分					
		その他の資本の構成要素			親会社の所有者に帰属する持分合計	非支配持分	資本合計
	注記	在外営業活動体の換算差額	キャッシュ・フロー・ヘッジ	その他の資本の構成要素合計			
期首残高（2014 年 4 月 1 日）		83,587	△ 931	82,656	526,320	3,084	529,405
当期利益		—	—	—	43,254	200	43,453
その他の包括利益合計		61,889	520	70,696	70,696	81	70,776
当期包括利益		61,889	520	70,696	113,949	280	114,230
剰余金の配当	31	—	—	—	△ 42,810	△ 52	△ 42,862
株式報酬取引	32	—	—	—	△ 135	—	△ 135
自己株式の取得	20	—	—	—	△ 48	—	△ 48
自己株式の処分	20	—	—	—	1,446	—	1,446
振替		—	—	△ 8,288	—	—	—
その他		—	—	—	26	△ 0	26
所有者との取引額等合計		—	—	△ 8,288	△ 41,521	△ 52	△ 41,573
期末残高（2015 年 3 月 31 日）		145,475	△ 411	145,064	598,749	3,313	602,061

⑤エーザイの連結キャッシュ・フロー計算書

（単位：百万円）

	注記	当連結会計年度 （自2015年4月 1日 至2016年3月31日）	前連結会計年度 （自2014年4月 1日 至2015年3月31日）
営業活動によるキャッシュ・フロー			
税引前当期利益		50,473	25,875
減価償却費及び償却費		34,064	38,940
減損損失		2,133	65
運転資本の増減額（△は増加）	33	35,913	18,493
利息及び配当金の受取額		1,896	1,887
利息の支払額		△ 3,949	△ 4,403
法人所得税の支払額		△ 9,995	△ 10,249
法人所得税の還付額		2,096	3,903
その他		△ 17,014	1,511
営業活動によるキャッシュ・フロー		95,617	76,022
投資活動によるキャッシュ・フロー			
有形固定資産の取得による支出		△ 6,814	△ 11,483
有形固定資産の売却による収入		13,995	2,813
無形資産の取得による支出		△ 33,258	△ 6,942
子会社の取得による支出	33	△ 8,954	—
子会社の売却による収入	33	20,531	—
金融資産の取得による支出		△ 16,526	△ 9,912
金融資産の売却・償還による収入		16,659	10,777
3ヶ月超預金の預入による支出		△ 26,976	△ 37,174
3ヶ月超預金の払戻による収入		34,934	33,021
その他		△ 291	60
投資活動によるキャッシュ・フロー		△ 6,701	△ 18,841
財務活動によるキャッシュ・フロー			
短期借入金の増減額（△は減少）		△ 227	△ 5,994
長期借入れによる収入		39,904	107,812
長期借入金の返済による支出		△ 40,000	△ 118,968
社債の償還による支出		△ 30,000	—
配当金の支払額		△ 42,865	△ 42,810
その他		244	219
財務活動によるキャッシュ・フロー		△ 72,944	△ 59,742
現金及び現金同等物に係る換算差額		△ 9,982	21,974
現金及び現金同等物の増減額（△は減少）		5,991	19,414
現金及び現金同等物の期首残高		173,335	153,921
現金及び現金同等物の期末残高	33	179,326	173,335

注

1 内閣府，平成 16 年度『年次経済財政報告書』より引用。

2 『日本経済新聞』2016 年 12 月 16 日付参考。

3 https://ja.wikipedia.org. 参照。

4 新日本有限責任監査法人編，2014 年『外貨建取引会計の実務 第 2 版』中央経済社，142〜143 頁参考。

5 同上書，144 頁参考。

6 新日本有限責任監査法人編，2016 年『図解でスッキリ 外貨建取引の会計入門』中央経済社，125 頁参考。

7 同上書，127 頁参考。

8 同上書，128 頁参考。

9 同上書，132〜133 頁参考。

10 同上書，134 頁参考。

11 桜井久勝，2016 年『財務会計講義 第 17 版』中央経済社，413 頁参考。

12 同上書，112 頁参考。

13 同上書，150〜151 頁参考。

14 佐藤康男，1991 年「日本企業の移転価格 実態調査より」『企業会計』Vol.43, No.10 参考。

15 『日本経済新聞』2016 年 8 月 31 日付参考。

16 東京証券取引所，2015 年 9 月 1 日『「会計基準の選択に関する基本的な考え方」の開示内容の分析』参考。

17 『日本経済新聞』2015 年 3 月 4 日付参考。

18 『日本経済新聞』2015 年 9 月 3 日付参考。

19 『日本経済新聞』2015 年 9 月 2 日付参考。

20 『日本経済新聞』2015 年 9 月 5 日付参考。

21 北池晃一郎，2015 年「日本の製薬業における IFRS 導入に伴う影響及び課題について」『情報センサー』Vol.101 参考。

22 同上書，参考。

あとがき

　本書は，経済のインフラを構築するのに不可欠な社会制度である現代会計と，企業価値評価と企業分析というコーポレート・ファイナンスの考え方を基礎とする，似て非なる世界を論じた。現代会計は企業の経済活動を忠実に表現するというより，企業物語を織りなす記号機能を果たす。情報の読み手は会計記号のさまざまな意味をくみ取り，それを補完する他の情報を重ねて，目的に応じた企業価値を評価し，投資決定することになる。これを強調して筆を擱くことにする。

　最後になるが，市場性の薄い本書の出版をお引き受け頂いた唯学書房の代表取締役，村田浩司氏のご配慮に対して深く感謝申し上げる。

2017 年 11 月

著　者

索　引

英数字

1株当たり株主資本価値	213
1株当たり当期純利益	105
1株当たり配当金	174
CAPM	190
EBIT	209
EBITDA	133, 229
EBT	210
EV／EBITDA 倍率	229
FCFE	206
GDP	120
GDP デフレーター	121
GNP	120
JPX 日経インデックス 400	169
M&A	221
MBO	238
NICES	152
SAF2002	261
SOX 法	041
SRI ファンド	151
SWOT 分析	227
TOB	223
TOCCATA	263
TOPIX	169

あ行

アクルーアル	145
アノマリー現象	193
アルトマンの Z 値	260
安全資産	182
アンレバード株主資本コスト	201
移転価格税制	284
イベント分析	213
インカム・アプローチ	197

ウィーク型	192
ウォールの指数法	254
売上債権回転率	134
売上総利益	096
売上高	097
──営業利益率	132
──経常利益率	132
──原価率	132
──研究開発費率	141
──純金利負担率	138
──純利益率	132
──税引前利益率	132
──総利益率	130
──利益率	130
運転資本	134
営業外収益	102
営業外費用	102
営業活動によるキャッシュ・フロー	111
営業残余利益法	211
営業利益	097
エージェンシー・コスト	029
エージェンシー理論	027, 028
エクイティ DCF 法	206
エクイティ・リスクプレミアム	202
演繹的の推論	025
エンタープライズ DCF 法	198
黄金株	238
オールソン・モデル	210
オプション取引	061, 165
オペレーティング・リース	065

か行

外貨換算	267
外貨建取引	267

301

外貨建取引の範囲	268
回帰分析	153
会計監査	041
会計言語研究	029
会社更正法	259
会計発生高	145
外形標準課税	143
会計分析	042
外国為替	267
会社分割	226
会社法	030
開発	076
——費	075
外部分析	004
格付け	255
格付け機関	255
確定給付制度	081
——の会計処理	082
——の開示	083
確定拠出制度	081
——の会計処理と開示	083
加重平均資本コスト	201
活動性の分析	134
合併	225
——会計	234
——の会計処理	234
——比率	234
株価収益率	170
株価倍率	214
株式移転	224
——の会計処理	236
株式価値	162
株式交換	224
——の会計処理	235
株式収益率	177
株式取得	223
株式譲渡	223
株式利回り	163

株主資本価値	199, 203
株主資本コスト	201
株主資本等変動計算書	110
貨幣の時間価値	196
空売り	187
空の概念	049
カレントレート	269
為替換算差損益	273
為替換算調整勘定	283
為替差損益	269, 281, 283
為替予約	273, 274
為替レート	267
環境会計	152
監査等委員会設置会社	015
換算のパラドックス	281
完全市場	242
管理会計	008
企業価値	195, 199, 203
企業間比較分析	124
企業結合	230
企業の失敗	251
企業の社会的責任	149
危険資産	182
記号機能論	045
期待リターン	177
期中平均レート	283
帰納的推論	024
希薄性証券	105
キャッシュ・コンバージョン・サイクル	135
キャッシュ・フロー計算書	110
吸収合併	225
強制評価減	272
共分散	181
金融市場	159
金融商品	056
——取引法	030
クーポンレート	079
組入比率	180

クリーン・サープラス関係	106, 210	**さ行**	
繰延資産	075	サービスポテンシャル	054
繰延税金負債	080	在外子会社等	281
繰延ヘッジ会計	276	債券格付け	255
繰延ヘッジ損益	276	債券の利回り	160
グルーピング	072	在庫投資	135
経営分析	003	財政状態	053
経済的付加価値	128	細則主義	044
経常利益	097	最適資本構成	244
継続価値	202	最適な配当政策	248
契約の束	028	財務会計	008
決算日レート法	282	財務活動によるキャッシュ・フロー	115
研究	076	財務上の困難	252
研究開発費	076, 101, 287	債務超過	252
言語ゲーム論	045	財務リスク	242
原則主義	044	財務流動性の分析	136
減損会計	071	財務レバレッジ	127
減損兆候	072	——効果	129
賢明なる投資家	158	先物取引	059, 165
公開買付	223	サスティナブル成長率	139
工事完成基準	095	三角合併	225
工事進行基準	094	三面等価の原理	121
公正価値	055	残余利益評価モデル	210
構成比率法	124	時価純資産法	216
効率的市場仮説	192	時価総額	175
効率的フロンティア	182	時価ヘッジ	062
効率的ポートフォリオ	182	直先差額	278
コーポレート・ガバナンス	019	直々差額	278
ゴールデンパラシュート	238	事業価値	198
国際標準化機構	151	事業譲渡	224
国内総生産	120	事業投下資本利益率	127
国富	122	事業分離の会計処理	236
国民総生産	120	自己資本比率	137
コスト・アプローチ	198	自己資本利益率	127
コスト・リーダーシップ戦略	129	資産除去債務	080
固定長期適合率	138	資産の認識	054
固定比率	138	資産負債アプローチ	092
		市場株価法	213

市場の失敗	011	所有の二重構造	020
市場ポートフォリオ	189	新株引受	224
システマティック・リスク	191	新規株式公開	167
実現主義	093	人件費	100
実数分析	124	新設合併	225
シナジー効果	222	信任関係	019
資本コスト	201	趨勢比率法	124
資本資産評価モデル	188, 201	ストック・オプション	100
資本市場研究	027	ストロング型	193
資本市場線	189	スワップ取引	061, 165
資本予算	195	税効果会計	104
指名委員会等設置会社	015	生産基準	093
社会的責任投資	150	生産性	142
社会的リアリティ	046	成長性	139
社債	079	税引後営業利益	200
写像理論	043	税引前当期純利益	097
ジャンク債	256	セー法則	010
収益還元価値	208	折衷法	198
収益還元法	208	セミ・ストロング型	192
収益性	130	潜在株式	105
収益の測定	095	——調整後1株当たり純利益	105
収益の認識	092	全部資本直入法	070
収益費用アプローチ	092	相関係数	181
修正簿価純資産法	216	総資本回転率	136
主観のれん	067, 217, 233	総資本利益率	127
取得原価の配分	231	総資本留保利益率	262
順イールド	160	その他の包括利益	107
純有利子負債	199	その他包括利益累計額	084
使用価値	074	損益計算書	095
償還差益	161	損益分岐点	133
償却原価法	080	損益分岐点売上高	133
証券市場線	191		
証券取引所	163	**た行**	
証券取引等監視委員会	042	退職給付引当金	081
上場	167	ダウンサイジング	226
消費税	144	タックスヘイブン	285
正味現在価値	196	棚卸資産回転率	135
所有と支配の分離	018	多変量判別解析	260

注記事項	116
超過収益力	068
調整現在価値法	206
低価基準	064
適正価格	160
テクニカル分析	158
手元資金	056
デュー・ディリジェンス	224, 239
デリバティブ取引	059
電子記録債権	058
テンポラル法	282
投機家	158
当期純利益	097
当座比率	137
倒産	257
投資活動によるキャッシュ・フロー	115
投資信託	165
投資その他の資産	069
同質的期待	188
投資有価証券	070
東証株価指数	168
特別損失	103
特別利益	103
独立企業間価格	284
独立処理	274
トリクルダウン理論	012
取引事例法	215

な行

ナイセス	153
内部分析	004
ニーサ（Nippon Individual Savings Account）	157
二重課税	285
日経ニーズ・カスマ	152
日経平均株価指数	168
二取引基準	269
年金積立金管理運用独立行政法人	166

のれん	068, 234

は行

パーチェス法	230
買収	223
買収価格	231
配当還元法	208
配当性向	174, 246
配当政策	246
配当成長率	139
配当利回り	174
配当割引法	208
配当割引モデル	162
売買処理法	237
破産法	257
破綻懸念コスト	243
発行体格付け	255
販売費及び一般管理費	099
判別関数	261
引当金	078
ピグー効果	011
非システマティック・リスク	191
非支配株主持分	284
ヒストリカル・レート	268
ビッド・アスク・スプレッド	169
標準偏差	179
費用の測定	095
費用の認識	095
比率分析	124
ファイナンス・リース	065
ファンダメンタル分析	158
付加価値	141
負債	077
——資本比率	129, 138
——の資本コスト	201
——の測定	077
——の認識	077
——比率	138

負ののれん益･･････････････････････ 069
負ののれん発生益･･･････････････････ 232
部分資本直入法･･･････････････････ 071
ブランド･････････････････････････ 069
振当処理･････････････････････････ 278
フリー・キャッシュ・フロー･･･････ 145
プリズム････････････････････････ 153
不良債権････････････････････････ 253
分業････････････････････････････ 010
分散････････････････････････････ 179
平均分散モデル････････････････ 182
米国証券取引委員会･･････････････ 006
併用法･･････････････････････････ 198
ヘッジ会計･････････････ 061, 276
変動相場制･･････････････････････ 265
ポイズンピル･･･････････････････ 238
包括利益･････････････････････ 107
法人資本主義･･･････････････････ 020
法人税等･･･････････････ 104, 143
法人税等調整額････････････････ 080
ポートフォリオ･･･････････････ 180
簿価純資産法･･････････････････ 215
簿価引継法･･･････････････････ 237

ま行

マーケット・アプローチ･･････････ 198
マーケット・リスク・プレミアム････ 202
マーコウィッツ･･･････････････ 180
マイナス金利政策･･･････････････ 159
マルチプル････････････････････ 214
未上場企業の EPS ･･････････････ 106
民事再生法･････････････････････ 258
無形固定資産････････････････････ 067
無形資産･････････････････ 067, 232
無借金経営････････････････････ 137
持分プーリング法･･････････ 230, 231

や行

役員賞与････････････････････････ 100
有形固定資産回転率････････････ 136
有利子負担率･･････････････････ 139

ら行

利益連単倍率････････････････････ 288
利子控除後税引前利益･･････ 206, 209
利子控除前税引後利益･･････････ 200
利子税金控除前利益････････････ 200
利子税金償却費控除前利益･･････ 133
リスク･･････････････････････ 178
──管理債権･･････････････････ 253
リターン･･････････････････････ 177
流動比率･･･････････････････････ 136
理論株価･･････････････････････ 204
類似会社比準法････････････････ 213
類似取引比準法･･･････････････ 215
レモンの原理･････････････････ 027
連単倍率････････････････････ 288
労働分配率･･････････････････ 143

わ行

割引債･･････････････････････････ 161
割安銘柄･･････････････････････ 158

【著者略歴】

岡本治雄 （おかもと　はるお）

1947年8月　神奈川県逗子市生まれ。

1970年　中央大学商学部卒業。

1972年　明治大学大学院商学研究科修士課程修了。

1976年　拓殖大学大学院商学研究科博士課程修了。

拓殖大学商学部助手，同商学部専任講師，同商学部助教授，ブリティッシュ・コロンビア大学（カナダ）客員研究員などを経て，現在，拓殖大学商学部教授，明治大学大学院商学研究科講師，同大学院経営学研究科講師。博士（商学　明治大学）。

著書『現代会計の基礎研究』（中央経済社，2002年），『会計と財務諸表分析』（唯学書房，2014年）など。

会計記号と企業分析

2017年12月25日　第1版第1刷発行　　　　※定価はカバーに
　　　　　　　　　　　　　　　　　　　　　表示してあります。

著　者──岡本 治雄

発　行──有限会社 唯学書房

　　　　　〒101-0051　東京都千代田区神田神保町2-23 アセンド神保町302
　　　　　TEL　03-3237-7073　　FAX　03-5215-1953
　　　　　E-mail　yuigaku@atlas.plala.or.jp

発　売──有限会社 アジール・プロダクション

装　幀──鈴木 優子

印刷・製本──モリモト印刷株式会社

©Haruo OKAMOTO 2017 Printed in Japan
乱丁・落丁はお取り替えいたします。
ISBN 978-4-908407-11-6 C3034